Schriftenreihe

Schriften zum Betrieblichen Rechnungswesen und Controlling

Band 6

ISSN 1435-6236

In der Schriftenreihe
Schriften zum Betrieblichen Rechnungswesen und Controlling
werden neue wissenschaftliche Werke aus dem Bereich des
Betrieblichen Rechnungswesen und Controlling veröffentlicht.

Verlag Dr. Kovač

Harald Glieder

Geldflußrechnung, Segmentberichterstattung und Gewinn pro Aktie

US-GAAP, IAS und HGB im Vergleich

Verlag Dr. Kovač

VERLAG DR. KOVAČ

Arnoldstraße 49 · 22763 Hamburg · Tel. 040 - 39 88 80-0 · Fax 040 - 39 88 80-55

Die Deutsche Bibliothek - CIP-Einheitsaufnahme

Glieder, Harald:
Geldflußrechnung, Segmentberichterstattung und Gewinn pro Aktie : US-GAAP, IAS und HGB im Vergleich / Harald Glieder. – Hamburg : Kovač, 1999
(Schriften zum betrieblichen Rechnungswesen und Controlling ; Bd. 6)
Zugl.: Wien, Wirtschaftsuniv., Diss., 1998

ISSN 1435-6236
ISBN 3-86064-939-8

Printed in Germany

Inhaltsverzeichnis

Abbildungsverzeichnis

Abkürzungsverzeichnis

Abs .... Absatz
Abschn ..... Abschnitt
AG .... Aktiengesellschaft
AICPA ...... American Institute of Certified Public Accountants
AktG .... Aktiengesetz 1965
APB .... Accounting Principles Board
Art .... Artikel
Aufl .... Auflage
Bd .... Band
BFuP .... Betriebswirtschaftliche Forschung und Praxis
BGBl .... Bundesgesetzblatt
BiRiLiG .... Bilanzrichtliniengesetz
CICA .... Canadian Institute of Chartered Accountants
CPA .... Chartered Public Accountant
DB .... Der Betrieb
DBW .... Die Betriebswirtschaft
dHGB .... deutsches Handelsgesetzbuch
DVFA/SG Deutsche Vereinigung für Finanzanalyse und Anlageberatung / Schmalenbach Gesellschaft
Eds............ Editors
EG .... Europäische Gemeinschaften
EGT .... Ergebnis der gewöhnlichen Geschäftstätigkeit
EStG .... Einkommensteuergesetz
EU .... Europäische Union
EWR .... Europäischer Wirtschaftsraum
FASB .... Financial Accounting Standards Board
FEE .... Fédération des Experts Comptable Européen
FRS .... Financial Reporting Standard
GAAP .... Generally Accepted Accounting Principles
GesRÄG ... Gesellschaftsrechts-Änderungsgesetz
ggf .... gegebenenfalls
GoB .... Grundsätze ordnungsmäßiger Buchführung
GuV .... Gewinn- und Verlustrechnung
HFA .... Haupfachausschuß des IDW in Deutschland e.V.

Hrsg	Herausgeber
HGB	Handelsgesetzbuch
IAS	International Accounting Standard
IASC	International Accounting Standards Committee
idF	in der Fassung
idR	in der Regel
IFAC	International Federation of Accountants
IDW	Institut der Wirtschaftsprüfer in Deutschland e.V.
IOSCO	International Organization of Securities Commissions
ISA	International Standards on Auditing
IWP	Institut Österreichischer Wirtschaftsprüfer
JAR	Journal of Accounting Research
JFB	Journal für Betriebswirtschaft
HGB	Handelsgesetzbuch 1990
KapAEG ...	Kapitalaufnahmeerleichterungsgesetz
KFS	Fachsenat des Instituts für Betriebswirtschaft, Steuerrecht und Organisation der Kammer der Wirtschaftstreuhänder
KonTraG ..	Gesetz zur Kontrolle und Transparenz im Unternehmensbereich
NYSE	New York Stock Exchange
OECD	Organization for Economic Cooperation and Development
ÖVFA	Österreichische Vereinigung für Finanzanalyse u. Anlageberatung
Par	Paragraph
RLG	Rechnungslegungsgesetz
Rz	Randziffer
SEC	Securities and Exchange Commission
SFAC	Statement of Financial Accounting Concepts
SFAS	Statement of Financial Accounting Standards
SIC	Standing Interpretations Committee
StB	Der Steuerberater
WiSt	Das Wirtschaftswissenschaftliche Studium
Wpg	Die Wirtschaftsprüfung
Z	Ziffer
ZfB	Zeitschrift für Betriebswirtschaft
ZfbF	Zeitschrift für betriebswirtschaftliche Forschung

1. Einleitung

1.1. Problemstellung und Themenhintergrund

Nach langwierigen Verhandlungen wurden 1978, 1983 und 1984 die 4., 7. und 8. EG-Richtlinie zum Einzel-, Konzernabschluß und dem Prüfungswesen verabschiedet. In Deutschland wurden die Richtlinien 1985 mit dem Bilanzrichtliniengesetz (BiRiLiG) in das deutsche Bilanzrecht transformiert. Fünf Jahre später verabschiedete Österreich aufgrund seiner wirtschaftlichen Verflechtung mit Deutschland und im Hinblick auf eine damals zukünftige EG-Mitgliedschaft das Rechnungslegungsgesetz (RLG), welches nach Österreichs Beitritt per 1.1.1995 mit dem EU-Gesellschaftsrechtsänderungsgesetz 1996 (EU-GesRÄG) eine Restangleichung erfuhr. Da die Rechnungslegungsvorschriften lange Zeit als relativ stabile Materie galten, hat man zu Beginn der 90er Jahre nach (annähernd) abgeschlossener Anpassung an die EG-Richtlinien für die österreichische bzw. deutsche Rechnungslegung keine gravierenden Änderungen vorausgesehen.

Spätestens seit 1993 sieht die Situation aber völlig anders aus: Die Daimler-Benz AG ging als erstes deutsches Unternehmen an die *New York Stock Exchange*. Dies war nur mit einer Überleitung der Rechnungslegung nach dHGB auf Ergebnis und Eigenkapital nach den US-amerikanischen *Generally Accepted Accounting Principles* (US-GAAP) möglich. Der markante ausgewiesene Ergebnisunterschied zwischen den beiden Rechnungslegungssystemen war Auslöser für eine verstärkte Auseinandersetzung mit den US-amerikanischen Rechnungslegungsvorschriften und den bis vor wenigen Jahren noch wenig beachteten *International Accounting Standards* (IAS).

Nach Daimler-Benz wurden es immer mehr deutsche und österreichische Konzerne, die - angelockt durch den hochliquiden US-Kapitalmarkt - über den großen Teich hinweg nach kostengünstigen Finanzierungsmöglichkeiten, aber auch nach Imageeffekten suchten. Insgesamt nutzten mit Ende 1997 bereits mehr als 1000 Unternehmen aus 55 Ländern den US-Eigenkapitalmarkt.[1] Mehr als ein Dutzend davon stammte zu diesem Zeitpunkt aus Österreich. Die fortschreitende Internationalisierung der Kapitalmärkte zwingt deutsche und österreichische Mutterunternehmen in ihrer Konzernrechnungslegung die Informa-

---

1 Vgl. SEC, Division of Corporation Finance: Current Issues and Rulemaking Projects. February 25, 1998 - via Internet: http://www.sec.gov.

tionserwartungen ausländischer Investoren zu berücksichtigen. Denn sind Unternehmen anhand ihrer herkömmlichen Jahresabschlüsse nicht dem Anspruch großer institutioneller Investoren entsprechend zu analysieren, so haben sie mit einem Risikozuschlag und folglich höheren Kapitalkosten zu rechnen. Da aber parallele Jahresabschlüsse oder Überleitungen zu Größen nach angloamerikanischen Rechnungslegungsgrundsätzen Unsicherheit schaffen und den Jahresabschlußadressaten nur schwer zu vermitteln sind, nimmt auch der Bedarf an international vergleichbaren Jahresabschlüssen bzw. an länderübergreifend verständlichen Rechnungslegungsvorschriften zu.

Der Trend geht dabei zu US-GAAP bzw. IAS. International orientierte kontinentaleuropäische Unternehmen haben begonnen, den Gesetzgeber zu Erleichterungen für deren Anwendbarkeit in ihrer Konzernrechnungslegung zu bewegen. Mit Frühjahr 1998 wurde die Möglichkeit für deutsche börsenotierte Unternehmen geschaffen, in Deutschland Konzernabschlüsse nach international akzeptierten Rechnungslegungsgrundsätzen befreiend vorzulegen. In Österreich ist mit einer solchen Regelung noch vor der Jahrtausendwende zu rechnen. Die Hinwendung börsenotierter Musterunternehmen zu anglo-amerikanischen Rechnungslegungsgrundsätzen und die damit einhergehende Schaffung einer Zwei-Klassen Unternehmenslandschaft würde allerdings letztendlich auch die Praxis der „unteren Liga“ - aufgrund der an sie herangetragenen Erwartungshaltungen von Jahresabschlußadressaten - beeinflussen.

Damit scheint diese Entwicklung geeignet, die deutsche und österreichische Rechnungslegung weg von der Dominanz des Vorsichtsprinzips und der dahinter stehenden Hoffnung, Gläubiger am besten durch eine vorsichtige Ermittlung des steuerbaren und ausschüttungsfähigen Gewinns schützen zu können, hin zu der Vorstellung zu bewegen, daß sich die Interessen von Eigen- und Fremdkapitalgebern durch eine rechtzeitige und entscheidungsrelevante Information über die wirtschaftliche Lage des Unternehmens effizienter realisieren lassen. Insofern deutet sich eine Verlagerung von der gesellschaftsrechtlichen Rechnungslegung mit vergleichsweise eingeschränkter Publizität zur entscheidungs- und kapitalmarktorientierten Rechnungslegung mit sehr weitgehenden Publizitätspflichten an.

Diese Publizitätspflichten enthalten u.a. den Ausweis einer Kapitalflußrechnung sowie einer Segmentberichterstattung und die detaillierte Darstellung des

Gewinns pro Aktie. Alle drei Ausweisbereiche wurden einerseits aufgrund ihrer Bedeutung und langen Tradition in der anglo-amerikanischen, aber bisher weitgehenden Ignorierung in der kontinentaleuropäischen Rechnungslegung, und andererseits aufgrund ihrer Aktualität ausgewählt: Die Kammer der Wirtschaftstreuhänder hat 1997 ein an den internationalen Standard (SFAS No. 95 und insbesondere IAS 7) angelehntes Fachgutachten zur Geldflußrechnung fertiggestellt, bei der Segmentberichterstattung sowie bei der Darstellung des Gewinns pro Aktie wurden im Jahr 1997 neue Standards in den USA und auf internationaler Ebene verabschiedet (SFAS No. 131: *Disclosure about Segments of an Enterprise and Related Information*, June 1997; SFAS No. 128: *Earnings per Share*, February 1997; IAS 14: *Segment Reporting*, August 1997; IAS 33: *Earnings per Share*, February 1997). Da die anglo-amerikanischen Standards aufeinander abgestimmt bzw. teilweise praktisch ident sind und mit der Bedeutung der sie anwendenden großen Konzerne geeignet sind, einen internationalen Konsens darzustellen, und darüber hinaus eigenständige europäische Konzeptionen in diesen Bereichen fehlen, wird sich Theorie und Praxis auch hierzulande in Zukunft (bzw. wie im Bereich der Kapitalflußrechnung bereits geschehen) wohl an diesen Vorbildern orientieren. Wie weit dies bereits geschieht, in welchem Ausmaß und in welcher Publizitätsgüte sich bereits heute freiwillige Offenlegungen in den angesprochenen Bereichen in den Geschäftsberichten österreichischer Unternehmen finden, soll Gegenstand der vorliegenden Untersuchung sein.

1.1.1. Kapitalflußrechnung

Während in den USA bereits seit 1971, in England seit 1976, und seit 1992 auch im multinationalen Bereich Verlautbarungen zu einer verpflichtenden Veröffentlichung einer Kapitalflußrechnung existieren und solche auch in den von der anglo-amerikanischen Rechnungslegungspraxis beeinflußten Ländern die Regel darstellen, besteht in Österreich eine solche Verpflichtung bislang nicht.Ebenso wenig ist eine gesetzliche Verpflichtung zur Kapitalflußrechnung aus den Novellen des HGB ableitbar: weder aus dem RLG 1990 noch aus dem GesRÄG 1996. Bei letzterem wurde das HGB an die 4. und 7. EG-Richtlinie angepaßt, wobei der Gesetzgeber nochmals die in den EG-Richtlinien enthaltene Möglichkeit gehabt hätte, eine Kapitalflußrechnung verpflichtend vorzuschreiben, davon aber abgesehen hat.

Dabei sind Kapitalflußrechnungen als Instrument zur Finanzanalyse sehr wohl auch hierzulande anerkannt: Die österreichische Wirtschaftsprüfungspraxis selbst hat in den letzten Jahren aufgrund § 274 (1) HGB (möglichst getreues Bild der *Finanzlage* der Gesellschaft) die Kapitalflußrechnung zu einem Bestandteil des Prüfungsberichts gemacht, der allerdings nur einen beschränkten unternehmensinternen Adressatenkreis hat.

Im Oktober 1997 hat der Fachsenat für Betriebswirtschaft und Organisation der Kammer der Wirtschaftstreuhänder nach mehrjähriger Arbeit ein Fachgutachten zur Geldflußrechnung als dritte ergänzende Jahresrechnung verlautbart.[2] Damit sollte in Zukunft einerseits eine Vereinheitlichung der bislang bereits freiwillig veröffentlichten Kapitalflußrechnungen innerhalb Österreichs und andererseits eine Angleichung an Form und Inhalt von IAS 7 erreicht werden.

1.1.2. Segmentberichterstattung

Unter Segmentberichterstattung wird eine nach Bereichen differenzierte oder strukturierte Berichterstattung verstanden. Dieser Problemkreis widmet sich damit der Frage, inwieweit der handelsrechtliche Jahresabschluß ein den tatsächlichen Verhältnissen entsprechendes Bild der Vermögens-, Finanz- und Ertragslage bei diversifizierten Unternehmen bieten kann. Vor dem Hintergrund zahlreicher Diversifikationen in den letzten Jahrzehnten wird von Seite der Wissenschaft von einem „Publizitätsgefälle" zugunsten diversifizierter Unternehmen bzw. Konzerne gesprochen.[3] Unternehmensvertreter dagegen befürchten, daß von allzu detaillierten Segmentberichterstattungspflichten in erster Linie die Wettbewerber profitieren würden.

Die Segmentberichterstattung hat in den USA, aber auch auf internationaler Ebene eine lange Tradition. Die mit 1997 überarbeiteten Standards FAS 131, *Disclosure about Segments of an Enterprise and Related Information*, und IAS 14, *Segment Reporting*, orientieren sich für die Bildung der Segmente als wesentliche Neuerung an der Struktur der internen Managementberichterstattung. Über die Segmentumsätze hinaus sind im Vergleich zu den EG-

---

2 Kammer der Wirtschaftstreuhänder: Die Geldflußrechnung als Ergänzung des Jahresabschlusses (KFS BW2). Wien: 1998.

3 Vgl. Haase, K. D.: Segmentpublizität; BFuP 1979, S. 460.

Richtlinien detaillierte Angaben gefordert, u.a. Segmenterfolg und Segmentvermögen. Der US-Standard geht sogar so weit, den Ausweis des Zahlengerüstes der internen Managementberichterstattung zu verlangen. Im kontinentaleuropäischen Raum beschränken sich die verpflichtenden Bestimmungen auf eine Transformation der in den EG-Richtlinien enthaltenen Mindestanforderungen einer tätigkeitsbezogenen und geographischen Umsatzaufgliederung. Eine freiwillige darüber hinausgehende Berichterstattung ist bisher nur zögerlich in Geschäftsberichten österreichischer Unternehmen zu finden.

1.1.3. Gewinn pro Aktie

Die Kennzahl Gewinn pro Aktie oder *earnings per share* (EPS) zählt im Bereich der Aktienanalyse - obwohl nicht unumstritten - zu den wichtigsten Kennzahlen. Es werden damit häufig auf Basis von Zeit- und Unternehmensvergleichen Kursveränderungen und Anlageempfehlungen begründet. Darüber hinaus wird vor allem in US-amerikanischen Unternehmen die Managementvergütung oft an die Entwicklung des Gewinns pro Aktie geknüpft. Die Kennzahl stellt den Gewinn einer Periode zu den ausstehenden Aktien in Beziehung. Der Zähler der Größe wird dabei durch die Rechnungslegungsstandards und der Nenner durch die Anzahl der zu berücksichtigenden Aktien beeinflußt. Sind die Vorschriften dazu nicht einheitlich, so ist auch der berechnete Gewinn pro Aktie ein und desselben Unternehmens unter verschiedenen nationalen Vorschriften unterschiedlich.

Der Ausweis der *earnings per share* wird in den USA schon lange verlangt und noch länger praktiziert. Der jüngste Standard dazu, FAS 128 - *Earnings per Share*, ist 1997 verlautbart worden. Dieser wurde in enger Zusammenarbeit mit dem IASC erarbeitet, das zeitgleich seinen ersten Standard, IAS 33 - *Earnings per Share*, für diesen Bereich publizierte. Beide verlangen die Angabe eines unverwässerten und bei Vorliegen einer komplizierteren Kapitalstruktur die Angabe eines verwässerten Gewinns zusammen mit der Gewinn- und Verlustrechnung. Darüber hinaus muß mit Angabe der Gewinngröße und der für die Berechnung relevanten Aktienanzahl die ermittelte Kennzahl für den Jahresabschlußleser eindeutig nachvollziehbar sein. Im Gegensatz dazu sehen weder die EG-Richtlinien noch die deutschen oder österreichischen handelsrechtlichen Bestimmungen bzgl. des Ausweises dieser Größe etwas vor. Traditionell überließ man die Ermittlung des Gewinns pro Aktie den Finanzanalysten, die dafür

Schemata für umfangreiche Gewinnbereinigungen erarbeiteten, während die Korrektur des Nenners einstweilen noch stiefmütterlich behandelt wird. Da es daneben auch noch vom Unternehmen selbst ermittelte Kennzahlen gibt, präsentiert sich dieser Bereich ebenfalls äußerst uneinheitlich in der bisherigen österreichischen und deutschen Praxis.

1.2. Ziel der Arbeit und Aufbau

Die Arbeit soll eine Gegenüberstellung der betreffenden Standards von FASB und IASC sowie der Vorschriften der EG-Richtlinien und des österreichischen Rechnungslegungsrechts sein. Oft wird dabei wegen der inhaltlichen Verwandtschaft auch auf die Situation in Deutschland eingegangen. Für Österreich soll dabei anhand der Geschäftsberichte der im Fließhandel und im übrigen Amtlichen Handel der Wiener Börse notierenden Unternehmen erhoben werden, wie sich das Publizitätsverhalten für das Geschäftsjahr 1996 bzw. 1996/97 oder 1997 sowohl in quantitativer als auch in qualitativer Hinsicht präsentiert. Dazu wird auf den gemeinsamen Nenner der jeweiligen Standards von FASB und IASC abgestellt. Dieser drückt als internationaler Konsens den Maßstab aus, der an die ausgewiesene Zusatzberichterstattung der österreichischen Unternehmen anzulegen ist. Damit werden zum einen die Ergebnisse früherer Studien[4] im Lichte einer zunehmenden Kapitalmarktorientierung weiterentwickelt. Deren Kernaussagen halten fest, daß eine freiwillige Zusatzberichterstattung in den hier interessierenden Bereichen noch in relativ geringem Ausmaß wahrgenommen wird und auch dort, wo sie stattfindet, sehr unterschiedlich im Umfang sowie der Publizitätsgüte ist. Zum anderen soll - aufbauend auf eine lange Tradition von Studien zu *voluntary disclosures*[5] - die untersuchte Grundgesamtheit und das verschiedene (hohe/niedrige) von ihr gezeigte Ausweisverhalten in Zusammenschau mit Unternehmenscharakteristika analysiert und erläutert werden.

Im nächsten Kapitel beginnt die Abhandlung der Themenstellung mit einer Darstellung des bisherigen Verlaufs der Bemühungen um eine internationale Harmonisierung der Rechnungslegung, insbesondere der Entwicklungen auf EU-Ebene, und der wichtigsten Akteure in dieser Arena. Der Besprechung der

---

4 Vgl. Kapitel 8.

5 Vgl. weiter unten in dieser Einleitung bzw. Kapitel 8.

einzelnen Standards ist dann eine Beschreibung der verschiedenen Rechnungslegungssysteme und der Entstehung von Rechnungslegungsnormen in diesen Systemen vorangestellt. Für die eigentliche Gegenüberstellung der Standards zur Kapitalflußrechnung, Segmentberichterstattung und zum Gewinn pro Aktie wurde eine Hintereinanderreihung gewählt, beginnend mit dem US-Standard, dann dem IAS, weiters der Situation auf EU-Ebene, in Deutschland (sofern diese Ergänzung für die Abhandlung wesentliche zusätzliche Aspekte bringt) und schließlich in Österreich. Da die einzelnen Vorschriften oft praktisch ident sind, wäre auch eine Zusammenfassung mit Hinweis auf Unterschiede möglich gewesen. Der aufeinander folgenden Darstellung wurde aufgrund ihrer Übersichtlichkeit der Vorzug gegeben. Der Leser möge allerdings beachten, daß sich oft der Gesamtumfang und die Eigenart eines Standards erst in Zusammenschau mit den anderen ergibt und daher die einzelnen Kapitel zu einem Rechnungslegungsbereich als ein Gesamtes gesehen werden müssen. So z.B. gewinnen Spezifika der Gliederung der Kapitalflußrechnung nach FAS 95 in der Zusammenschau mit jenen von IAS 7 an zusätzlicher Klarheit.

Im empirischen Teil wird auf den Vergleich der anglo-amerikanischen Standards aufgebaut. Die wichtigsten ihnen zugrundeliegenden und gleichzeitig für einen externen Leser überprüfbaren Vorschriften werden in Form einer Checkliste zusammengefaßt und anhand der Geschäftsberichte auf ihr Vorhandensein überprüft. Daran anschließend erfolgt eine Diskussion über potentielle das Ausweisverhalten beeinflussende Faktoren und eine diesbezügliche statistische Analyse des vorliegenden Datenmaterials. Basierend auf den empirischen Ergebnissen schließt die Arbeit mit persönlichen Überlegungen des Autors zur zukünftigen Entwicklung der Rechnungslegung und ihrer Gesetzgebung in Österreich.

1.3. Methodische Vorgangsweise

Die Durchsicht der Geschäftsberichte und die Quantifizierung des Textmaterials hinsichtlich bestimmter Aspekte sowie deren Ordnung nach bestimmten Kategorien ist aus methodischer Sicht eine quantitative Inhaltsanalyse (Textanalyse, *content analysis*). Sie hat ihren Ursprung in anderen Disziplinen und wurde als sozialwissenschaftliche Methode erst in den 20er und 30er Jahren ausgearbeitet. Sie wird in der Literatur wiederholt behandelt, u.a. von Berelson (1952),

Gerbner et al. (1969), Holsti (1969), Deichsel/Holzscheck (1976), Lisch/Kriz (1978), Krippendorff (1980), Filstead (1981), Früh (1981), Merten (1983), Rustemeyer (1992) und Laatz (1993).

Die Messung des Ausweisverhaltens der Unternehmen geschieht mit einem sog. *disclosure index*, der in zahlreichen empirischen Untersuchungen zum Ausweisverhalten herangezogen wird, z.B. von Buzby (1975), Wallace (1988), Cooke (1989, 1992), Raffournier (1995), Inchausti (1997), Mihailesco (1998). Dabei gilt es vor allem folgenden drei methodischen Anforderungen gerecht zu werden. Es ist eine Entscheidung zwischen einem ungewichteteten oder einem gewichteten Index zu fällen. Für letzteren wäre darüber hinaus der Weg zu einer Gewichtung sehr genau zu überlegen. Es sind nur jene Punktein die Checkliste einzubeziehen, deren Ausweis nicht verpflichtend, also freiwillig ist. Man spricht deshalb in der englischen Fachliteratur von *voluntary disclosure indices*. Auf dieses freiwillige Ausweisverhalten abzustellen, ist in den hier ausgewählten Bereichen sehr gut möglich, da verpflichtende Vorschriften - wie wir im weiteren Verlauf der Arbeit sehen werden - bis auf ein minimales Erfordernis im Rahmen der Segmentberichterstattung - hierzulande nicht existieren.

Diese Freiwilligkeit ist auch bei der Auswahl undÜberprüfung der das Ausweisverhalten erklärenden Variablen von Bedeutung. Andernfalls wäre ein Ausweis von einer verpflichtenden Vorschrift bestimmt und das Ausweisverhalten würde sich erwartungsgemäß nicht sonderlich von Unternehmen zu Unternehmen unterscheiden. So aber können Zusammenhänge zwischen dem Ausweisniveau und bestimmten Unternehmensspezifika in Form von Hypothesen formuliert werden und mit Hilfe eines statistischen Verfahrens überprüft werden. Die Arbeit steht damit methodologisch in der Tradition des Popper'schen kritischen Rationalismus bzw. Falsifikationismus.[6] Frühere Arbeiten zu den Zusammenhängen zwischen Ausweisverhalten und Unternehmenscharakteristika stammen u.a. von Shingvi/Desai (1971), Buzby (1975), Firth (1975), Chow/Wong-Boren (1987), Cooke (1989), Cooke (1992), Patton/Zelenka (1993), Hossain/Tan/Adams (1994), Bernards (1994), Raffournier (1995), Inchausti (1997) und Mihailesco (1998).

6 Vgl. Popper: Logik der Forschung, 1934 bzw. 1989.

2. Grundlagen der internationalen Harmonisierungsdiskussion und die Harmonisierungsbestrebungen der EU

2.1. Grundlagen, Interessen und Akteure

In den letzten Jahren ist eine Vielzahl von Publikationenen zur Rechnungslegungsharmonisierung erschienen. Das dieser Entwicklung zugrunde liegende Interesse, also gleiche Sachverhalte in gleicher Weise darzustellen, hat ihren Auslöser in einer zunehmenden wirtschaftlichen Verflechtung, die geprägt ist durch:[7]

- die Zunahme von grenzüberschreitenden Investitionen,
- die internationale Integration der Geld- und Kapitalmärkte,
- die steigende Nachfrage nach ausländischem Kapital,
- die steigende Anzahl von Unternehmen mit internationalen Aktivitäten und Tochtergesellschaften außerhalb der Landesgrenzen.

Die Interessensträger einer zunehmenden Harmonisierung sind Unternehmen, Investoren, Börsenaufsichtsbehörden, Banken, Regierungen, Wirtschaftsprüfungsgesellschaften, Mitarbeiter des Rechnungswesens sowie privatrechtliche *standard setters*.[8]

In erster Linie sind wohl die international agierenden Unternehmen zu nennen, deren Eigenkapitalaufbringung bisher nur in geringem Ausmaß außerhalb Europas stattfand. Daneben sind auch Staaten, die mit Privatisierungen von staatlichen Unternehmen den heimischen Kapitalmarkt nicht zu stark in Anspruch nehmen wollen, an einer Weiterentwicklung von international anerkannten Rechnungslegungsnormen interessiert. Regierungen in Entwicklungs- oder Schwellenländern brauchen das Rad nicht neu zu erfinden, sondern können international akzeptierte Standards übernehmen. Darüber hinaus lernen sie die Aktivitäten von multinationalen Unternehmen in ihren Ländern besser zu beurteilen und zu kontrollieren. Die Arbeit von Investoren und Analysten wird erleichtert, indem die wirtschaftliche Leistungsfähigkeit von Unternehmen unterschiedlicher Herkunft ohne zeit- und kostenintensive Korrekturen verglichen

---

7 Vgl. Rost: Harmonisierungsprozeß, 1991, S. 25ff.

8 Vgl. Auer: Rechnungslegungsstandards, 1997; S. 5ff.

werden kann. Aber auch inländische Mutterunternehmen, die ein oder mehrere ausländische Tochtergesellschaften mit unterschiedlichen Bilanzierungsvorschriften in den Konzernabschluß einzubeziehen haben und daher mit einer Parallelität mehrerer Abschlüsse konfrontiert sind, haben ein Interesse an der Harmonisierung der Rechnungslegungsvorschriften.[9] Daneben wird zunehmend das Nebeneinander von externem und internem Rechnungswesen in Frage gestellt und statt von den Tochtergesellschaften spezielle aufbereitete Daten einzufordern, die unabhängig von den zugrunde liegenden Rechnungslegungsvorschriften sind, wird zunehmend der handelsrechtliche Jahresabschluß für das Controlling ausländischer Tochterunternehmen als Führungsinformationssystem ausgebaut.[10] Schließlich könnten große Wirtschaftsprüfungsgesellschaften ihre Mitarbeiter kostengünstiger ausbilden und eine Vereinfachung sowie Verbesserung der Prüfung von Jahresabschlüssen erreichen.

Neben all den anderen angeführten Faktoren, sind es vor allem die Internationalisierungsstrategien von Unternehmen, welche den Treibstoff für die Globalisierung der Wirtschaft darstellen. Diese Unternehmen suchen immer mehr über Landesgrenzen hinweg nach Investitions- und Finanzierungsmöglichkeiten. Für letztere ist vor allem der hochentwickelte US-Kapitalmarkt von überragender Bedeutung. In einer empirischen Untersuchung von Glaum/Mandler bei 63 börsenotierten deutschen Aktiengesellschaften bekundete knapp ein Drittel bereits im Herbst 1994 ihr Interesse an einer Notierung in den USA.[11]

Dieses Interesse gilt nicht nur für deutsche Unternehmen. Weltweit unterstanden mit Jahresende 1996 843 ausländische Unternehmen aus 47 Ländern der Berichtspflicht der US-Wertpapieraufsichtsbehörde, der *Securities and Exchange Commission* (SEC), 136 mehr als das Jahr zuvor.[12] Mit Ende 1997 waren es gar schon mehr als 1000 Unternehmen aus 55 Ländern.[13]

Wieso streben nun immer mehr Unternehmen eine Notierung an einer ausländischen Börse an?[14] Eine wichtige Motivation ist in der Unternehmensgröße

---

9 Vgl. Auer: Rechnungslegungsstandards, 1997; S. 20f.
10 Vgl. Rost: Harmonisierungsprozeß, 1991; S. 30f.
11 Vgl. Glaum/Mandler/Förschle: Ergebnisse einer Umfrage, 1995; S. 398f.
12 Vgl. SEC: 1996 Annual Report, Full Disclosure System; via Internet: http://www.sec.gov.
13 Vgl. SEC, Division of Corporation Finance: Current Issues and Rulemaking Projects. February 25, 1998 - via Internet: http://www.sec.gov.
14 Vgl. im folgenden Auer: Rechnungslegungsstandards, 1997; S. 50.

zu sehen, gemessen an der Börsenkapitalisierung des betreffenden Unternehmens in Relation zur Börsenkapitalisierung des gesamten Marktes. Ist diese Relation sehr hoch (wie z.B. im Fall der Deutschen Telekom), so kann es für das Unternehmen schwierig sein, seinen gesamten Finanzierungsbedarf auf dem nationalen Kapitalmarkt zu decken. Daneben berücksichtigen Unternehmen bei ihren internationalen Aktivitäten auch eine Internationalisierung auf finanzwirtschaftlicher Ebene mit einer Verbreiterung ihrer Aktionärsstruktur. So z.B. bietet eine Notierung an der NYSE einen direkten Zugang zu US-Privatanlegern, während deren Aktienerwerb im Ausland mit hohen Transaktionskosten verbunden wäre. Ebenso können institutionelle Investoren angesprochen werden, die satzungsbedingt nur an den nationalen Börsen investieren dürfen. Ein nicht zu vernachlässigender Grund stellt auch der kommunikationspolitische Effekt dar: Durch Publikationen von Finanzanalysten und Presseberichten steigt der Bekanntheitsgrad des Unternehmens. Das betreffende Unternehmen mißt sich nunmehr nach international anerkannten Maßstäben mit den weltweit bekanntesten Unternehmen.

Es gibt auch Zweifel an der Notwendigkeit einer internationalen Rechnungslegungsharmonisierung. So wird z.B. eingewendet, daß die Umsätze in Aktien deutscher und anderer ausländischer Gesellschaften an fremden Börsen - mit Ausnahme von London - eher gering sind. Da sich dennoch hohe Aktienanteile in ausländischem bzw. US-Besitz befinden, werden diese wohl ohnehin über die jeweilige Heimatbörse erworben (außer Paketkäufe).[15] Andere Autoren wiederum sprechen von einem eher geringen Portefeuille-Anteil ausländischer Aktien bei US-Investoren.[16]

Die Konsequenz von höheren Kapitalkosten bei Unsicherheit, induziert durch verschiedene bzw. schwerer verständliche Rechnungslegung, ist oft der Aufhänger für die Diskussion über eine notwendige Harmonisierung der Rechnungslegung. In den einschlägigen Publikationen werden dabei fallweise Harmonisierungsprojekte und ihre Unterschiede zu nationalen Rechnungslegungssystemen dargestellt. Es gibt aber noch keinen einheitlichen Harmonisierungsbegriff, lediglich eine Reihe von Definitionsversuchen.[17]

---

15 Vgl. Busse v. Colbe: Anpassung, 1995; S. 375.

16 Vgl. die angeführten Studien bei Glaum/Mandler/Förschle: Ergebnisse einer Umfrage, 1995; S. 393.

17 Vgl. Pellens: Internationale Rechnungslegung, 1998, S. 337ff.

Hier soll in Folge unter „Harmonisierung" (*harmonization*) ein Prozeß wachsender Vergleichbarkeit von Rechnungslegungsverfahren verstanden werden, der mittels einer Reduktion von Unterschieden in den Rechnungslegungspraktiken mehrerer Länder durch wechselseitige Aufgabe oder Übernahme dieser Praktiken erreicht wird.[18] Demgegenüber bezeichnet „Standardisierung" (*standardization*) die Einführung von Rechnungslegungsvorschriften mit engen Bandbreiten.[19] Als Konsequenz führt Standardisierung zu einem Einheitsrecht, während im Zuge einer Harmonisierung nationale Eigenheiten innerhalb bestimmter Bandbreiten weiterhin bestehen können.[20] Schwierig dabei bleibt jedoch, ein objektives Kriterium zu finden, an dem der beabsichtigte bzw. erreichte Harmonisierungsgrad gemessen werden kann. Eine nützliche Unterscheidung kann dabei zwischen *de jure* - und *de facto*-Harmonisierung getroffen werden (einerseits also von den Vorschriften her und andererseits von der Praxis der rechnungslegenden Unternehmen). Versuche, Harmonisierungsgrade zu messen, wurden wiederholt angestellt.[21]

Ein Vergleich von Jahresabschlüssen auf internationaler Ebene wird u.a. durch folgende Faktoren erschwert:[22]

- Sprachprobleme (unterschiedliche Fachtermini, fachlich inkompetente Übersetzungen)
- Unterschiede in der Finanzierungskultur (Eigen- vs. Fremdkapitalfinanzierung)
- Interpretationsschwierigkeiten (z.B. für *earnings* bei Berechnung des Gewinns pro Aktie)
- Verfügbarkeit von veröffentlichten Daten der Rechnungslegung
- Art und Umfang des Audits
- Bewertung von Aktiva
- Ermittlung des Gewinns
- Gliederungsvorschriften für Abschlüsse
- Häufigkeit der Berichterstattung
- Umfang der offengelegten Rechnungslegungsdaten
- unterschiedliche Währungen

---

18 Alexander/Nobes: European Introduction, 1994, S. 87.

19 Nobes: Harmonization, 1995, S. 117.

20 Als Beispiel für Standardisierung kann die im weiteren Verlauf vorgestellte Arbeit des IASC angeführt werden, während beim Prozeß innerhalb der EU von Harmonisierung gesprochen wird.

21 Vgl. dazu die Übersicht bei Nobes: Harmonization, 1995; S. 120f.

22 Vgl. Alexander/Nobes: European Introduction, 1994; S. 324ff.

Damit sei an dieser Stelle darauf verwiesen, daß erstens manche Faktoren nicht durch Harmonisierung lösbar sind, wie z.B. Unterschiede in der Finanzierungskultur, und daß zweitens auch nach einer weitgehenden Harmonisierung der Rechnungslegungsvorschriften ein direkter Vergleich zwischen Unternehmen mit Sitz in verschiedenen Staaten nur bedingt möglich ist. Umgekehrt bestätigen empirische Studien,[23] z.B. über die Unterschiede im Kurs-Gewinn-Verhältnis zweier Aktienmärkte, wie sehr eben Rechnungslegungsunterschiede die Vergleichbarkeit einschränken, bzw. wie sehr eine Harmonisierung derselbigen zur Vergleichbarkeit beiträgt. Die Frage, ob und inwieweit die nationalen Unterschiede in der Rechnungslegung auch tatsächlich die Anlageentscheidung von Investoren beeinflussen, ist allerdings strittig.[24]

In der Diskussion rund um die Vergleichbarkeit von Jahresabschlüssen auf verschiedenen Kapitalmärkten werden durchaus unterschiedliche Ansätze vorgeschlagen:

1) Erstellung gesonderter Jahresabschlüsse nach den Regeln des jeweiligen Börseplatzes.

2) Keine Anpassung länderspezifischer Jahresabschlüsse; statt dessen Aufbau länderbezogener Spezialkenntnisse und gegenseitige Anerkennung nationaler Rechnungslegungen (Reziprozität).

   Die Nachteile dieser ersten beiden Lösungsansätze liegen darin, daß sie nicht Unterschiede zwischen einzelnen Ländern minimieren, geschweige denn das Verständnis der Adressaten der Jahresabschlüsse für diese Unterschiede verbessern, sondern die Nicht-Vergleichbarkeit verstärken und einen effizienten Verkehr von Investitions- und Finanzierungskapital wohl verhindern.

3) Veröffentlichung von Überleitungsrechnungen (*reconciliations*) und zusätzlichen Informationen.

   Diese Vorgehensweise wird oft als die relativ einfachste und kostengünstige angesehen, wenn ausländische Kapitalmärkte die Beachtung ihrer nationalen

---

23 Vgl. z.B. Aron: P/E Ratios, 1991; bzw. der Folge-Beitrag in der 2. Auflage: Brown/Soybel/Stickney: Price-Earnings Ratios, 1997.

24 Exemplarische Studien dazu nennt Busse v. Colbe: Anpassung, BFuP 4/95; S. 376.

Rechnungslegungsstandards für eine Börsenotierung voraussetzen. Bei sehr unterschiedlichen Standards wird sich aber auch die Überleitung als aufwendig darstellen und für den Investor hinsichtlich Publizitätsgüte kein zu einem Original vergleichbares Bild ergeben. Darüber hinaus mag der Ausweis von unterschiedlichen Ergebnis- und Eigenkapitalgrößen für die Jahresabschlußadressaten verwirrend sein.

4) Harmonisierung durch internationale Rechnungslegungsnormen.

Die aktuelle Diskussion wird eindeutig davon dominiert und in weiterer Folge wird ausschließlich dieser Strang weiter verfolgt.

Die Vorteile dieser Variante liegen auf der Hand. Auf internationaler Ebene kapitalsuchende Unternehmen müßten nur mehr einen einzigen Jahresabschluß aufstellen, internationale Investoren müßten nur mehr mit einem Satz an Rechnungslegungsstandards vertraut sein, Abschlußprüfungen könnten effizienter ablaufen und Aufsichtsbehörden müßten sich keine Gedanken über den Schutz der Investoren und einer effizienten Allokation des Kapitals machen. Bei allen Vorteilen, vor allem für die *global players* unter den Unternehmen, wird meist jedoch übersehen, daß Unternehmen, die nur an der inländischen Börse notieren und folglich weiterhin die herkömmlichen Rechnungslegungsvorschriften anwenden, mit ausländischen Unternehmen dann an dieser Börse bei der Suche nach Kapital in einer Konkurrenzbeziehung stehen. Die beiden würden unterschiedliche Abschlüsse vorlegen, es sei denn, internationale Standards würden auch für nationale Börsenotierungen vorgeschrieben.[25] Ganz allgemein ist nicht geklärt, welche Unternehmen von einer international harmonisierten Rechnungslegung erfaßt werden sollen.

5) Standardisierung (Vereinheitlichung der Rechnungslegung).

Eine Standardisierung, wie weiter oben beschrieben, wird ob der geringen Aussicht ihrer Erreichbarkeit in nur geringem Ausmaß in der Literatur diskutiert.

---

25 Vgl. FASB: Comparison Project. 1996, S. 4f.

Es sei an dieser Stelle darauf hingewiesen, daß eine Harmonisierung der Rechnungslegung noch keine Harmonisierung der Börsenzulassungsbestimmungen bedeutet und umgekehrt. Die *International Organization of Securities Commissions* (IOSCO), die internationale Wertpapier- und Börsenaufsichtsbehörde, kommt in einer Studie über die Publizitätspflichten der vierzehn wichtigsten Kapitalmarktländer zu teilweise sehr unterschiedlichen Anforderungen. Zwar herrscht grundsätzlich Einigkeit darüber, welche Bereiche offenzulegen sind; wie detailliert diese Bereiche aber offenzulegen sind, variiert erheblich. Die größte Herausforderung für internationale Emittenten ist auch laut der IOSCO in den internationalen Unterschieden der Rechnungslegung zu sehen.[26]

Abb. 1: Ebenen der Harmonisierung

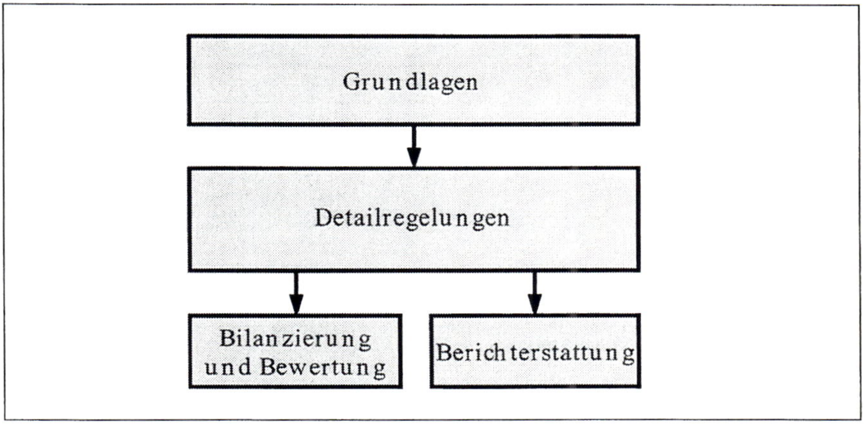

Eine Harmonisierung der Rechnungslegung kann sich auf zwei Ebenen beziehen:[27] Zum einen betrifft sie begriffliche Grundlagen, allgemeine Richtlininen und Basiskonzeptionen, die einem Rechnungslegungssystem zugrunde liegen, z.B. die Einigung über Bilanzierungs- und Bewertungsgrundsätze wie das Prinzip der Unternehmensfortführung und der Bilanzkontinuität. Zum anderen -

26 Vgl. IOSCO: Disclosure Regimes, 1991; S. 1ff.

27 Vgl. Tay/Parker: Measuring, 1990; zit. nach: Auer: Rechnungslegungsstandards, 1997; S. 28.

und auf die erste Ebene aufbauend - geht es um die Harmonisierung von konkreten Detailregelungen in zwei Bereichen: der Bilanzierungs- und Bewertungspraktiken (*measurement practices*) und der Berichterstattungspraktiken (*disclosure practices*).

2.2. Zur Klassifikation von Rechnungslegungssystemen

Die Unterschiedlichkeit in den Rechnungslegungssystemen ließ die Forschung seit den 60er Jahren immer wieder auch der Frage nachgehen, wie denn die Unterschiede der einzelnen Länder zu klassifizieren und nach Gemeinsamkeiten in Gruppen zusammenzufassen wären. Dabei können zwei grundsätzliche Zutritte unterschieden werden, die allerdings beide vom Einfluß verschiedener Umweltfaktoren auf die Entwicklung der Rechnungslegung ausgehen:[28]

- Verbal-deskriptive Klassifikationsansätze

Sie identifizieren verschiedene Umweltfaktoren und versuchen auf Basis gemeinsamer Umwelteinflüsse zu einer Klassifikation homogener, nationaler Rechnungslegungssysteme zu gelangen. Arbeiten dazu stammen von Seidler (1967), Mueller (1968), Previts (1975), der *American Accounting Association* (1977), Nobes (1983), Mueller/Gernon/Meek (1987) und Gray (1988).

- Statistische Klassifikationsansätze

Sie basieren auf empirischen Analysen zur Anwendung einzelner Rechnungslegungspraktiken in verschiedenen Ländern und versuchen mit Hilfe statistischer Methoden, homogene Rechnungslegungsgruppen zu bilden und den Einfluß verschiedener Umweltfaktoren zu erklären. Zu dieser Kategorie gehören Arbeiten von Da Costa/Bourgeois/Lawson (1978), Frank (1979), Nair/Frank (1980) und Nair (1982).

---

[28] Eine sehr gute Übersicht zu den verschiedenen Klassifikationsversuchen bietet Auer: Rechnungslegungsstandards, 1997, S. 28ff.

Zu den sog. „Umweltfaktoren" zählen u.a. der Einfluß des Kapitalmarktes, das Rechtssystem, das politische System, die Eigentumsverhältnisse, die Unternehmensstrukturen und das jeweilige Steuersystem. Es gibt derzeit noch keine allgemein anerkannte, konsistente Klassifikation von Rechnungslegungssystemen, nicht zuletzt deshalb, weil es schwierig ist, Rechnungslegungsunterschiede in ihrer Gesamtheit zu erfassen, zu gewichten und zu instrumentalisieren.[29]

Da für diese Arbeit ein Vergleich von US-GAAP, IAS sowie EG-Richtlinien und transformierte deutsche und österreichische Vorschriften zu drei Kernbereichen im Vordergrund steht, bietet sich an, auf zwei globale Einflußbereiche abzustellen:[30] Zum einen auf die vom römischen Recht hergeleiteten Legislativsysteme mit ihren kodifizierten gewachsenen Rechnungslegungsnormen (*code law*), denen aufgrund ihrer gesetzlichen Fixierung sowohl Kontinuität als auch eine gewisse Inflexibilität innewohnt, und zum anderen der angelsächsische, auf Einzelfallentscheidungen mit Präzedenzwirkung basierende Einflußbereich mit einer Fülle aus sich zum Teil ergänzenden bzw. ersetzenden Einzelregelungen (*case law*), denen aufgrund der flexiblen Anpassungsmöglichkeiten auf dynamische Entwicklungen eine immense Unübersichtlichkeit immanent ist.

Darüber hinaus unterscheiden sich diese beiden Bilanzierungswelten in Bezug auf das Verhältnis von Handelsbilanz zur steuerlichen Gewinnermittlung und der Finanzierung der Unternehmen. In den vom Römischen Recht geprägten Ländern gilt das Prinzip der Maßgeblichkeit der Handelsbilanz für die Steuerbilanz. In Ländern des angelsächsischen Einflußbereiches fungiert die Steuerbilanz unabhängig von der Handelsbilanz, sodaß erstere völlig frei von steuerpolitisch motivierten Sondervergünstigungen erstellt wird. Ferner finanzieren sich Unternehmen dieses Einflußbereiches vorwiegend über den Kapitalmarkt. Während das kontinentaleuropäische Rechnungslegungssystem vom Gedanken des Gläubigerschutzes und des Vorsichtsprinzips getragen wird, steht auf angloamerikanischer Seite der Schutz der Investoren durch eine *fair presentation* im Vordergrund. Letztere Aktienmärkte sind durch einen hohen Streubesitz gekennzeichnet, während der Anteil der von Privatanlegern gehaltenen Aktien in Österreich sehr gering ist.

---

29 Vgl. Auer: Rechnungslegungsstandards, 1997; S. 55.

30 Vgl. dazu im folgenden: Küting/Hayn: Internationale Rechnungslegung, RWZ 9/1994, S. 250ff.

Die Daimler-Benz AG war das erste deutsche Unternehmen, das den Sprung an die New Yorker Börse wagte. Damit scherte das Unternehmen nicht nur aus der den deutschen Unternehmen gemeinsamen ablehnenden Haltung gegenüber den SEC-Vorschriften aus, sondern markierte nicht zuletzt mit dem ausgewiesenen Ergebnisunterschied den Beginn einer heftigen Diskussion um internationale Rechnungslegungsunterschiede und deren Reduzierung, insbesondere zwischen den beiden oben besprochenen Rechnungslegungssystemen. In der *SEC Press Release* vom 30. März 1993 heißt es vom SEC-Chairman Richard C. Breeden dazu:[31]

> „While German accounting principles have many strong points, they were not designated to provide the public capital markets with the level of information concerning financial results, cash flows, internal rates of return and other types of data used by investors today to compare investments in companies in dozens of countries."

Die kapitalmarktbezogenen Unterschiede bedingen auch ein Umdenken traditioneller kontinentaleuropäischer Unternehmen: Sie müssen Investor-Relations aufbauen bzw. verbessern und Anreize für potentielle Investoren schaffen, sich für das betreffende Unternehmen zu interessieren, und so auch Kurspflege betreiben. Eine Maßnahme hierzu kann eben das Vorlegen von Abschlüssen nach internationalen Rechnungslegungsstandards sein.

Unter diesen internationalen Standards werden aus heutiger Sicht die US-GAAP und (mit Aufholbedarf) die IAS verstanden. Mit wenig Aussicht auf internationale Akzeptanz zählen als drittes Normengefüge die EG-Richtlinien, auf deren Entwicklung in weiterer Folge näher eingegangen werden soll.

---

31 Zit. nach: Kleber: Amerikanische Rechnungslegungsgrundsätze, 1993; S. 382f.

2.3. Harmonisierungsbestrebungen der EU

In der Präambel des Gründungsvertrages legte die Europäische Wirtschaftsgemeinschaft 1957 in Rom das Ziel fest, die Grundlagen für einen engeren Zusammenschluß der europäischen Völker zu schaffen und durch gemeinsames Handeln den wirtschaftlichen und sozialen Fortschritt ihrer Länder zu sichern. Zur Erreichung dieses Ziels wurde u.a. beschlossen, das Gesellschaftsrecht und die Vorschriften über die Rechnungslegung zu harmonisieren.[32]

Der Vertrag von Maastricht sieht die Schaffung eines europäischen Wirtschaftsraumes vor, die Stärkung des wirtschaftlichen und sozialen Zusammenhalts und die Errichtung einer Wirtschafts- und Währungsunion. Diese Vision schließt auch eine Freiheit der Finanz- und Kapitalmärkte mit ein. Bis zu diesem Zeitpunkt hat die Kommission lediglich eine Mindestvergleichbarkeit der Jahresabschlüsse gefordert, sich aber nicht mit der bei fortschreitender Integration als durchaus denkbaren europaweiten Standardisierung der Rechnungslegung beschäftigt.

Diese wäre auch vom Standpunkt der osteuropäischen Reformstaaten wünschenswert gewesen. Da in diesen Ländern mit der wirtschaftlichen Neuorientierung auch die Schaffung von Rechnungslegungsnormen einherging und diese - im Vorgriff auf einen angestrebten EU-Beitritt - nach den EG-Bilanzrichtlinien gestaltet wurden, führen die darin normierten Wahlrechte wiederum zu länderspezifischen Situationen, anstatt zu einem einheitlichen europäischen Bilanzrecht.[33]

2.3.1. Harmonisierung in Europa: Entwicklung bis 1995

Die Regelungskompetenz der Europäischen Union zur Harmonisierung der Rechnungslegung basiert auf Art. 54 Abs. 3 Buchstabe g des EG-Vertrages, der eine Koordination der Schutzbestimmungen im Interesse der Gesellschaft sowie Dritter vorsieht und zu einer Gleichwertigkeit der Rechnungslegungsvorschriften

---

32 Vgl. Gassner/Lechner: Steuerrecht, 1992, S. 1.

33 Boross/Clarkson/Fraser/Weetman: Hungarian Experience. EAR 4/1995, S. 718.

führen soll.[34] Die Artikel 100 und 100a EG-Vertrag sind als Rechtsgrundlage für die Harmonisierung der Rechnungslegung bisher verneint worden.[35]

Speziell zum Bilanzrecht sind folgende Richtlinien erlassen worden, welche europaweit transformiert wurden und damit Ausgangsbasis für eine Harmonisierung waren:[36]

Am 25. Juli 1978 wurde vom Rat der Europäischen Gemeinschaften die 4. EG-Richtlinie mit dem Zweck der Koordinierung der einzelstaatlichen Vorschriften über die Gliederung und den Inhalt des Jahresabschlusses und des Lageberichtes sowie über die Bewertungsmethoden und die Offenlegung dieser Unterlagen insbesondere bei Aktiengesellschaften und den Gesellschaften mit beschränkter Haftung erlassen.

Am 13. Juni 1983 wurde die 7. EG-Richtlinie mit dem Zweck der Koordinierung der nationalen Vorschriften über den konsolidierten Abschluß von Unternehmenszusammenschlüssen (Konzernen) erlassen.[37]

---

34 Artikel 54 (3): Der Rat und die Kommission erfüllen die Aufgaben, die ihnen aufgrund der obigen Bestimmungen übertragen sind, indem sie insbesondere ..... g) soweit erforderlich die Schutzbestimmungen koordinieren, die in den Mitgliedstaaten den Gesellschaften im Sinne des Artikels 58 Absatz 2 im Interesse der Gesellschaft sowie Dritter vorgeschrieben sind, um die Bestimmungen gleichwertig zu gestalten

35 Vgl. Buhleier/Helmschrott: Neue Strategie der EU. RWZ 8/1996, S. 227ff.
Richtlinien nach Art. 100 EG-Vertrag können nur dann erlassen werden, wenn es um die Angleichung von Rechtsvorschriften geht, die sich unmittelbar auf die Errichtung oder das Funktionieren des gemeinsamen Marktes auswirken. Für die Angleichung der Rechnungslegungsvorschriften wird dies als nicht zutreffend angesehen. Vgl. Probst: Mehr angloamerikanische Rechnungslegungsstandards, BFuP 5/1992; S. 433.

36 Vgl. Egger/Samer: Jahresabschluß nach dem RLG. 5. Aufl., S. 3f.

37 Für die hier geführte Argumentation weniger bedeutend, aber der Vollständigkeit halber angeführt: Am 9. März 1968 wurde die 1. gesellschaftsrechtliche Richtlinie (Publizitätsrichtlinie) verabschiedet. Am 10. April 1984 wurde die 8. EG-Richtlinie mit dem Zweck der Harmonisierung der Anforderungen in Bezug auf die Befähigung der zur Durchführung der Pflichtprüfung der Rechnungsunterlagen von zu prüfenden Unternehmungen befugten Personen erlassen, wobei gleichzeitig sichergestellt werden sollte, daß diese Personen unabhängig sind und einen guten Leumund haben (Abschlußprüferrichtlinie, 84/253/EWG). Die Richtlinie blieb substantiell hinter dem ursprünglichen Entwurf zurück (vgl. Nobes: Harmonization, 1995, S. 139). Es folgten zwei Richtlinien für Banken und andere Finanzinstitutionen (86/635/EWG vom 8. Dezember 1986) sowie für Versicherungsgesellschaften (91/674/EWG vom 19. Dezember 1991), welche abweichend von der 4. und 7. EG-Richtlinie auf die Besonderheiten dieser Unternehmen abstellen und deren offenzulegende finanzielle Angaben regeln. Weiter ergänzt wurden die Richtlinien durch eine GmbH&Co-Richtlinie (Ausdehnung der 4. und 7. EG-

Bis es zur Verabschiedung dieser Richtlinien kam, bemühten sich der EG-Ministerrat und die EG-Kommission in intensiven jahrelangen Beratungen, Rechnungslegungsvorschriften für alle Mitgliedstaaten zu erarbeiten, um bestehende Unterschiede auszugleichen. Die ersten Vorarbeiten zur Erarbeitung der Richtlinien wurden bereits 1965 aufgenommen, als die wirtschaftsprüfenden Organisationen in den Mitgliedstaaten damit beauftragt wurden, Vorschläge für die Harmonisierung zu erarbeiten.[38] Erst rund 20 Jahre später konnte die 8. EG-Richtlinie - als letzte der drei Richtlinien zum Bilanzrecht - vom EG-Ministerrat verabschiedet werden.

Mit der 4. und 7. EG-Richtlinie wurde ein Kompromiß zwischen der kontinentaleuropäischen und der angelsächsischen Rechnungslegungstradition geschlossen. Großbritannien und Irland brachten die Verankerung des*true and fair view*-Gedanken[39] ein, kontinentaleuropäische Vertreter wollten die steuerlichen Konsequenzen der Rechnungslegung mitberücksichtigt wissen und Gliederungsschemata für Bilanz und Gewinn- und Verlustrechnung vorgesehen haben.[40] Weiters hat es gegenseitige Zugeständnisse beim Prinzip der Periodenabgrenzung (*matching principle*) und dem Vorsichtsprinzip (*prudence principle*) gegeben.[41]

Dieser Kompromiß zeigt sich auch darin, daß als Instrument die Richtlinie gewählt wurde. Diese basiert auf Art. 189 Satz 3 EG-Vertrag, wird vom Ministerrat erlassen und richtet sich an jeden einzelnen Mitgliedstaat, der die Richtlinie aus dem Grundsatz der Gemeinschaftstreue (Artikel 5 des EG-Vertrages) in nationales Recht umzusetzen hat. Mit der gewählten Form soll also eine Mindestharmonisierung erreicht werden, die den Grundsatz der Subsidiarität berücksichtigt. Darauf weist auch die Bestimmung in Art. 2 Abs. 6 der 4. EG-Richtlinie hin, der dem einzelnen Mitgliedstaat ein Überschreiten der Mindestanforderungen erlaubt.

Richtlinie auf haftungsbeschränkte Personengesellschaften, 8.11.1990) und eine Mittelstandsrichtlinie (Erleichterungen von der 4. und 7. EG-Richtlinie für haftungsbeschränkte Personengesellschaften, 8.11.1990).

38 Der *Elmendorff Report* aus dem Jahre 1967 markiert den eigentlichen Beginn der Arbeiten an der 4. Richtlinie. Vgl. Nobes: Harmonization. 1995, S. 135.

39 Art. 2 Abs. 2-5 der 4. EG-Richtlinie; deren Übersetzung und Auswirkungen in den einzelnen Staaten wurde vielfach diskutiert.

40 Vgl. Nobes: Harmonization, 1995, S. 137.

41 Vgl. Biener: Rechnungslegungsempfehlungen des IASC. BFuP 4/93; S. 349.

Mit der Verwendung von Richtlinien soll zweierlei sichergestellt werden:[42]

1. Die Mitgliedstaaten haben die Möglichkeit, nach den Regeln ihrer Verfassung Gesetze oder Verordnungen zu erlassen, die den Richtlinieninhalt gemäß der Zielsetzung konkretisieren (letzte Souveränität der Mitgliedstaaten und ihrer Parlamente).

2. Die Mitgliedstaaten haben genügend Spielraum für eine eigene Entscheidung. Bei der Vielzahl der zu regelnden Bereiche erhoffte man sich auf diese Weise am leichtesten und reibungslosesten eine Ausrichtung auf die Ziele der Gemeinschaft.

Bei diesem Spielraum ist zwischen Mitgliedstaatenwahlrechten, abgeleiteten Wahlrechten und originären Unternehmenswahlrechten zu unterscheiden:[43]

Bei *Mitgliedstaatenwahlrechten* steht den Mitgliedstaaten im Rahmen der Transformation der Richtlinien in nationales Recht die Ausübung eines Wahlrechtes offen. Nehmen die Mitgliedstaaten dieses Wahlrecht in Anspruch, so verbleibt auf Unternehmensebene kein weiterer Spielraum.

Bei *abgeleiteten Unternehmenswahlrechten* gibt es zwei Möglichkeiten: 1) Es steht den Mitgliedstaaten offen, ein Wahlrecht bereits im Rahmen der Transformation in das nationale Recht auszuüben *oder* die Ausübung dieses Wahlrechtes an die Unternehmen weiterzugeben. 2) Die Mitgliedstaaten dürfen ein Wahlrecht nicht selbst ausüben, sondern *müssen* dieses in ein Unternehmenswahlrecht überleiten. Wird jedoch von einer Weiterleitung dieses Wahlrechtes abgesehen, so dürfen für die Unternehmen daraus keine bindenden Regelungen in das nationale Recht aufgenommen werden.

Bei *originären Unternehmenswahlrechten* können die Mitgliedstaaten die Ausübung eines Wahlrechtes nicht beeinflussen, da die Ausübung ausschließlich den Unternehmen überlassen ist.

42 Vgl. Küting/Hayn: Internationale Rechnungslegung. RWZ 9/1994, S. 251.

43 Vgl. Weber-Braun: Umsetzung der Richtlinien, 1995; S. 9ff. Beispiele dazu finden sich auch bei Auer: Rechnungslegungsstandards, 1997, S. 60f.

Allerdings gibt es nach der Präambel zur 4. EG-Richtlinie für bestimmte Bereiche kein Wahlrecht: Damit der Jahresabschluß ein den tatsächlichen Verhältnissen entsprechendes Bild der Vermögens-, Finanz- und Ertragslage der Gesellschaft vermittelt, müssen für die Aufstellung der Bilanz sowie der Gewinn- und Verlustrechnung zwingend vorgeschriebene Gliederungsschemata vorgesehen und der Mindestinhalt des Anhangs sowie des Lageberichts festgelegt werden. Die verschiedenen Bewertungsmethoden müssen, zum Zwecke der Vergleichbarkeit und für die Gleichwertigkeit von Jahresabschlüssen, vereinheitlicht werden. Der Jahresabschluß muß gemäß der Richtlinie 68/151/EWG offengelegt werden und schließlich muß der Jahresabschluß von dazu befugten Personen geprüft werden.

Mit der Schaffung eines Kontaktausschusses bei der Kommission gem. Art. 52 der 4. und Art. 47 der 7. EG-Richtlinie und einer gem. Art. 33 (4) der 4. und Art. 50 der 7. EG-Richtlinie zukünftig möglichen Richtlinienüberarbeitung sollte potentiell auftretenden Problemen bei der Anwendung der Harmonisierungsvorschriften begegnet werden. Die Arbeit des Kontaktausschusses blieb jedoch hinter der ursprünglichen Intention zurück, und bis dato fand auch keine wesentliche Überarbeitung der Richtlinien statt.

***Contact Committee* (Kontaktausschuß)**

Der Kontaktausschuß wurde von der Kommission auf Basis des Artikels 52 der 4. EG-Richtlinie eingesetzt. Das beratende Organ setzt sich aus Vertretern der Mitgliedstaaten sowie der Kommission zusammen. Jedes Mitgliedsland entsendet i.d.R. zwei Vertreter, die hauptsächlich den jeweiligen Wirtschafts- Finanz- oder Justizministerien angehören. Ein Vertreter der Kommission führt den Vorsitz. Der Ausschuß tritt in der Regel zweimal jährlich zusammen.[44]

Ein weiteres wichtiges Datum im Harmonisierungsprozeß ist der Jänner 1990, als in Brüssel auf Initiative der Kommission die Konferenz zur „Zukunft der Angleichung der Vorschriften der Rechnungslegung in den Europäischen Gemeinschaften" stattfand.[45] Diese sollte prüfen, inwieweit das Ziel der EG-

---

44 Vgl. 78/660/EWG, Art. 52 Abs. 2; bzw. Pellens: Internationale Rechnungslegung, 1998; S. 512.

45 Vgl. Küting im Meinungsspiegel, BFuP 4/1995; S. 433.

Richtlinien, die Gleichwertigkeit und die Vergleichbarkeit der Informationen über die Vermögens-, Finanz- und Ertragslage von Kapitalgesellschaften, erreicht worden ist. Darüber hinaus sollte die weitere Vorgehensweise bei der Harmonisierung der Rechnungslegung festgelegt werden.[46]

Allerdings sah man bei dieser Konferenz den Harmonisierungsauftrag des Artikels 54 Abs. 3 g des EG-Vertrags als erfüllt an und kam überein, die Zahl der in der Richtlinie vorgesehenen Wahlrechte nicht zu verringern, in nächster Zukunft keine neuen Rechtsvorschriften zu erlassen und die Harmonisierungsbemühungen im weiteren internationalen Rahmen mitzuberücksichtigen.[47] Eine Implementierung von IASC-Standards durch die Gemeinschaft und dies möglicherweise in einem vereinfachten Verfahren wurden abgelehnt.[48] Trotz der Zurückhaltung vieler Mitgliedstaaten ließ sich die Kommission aber nicht davon abbringen, ein Gremium von Sachverständigen, das *Accounting Advisory Forum* (AAF, Beratungsgremium für Fragen der Rechnungslegung) ins Leben zu rufen.

***Accounting Advisory Forum* (AAF)**

Dieses sollte die Kommunikation zwischen und mit den normensetzenden nationalen Stellen verbessern und aktiv die Diskussion zu Fragen der Rechnungslegung - insbesondere mit anderen internationalen Organisationen - führen.[49] Von dieser ursprünglichen Intention abweichend, stellt mittlerweile die Beratung der Kommission und das Aufzeigen von weiteren Möglichkeiten zur Harmonisierung die eigentliche Aufgabe des Gremiums dar.[50] Seine Ergebnisse richten sich an die Kommission, welche diese im Kontaktausschuß diskutiert und danach veröffentlicht, oder z.B. in einer Empfehlung oder Richtlinie verwendet Das Gremium ist kein *standard setting body* und hat daher keine Kompetenz, die Kommission, Mitgliedstaaten, Unternehmen oder im Forum vertretene

46 Vgl. EG: Zukunft der Angleichung, 1990, S. 1.

47 Vgl. KOM (95) 508; Tz. 2.6.

48 Vgl. Probst: Mehr amerikanische Rechnungslegung. BFuP 5/1992; S. 433.

49 Vgl. zum AAF Bericht der Komission über die Sitzung des Forums für Rechnungslegung vom 14./15. Jänner 1991, Dok. XV/61/91 - DE); vgl. Hopwood, A.G.: „Angleichung der Vorschriften der EG und ihre Zukunftsperspektiven." in: EG: Zukunft der Angleichung, 1990, S. 61; bzw. Probst: Mehr anglo-amerikanische Rechnungslegung. BFuP 5/1992; S. 434ff.

50 Vgl. Tas: International accounting harmonization: A comment. EAR 1995, S. 256.

Organisationen zur Anwendung ihrer Stellungnahmen zu verpflichten.[51] Dem Forum gehören Vertreter der nationalen *standard setters* sowie der wichtigsten Ersteller, Prüfer und Benutzer von Jahresabschlüssen aus der Europäischen Union an. Bisher wurden vom Forum Stellungnahmen zu Fremdwährungsgeschäften, Leasingverträgen, staatlichen Zuschüssen, Umweltfragen und - für diese Arbeit besonders relevant - zu Cash-Flow Statements verabschiedet bzw. erarbeitet.[52] Die Stellungnahmen orientieren sich stark an den Standards des IASC.

1991 wurde ein weiterer Harmonisierungsversuch unternommen. Basierend auf Art. 145 des EG-Vertrages sollte die bereits bei der im Jahr zuvor stattgefundenen Konferenz aufgekeimte Idee eines vereinfachten Verfahrens (d.h. ohne Mitwirkung des Europäischen Parlamentes und des Ministerrats) zur beschleunigten Änderung und Ergänzung von Richtlinien eingeführt werden, sofern diese Änderungen rein technischer Natur sind. Die dafür erforderlichen Kompetenzen sollten durch eine Ermächtigungsrichtlinie auf die Kommission übertragen werden, mit der Konsequenz, daß die Kommission Vorschriften per Mehrheitsbeschluß nach Artikel 148 Abs. 2 EG-Vertrag in Kraft setzen kann, die direkt auf die nationale Rechnungslegung der Mitgliedstaaten Einfluß nehmen. In dem Entwurf einer Ermächtigungsrichtlinie waren als Anwendungsbereiche z.B. die Klärung von Begriffsbestimmungen, Präzisierung von Bewertungsmethoden und Ausweisfragen vorgesehen.[53]

Da für den Bereich des Rechnungswesens bereits im Vorfeld so große Widerstände aufgetreten sind, zumal damit über das AAF eingeführte Empfehlungen basierend auf US-Standards oder IAS in EG-Durchführungsrichtlinien aufgenommen werden könnten, wurden diesbezügliche Überlegungen eingestellt.[54] Für andere Bereiche dagegen, wie z.B. das Bank-, Versicherungs- und Börsenwesen, konnte ein solches Verfahren beschlossen werden.[55]

---

51 Vgl. Hulle: Das europäische Bilanzrecht. WPK-Mitteilungen, 1994; S. 15.

52 Vgl. Auer: Rechnungslegungsstandards, 1997; S. 66.

53 Vgl. EG: Vorentwurf zum Vorschlag für eine Richtlinie des Rates vom .... zur Übertragung von Durchführungsbefugnissen an die Kommission auf dem Gebiet der Rechnungslegung und ihre Ausübung vom 23. Oktober 1991, Dokument der Kommission XV/225/91.

54 Vgl. Hulle: Das europäische Bilanzrecht. WPK-Mitteilungen, 1994, S. 15.

55 Vgl. Tas: International accounting harmonization: A comment. EAR 1995, S. 256.

Innerhalb der Europäischen Union geriet die Harmonisierung der Rechnungslegung - wie oben ausgeführt - ins Stocken. Die diesbezüglichen Bemühungen der EU kranken an mehreren wesentlichen Punkten: Die Richtlinien werden für die Rechnungslegung als zu wenig konkret empfunden. Der gleiche Richtlinientext kann damit ungleich ausgelegt werden. Dies zeigt sich z.B. am Realisationsprinzip. So gilt gem. Art. 31 Abs. 1 Buchst. c) aa):

> „Nur die am Bilanzstichtag realisierten Gewinne werden ausgewiesen."

Unter welchen Voraussetzungen aber Gewinne als „realisiert" gelten, bleibt der nationalen Konvention überlassen, wobei die angelsächsische Auslegung großzügiger als die kontinentaleuropäische ist. Dies hat sich z.B. in der Debatte um positive Umrechnungsdifferenzen bei Währungsschwankungen gezeigt.[56] Eine weitere Schwäche liegt im Ausmaß an Wahlrechten - allein 76 bei den 62 Artikeln der 4. EG-Richtlinie. Diese beziehen sich nicht nur auf nebensächliche Einzelfragen, sondern auch auf Grundsatzfragen der Bilanzierung, z.B. auf Gliederungs- und Ausweiswahlrechte (z.B. Umsatz- oder Gesamtkostenverfahren) sowie Ansatz- und Bewertungswahlrechte. Schließlich ist zu kritisieren, daß sich die Richtlinien aus politischen Gründen überwiegend mit formalen statt mit inhaltlichen Fragen beschäftigen; für aktuelle Rechnungslegungsprobleme (wie z.B. die Behandlung von Leasing oder derivativen Finanzinstrumenten) werden - nicht zuletzt aufgrund der Schwerfälligkeit der EG-Rechtsetzungsverfahren - keine expliziten Regelungen geschaffen. Dies führt zu Jahresabschlüssen in Europa, die bestenfalls in ihrer Form, nicht aber hinsichtlich ihres Inhaltes vergleichbar sind.[57]

---

56 Vgl. Auer: Rechnungslegungsstandards, 1997; S. 62.

57 Vgl. Küting/Hayn: Internationale Rechnungslegung. RWZ 9/1994, S. 252; bzw. zu den aus der unzureichenden Harmonisierung resultierenden Ergebnisunterschieden Biener: Rechnungslegungsempfehlungen des IASC. BFuP 4/93; S. 350. Biener bemüht sich als damaliger Gegner eines allzu schnellen Harmonisierungsprozesses die Kritik an den Ergebnisunterschieden zu relativieren, indem er darauf hinweist, daß mit Artikel 54 Abs. 3 Buchstabe g des EG-Vertrages die Schaffung eines Einheitsrechtes ja gar nicht Zielsetzung war.

2.3.2. Ab November 1995: Eine neue Strategie der EU

In einer Mitteilung der Kommission vom November 1995[58] ist Folgendes festgehalten: Die gemäß den EU-Richtlinien bzw. den transformierten nationalen Rechtsvorschriften erstellten Jahresabschlüsse erfüllen nicht die auf internationaler Ebene - und insbesondere von der amerikanischen SEC - geforderten Grundsätze. Daher müssen europäische Großunternehmen, die Kapital auf internationalen Kapitalmärkten - und hierbei insbesondere der *New York Stock Exchange* - aufnehmen wollen, einen zweiten Abschluß erstellen. Dies ist arbeits- und kostenintensiv und stellt daher einen Wettbewerbsnachteil dar. Die EU hat keinen Einfluß auf die amerikanischen Rechnungslegungsgrundsätze. Die unterschiedlichen Zahlen vermögen Verwirrung zu stiften unter den Anlegern und dem breiten Publikum. Großunternehmen könnten daher geneigt sein, sich immer mehr an den US-GAAP zu orientieren. Umso dringlicher erscheint der EU das Problem. Da zahlreiche Mitgliedstaaten Privatisierungsprogramme durchführen und der Kapitalbedarf der Unternehmen steigt, nimmt auch die Zahl der betroffenen Unternehmen zu.[59]

Ein anderes Problem wurde in den Richtlinien selbst erkannt (vgl. die weiter oben diskutierten Schwächen). Darüber hinaus fehlt der EU eine gemeinsame Haltung zu Rechnungslegungsfragen, um in internationalen Gremien eine aktivere Rolle zu spielen, bzw. anderen europäischen Ländern bei der Umstellung ihrer Rechnungslegungssysteme als Vorbild zu dienen.[60]

Die Kommission hat für obige Probleme mehrere Lösungsansätze geprüft:[61]

- Eine Möglichkeit wurde darin gesehen, betroffene Unternehmen vom Anwendungsbereich der Richtlinien auszunehmen, sodaß sie anderen Vorschriften Folge leisten könnten. Dazu müßte geklärt werden, welche Unternehmen das sein dürften und welche anderen Vorschriften sie anwenden dürften. Das würde eine Änderung der Richtlinien nach sich ziehen. Außer-

---

58 Vgl. im folgenden KOM (95) 508.

59 Vgl. KOM (95) 508, Tz. 1.2f, Tz. 3.3.

60 Vgl. KOM (95) 508, Tz. 3.4.

61 Vgl. KOM (95) 508, Tz. 4.1 - 4.6.

dem ginge man damit von der Harmonisierung der Rechnungslegung innerhalb Europas ab.

- Eine andere Lösungsmöglichkeit wurde darin gesehen, sich mit den USA auf die gegenseitige Anerkennung der Abschlüsse zu einigen. Gespräche in diese Richtung stießen bei den USA jedoch auf wenig Interesse, zumal gemäß den US-GAAP erstellte Abschlüsse bereits in allen Mitgliedstaaten anerkannt werden.

- Die Einrichtung einer Europäischen Normungsorganisation für die Rechnungslegung wäre zu zeitaufwendig, und die Sinnhaftigkeit der Aufstellung zusätzlicher Rechnungslegungsgrundsätze neben den IAS wurde bezweifelt.

- Die Aktualisierung der Rechnungslegungs-Richtlinien um die bishernicht behandelten Themen würde Gefahr laufen, an der Uneinigkeit der Mitgliedstaaten bzgl. dieser Themen sowie am Wunsch, bestehende Teile der Richtlinien neu auszuhandeln, zu scheitern. Die Reform sollte daher - wie auch eingangs der Mitteilung der Kommission erwähnt - soweit wie möglich ohne eine Änderung der Rechnungslegungs-Richtlinien durchgeführt werden.

- Von allen internationalen Organisationen, die sich mit der Harmonisierung der Rechnungslegung beschäftigen, wurde dem IASC die besten Aussichten auf rascheste Anerkennung auf den internationalen Kapitalmärkten bescheinigt.

Daher soll in Zukunft die Zusammenarbeit zwischen der EU und dem IASC weit über das bisherige Ausmaß verstärkt werden, welche sich bis dahin im wesentlichen auf informelle Gespräche und seit 1990 auf Beobachterstatus im Board und Lenkungssausschuß für das *Comparability and Improvements Project* beschränkte.[62] Das Ziel dieser verstärkten Zusammenarbeit mit dem IASC liegt in der Schaffung eines gemeinsamen, harmonisierten, europa- und weltweit akzeptierten Bilanzrechtes.

Der (bereits weiter oben erwähnte) Kontaktausschuß (*Contact Committee*) gewann durch das Strategiepapier der EU-Kommission neben dem AAF wieder

62 Vgl. Probst: Mehr anglo-amerikanische Rechnungslegung. BFuP 5/1992; S. 427; bzw. vgl. zum *Comparability und Improvements Project* Kap. 4.2.

an Bedeutung. Er sollte nun nämlich vorrangig prüfen, inwiefern die vorhandenen IAS mit den Rechnungslegungs-Richtlinien vereinbar sind. Den Mitgliedstaaten obliegt es dann, eine ähnliche Konformitäts-Überprüfung mit ihren nationalen Vorschriften zu übernehmen. Das IASC hat sich bereit erklärt, alle IAS, die u.U. mit den EU-Richtlinien nicht vereinbar sind, zu überprüfen. Die Kommission schließt im Gegenzug eine Änderung ihrer Richtlinien nicht aus, um Unvereinbarkeiten zwischen den beiden Rechnungslegungssystemen auszuräumen.[63] Damit wurden die EG-Richtlinien auch wieder als Alternative zu US-GAAP und IAS in die Diskussion eingebracht.

Darüber hinaus beabsichtigt die EU über den Kontaktausschuß auf die laufenden Arbeiten im IASC einen verstärkten Einfluß zu gewinnen: zum einen durch die Entwicklung und Vertretung einer eigenen Position zu künftigen Arbeitspapieren bzw. Entwürfen von Rechnungslegungsgrundsätzen des IASC, und zum anderen durch die Mitwirkung bei der Auswahl der zukünftig zu regelnden Bereiche. Der Kontaktausschuß soll sich dabei auf konsolidierte Abschlüsse konzentrieren, da diese Unternehmen stärker von der Internationalisierung betroffen sind und der Einzelabschluß in vielen Mitgliedstaaten unmittelbar mit dem Finanzausweis für Steuerzwecke verbunden ist.[64]

Die Europäische Kommission möchte als Mitglied der *Consultative Group* des IASC beitreten und den Sitzungen des *Board* als Beobachter beiwohnen.[65] Im Jahr 1996 bereits war die Europäische Union Beobachter bei allen Treffen des IASC *Board* und der *Consultative Group*, als auch bei den Treffen der *Steering Committees* zu *Discontinuing Operations*, *Intangible Assets/Impairment*, *Leases*, *Presentation of Financial Statements* und *Provisions and Contingencies*.[66]

Es sind nunmehr kontinuierlich Stellungnahmen der EU zu einzelnen aktuellen Fragen der Arbeit des IASC zu erwarten. Dies ist eine Komponente, die den neuen Ansatz grundlegend von der bisherigen Vorgangsweise unterscheidet und dessen Wirksamkeit daher Ende 1997[67] überprüft werden soll. Der neue Ansatz ist auch flexibel gestaltet. Der Kontaktausschuß soll mit größerer Kompetenz

---

63 Vgl. KOM (95) 508, Tz. 5.2f.

64 Vgl. KOM (95) 508, Tz. 5.4, 5.6.

65 Vgl. KOM (95) 508, Tz. 2.8.

66 Vgl. IASC: Annual Review 1996, 1997; S. 13.

67 Vgl. KOM (95) 508, S. 10.

ausgestattet werden und ebenso soll ein mächtigeres Gremium fallweise für eine beschleunigte Änderung von Rechnungslegungsrichtlinien gebildet werden. Inwieweit dies eine Neuauflage der 1991 gescheiterten Einführung einer Rechungslegungs-Ermächtigungsrichtlinie ist, bleibt abzuwarten.

Inhaltlich liegen der neuen Strategie zwei unterschiedliche Schwerpunkte zugrunde:

1) Standardisierung der Konzernabschlüsse

Diese sind auf internationalen Kapitalmärkten von größerer Bedeutung als Einzelabschlüsse. Für Konzerne ist der Zugang zum US-Kapitalmarkt bedeutend, und um diesen zu erlangen, müßten die in der europäischen Rechnungslegung vorhandenen Wahlrechte eingeschränkt werden. Darüber hinaus sind Konzernabschlüsse i.d.R. nicht die Grundlage für die Bemessung von Steuer- und Dividendenzahlungen. Dies alles spricht für eine Standardisierung (und nicht nur eine Harmonisierung) im Bereich der Konzernabschlüsse.

2) Harmonisierung der Rechnungslegung der übrigen Unternehmen

Die bisher gewählte Methode der Harmonisierung soll beibehalten werden. Zur Erreichung einer besseren Vergleichbarkeit plant die Kommission, die Instrumente einer Empfehlung oder einer Mitteilung zu Auslegungsfragen, die von ihrer rechtlichen Bedeutung einer Stellungnahme entsprechen, einzusetzen. Dies sind die schwächsten der verfügbaren Instrumente, sodaß eine Harmonisierung in diesem Bereich eher moderat betrieben wird.

Mit diesem neuen Ansatz versucht die EU also, mehr auf die Informationsinteressen von Anlegern im Sinne der US-GAAP/IAS abzustellen, um einem drohenden Verlust von Anwendern der EG-Richtlinien bei börsenotierten Unternehmen vorzubeugen und einen vielleicht zu frühen Wechsel in Richtung US-GAAP zu verhindern, wie dies zum damaligen Zeitpunkt bereits Daimler-Benz 1993 und VEBA 1995 in Deutschland für einen direkten Zugang zum US-Kapitalmarkt gemacht haben.[68] Damit würde auch die Verhandlungsposition der

68 Vgl. Wagenhofer: Akzeptanz. 1997; S. 35.

EU-Länder mit kontinentaleuropäischer Rechnungslegungstradition im weiteren Harmonisierungsprozeß geschwächt.

Schwierigkeiten ergeben sich für die EU daraus, daß sie auf die US-GAAP keinen Einfluß hat, die vom IASC betriebene Harmonisierung schon weit fortgeschritten ist, und sie selbst ja gleichzeitig ein Interesse daran hat, ihre eigene Rechnungslegungstradition zu sichern. Dies wird umso schwieriger sein, als das IASC ja die Anerkennung durch die SEC anstrebt (vgl. dazu Kap. 4) und daher die US-GAAP bei der Annäherung der EU an die IAS implizit in der neuen Strategie der EU enthalten sind.[69] Darüber hinaus wirken anglo-amerikanische Rechnungslegungsgepflogenheiten auch immer stärker auf die Meinungsbildung im europäischen Rechtssetzungsprozeß.[70]

Im Rahmen dieser *New Accounting Strategy* entstand die Studie „*An examination of the conformity between the International Accounting Standards and the European Accounting Directives*". Sie sollte untersuchen, auf welche Unvereinbarkeiten ein hypothetischer europäischer Konzern stoßen könnte, wenn er seinen Konzernabschluß in Übereinstimmung sowohl mit den EG-Richtlinien als auch mit den IAS erstellen wollte. Ein derartiges Unternehmen würde demnach alle zusätzlichen Anforderungen der IAS übernehmen (die nicht in Widerspruch zu den EG-Richtlinien stehen) und überall dort, wo die EG-Richtlinien Wahlrechte vorsehen, diejenigen Wahlrechte ausüben, die mit den IAS konform sind.[71]

Die Studie kam zu dem Ergebnis von nur zwei Konflikten zwischen IAS und den EU-Richtlinien: bei der Behandlung eines negativen Unterschiedsbetrages aus der Kapitalkonsolidierung (Konflikt zwischen IAS 22 Par. 49, 50, 51 und 7. EG-Richtlinie Art. 31) und bei der Definition des Konsolidierungskreises (Konsolidierung von Tochtergesellschaften mit ungleichen Aktivitäten, Konflikt zwischen IAS 27 und 7. EG-Richtlinie Art. 14 Abs. 1). Der Kontaktausschuß

---

69 Ganz allgemein befürchten Kritiker, daß die IAS gleich einem trojanischen Pferd als anglo-amerikanische Standards mit ihrem internationalen Anstrich als einer akzeptablen Fassade in die kontinentaleuropäischen Länder gelangen und dort die traditionelle Rechnungslegung unterlaufen würden. Vgl. z.B. Nobes: Harmonization, 1995, S. 127; bzw. Kleekämper: Das Trojanische Pferd, 1998; S. 351-367.

70 Vgl. Küting: US-amerikanische und deutsche Bilanzierung, BFuP 4/93; S. 358; bzw. davor schon in Küting/Sven: Internationale Rechnungslegung, IStR 1992; S. 43.

71 Vgl. EC, Contact Committee: Examination of the conformity, 1996, S. 11.

sieht in beiden Fällen keine überragende Bedeutung und empfiehlt bei der nächsten Überarbeitung der Richtlinie, die Übereinstimmung mit den jeweiligen IAS herzustellen.[72] Allgemein nimmt auch die EU-Kommission nunmehr eine sehr flexible und pragmatische Haltung bei der Lesart der einzelnen Bestimmungen ein.[73] Eine relativ einfache Lösung zur Beseitigung der obigen Konflikte wäre die Aufnahme von weiteren Wahlrechten. Dies dürfte im Gegensatz zu einer einseitigen Abstimmung der EU-Richtlinien mit den IAS kaum auf Widerstand der EU-Mitgliedstaaten stoßen.[74]

Auf die Tatsache, daß die EU-Richtlinien Wahlrechte für die Transformation in nationales Recht vorsehen und daher die Unterschiede auf der Ebene der einzelnen Mitgliedstaaten zu den IAS größer sein dürften, wird in der Studie mehrfach hingewiesen.

2.4. Deutsch-österreichische Weiterentwicklung der Harmonisierung

Mit dem Gesetz zur Durchführung der vierten, siebenten und achten Richtlinie des Rates der Europäischen Gemeinschaften vom 19. Dezember 1985 (Bilanzrichtliniengesetz) wurden diese Richtlinien in bundesdeutsches Recht übertragen.

Aufgrund seiner wirtschaftlichen Verflechtung mit Deutschland und der EG hat Österreich eine den EG-Richtlinien weitgehend konforme und an das Bilanzrichtliniengesetz angelehnte Rechnungslegungsreform durchgeführt (Rechnungslegungsgesetz vom 31. Juli 1990). Dieses brachte umfangreiche Änderungen auf dem Gebiet der Bilanzbewertung, der Gliederung der Bilanz und der Gewinn- und Verlustrechnung sowie der Anlagenverrechnung. Die Bestimmungen sind

---

72 Vgl. EC, Contact Committee: Examination of the conformity, 1996, S. 12ff. Die Studie verglich die EG-Richtlinien mit dem IASC Framework und allen veröffentlichten Standards zum 31.12.1995 mit Ausnahme von

- IAS 32, wofür eine eigene Arbeitsgruppe eingesetzt wurde,
- IAS 7, 10, 14, 15, 17, 18, 19, 20, 24, 26 u. 29, deren Inhalte nicht explizit in den EG-Richtlinien geregelt sind und daher kein Problem darstellen, sowie
- IAS 1, 4, 5, 12 u. 13, die zum Zeitpunkt der Studie gerade überarbeitet wurden.

73 Vgl. Hulle: Zukunft der europäischen Rechnungslegung. Wpg 4-5/98; S. 138ff.

74 Vgl. Auer: Rechnungslegungsstandards, 1997; S. 86f.

für Jahresabschlüsse aller Vollkaufleute spätestens ab dem Geschäftsjahr anzuwenden, welches nach dem 31. Dezember 1991 beginnt.

Zuvor war das österreichische Rechnungslegungsrecht lange Zeit eine sehr stabile Materie. Das Aktiengesetz, das zunächst die hauptsächlichen Rechnungslegungsregeln enthielt, basierte im wesentlichen auf dem Stand der dreißiger Jahre.[75] Mit dem Beitritt Österreichs zur Europäischen Union zum 1.1.1995 wurde eine vollständige Anpassung des HGB an die EU-Richtlinien erforderlich. Diese verbleibenden Änderungen geschahen mit dem EU-Gesellschaftsrechtsänderungsgesetz 1996 (EU-GesRÄG). Die Bestimmungen, betreffend die Jahresabschlüsse aller Vollkaufleute, sind spätestens ab dem Geschäftsjahr anzuwenden, welches nach dem 30. Juni 1996 beginnt. Mit der Umsetzung der gesellschaftsrechtlichen Richtlinien kann die erste Harmonisierungsrunde zum europäischen Bilanzrecht als weitgehend abgeschlossen betrachtet werden. Vergleiche dazu nachfolgende Tabelle 2.

Tab. 2: Umsetzung der Rechnungslegungsrichtlinien in nationale Gesetze

Land	4. EG-Richtlinie	7. EG-Richtlinie
Frankreich	1983	1985
Deutschland	1985	1985
Griechenland	1986	1987
Niederlande	1983	1988
Luxemburg	1984	1988
Großbritannien	1981	1989
Spanien	1989	1989
Dänemark	1981	1990
Belgien	1985	1990
Portugal	1989	1991
Italien	1991	1991
Irland	1986	1992

aus: Nobes: Harmonization, 1995; S. 138

75 Vgl. Wagenhofer: Akzeptanz. 1997, S. 32.

Die 4. EG-Richtlinie sollte von den einzelnen Ländern schon mit Juli 1980 umgesetzt sein, ein Datum, das, wie aus Tab. 2 ersichtlich wird, keine Nation schaffte. Neben den vor einigen Jahren noch 12 Mitgliedstaaten haben auch eine Reihe von anderen Ländern (skandinavische Länder, Schweiz, Österreich - vgl weiter oben, Polen) ihre Rechnungslegungsgesetze vor allem wegen der wirtschaftlichen Verflechtungen und der Vorbereitung eines möglichen Beitritts überarbeitet.[76] Kaum sind diese Rechtstransformationen abgeschlossen, stehen die nationalen Rechnungslegungssysteme vor weiteren Änderungen, die sich aus dem stärker werdenden Einfluß der anglo-amerikanischen Rechnungslegung ergeben.

Für die Entwicklung in Deutschland merkt Wagenhofer[77] an, daß in den letzten Jahren sowohl in der Praxis als auch in der Literatur ein deutlicher Meinungsumschwung stattgefunden hat. War vor wenigen Jahren noch ein energischer Widerstand gegen ein Aufweichen deutscher Rechnungslegungsgrundsätze zu erkennen, so wird nun - wie auch in Österreich - die Öffnung in Richtung IAS heftig diskutiert.[78] Als Befürworter vertritt Küting die Meinung, daß die Konzernabschlüsse in Deutschland eine große Spannweite alternativer Bilanzierungsweisen zeigen und daher gar nicht von *dem* deutschen Konzernabschluß gesprochen werden könne. Insbesondere würde eine freiwillige Orientierung an der anglo-amerikanischen Rechnungslegung die Vergleichbarkeit in Deutschland erhöhen, da bestehende Wahlrechte des HGB einheitlich auszuüben wären.[79] Dabei soll nicht übersehen werden, daß die IAS in ihrer Struktur und in ihrem Inhalt stark von angelsächsischen Vorstellungen geprägt sind. Erst im Jahr 1998 kam die erste autorisierte Übersetzung in deutscher Sprache auf den Markt[80] und das Verständnis des Regelwerkes wird durch die Kasuistik und den Umfang der Standards erschwert.

In Deutschland wie in Österreich wird es für eine bestimmte Übergangszeit mindestens drei Lager von börsenotierten Unternehmen geben: Wienerberger,

---

76 Vgl. Nobes: Harmonization, 1995; S. 137.

77 Vgl. Wagenhofer: IAS, 1996; S. 51ff.

78 Ein drastisches Beispiel für ganz vehement vertretene Befürchtungen hinsichtlich IAS und US-GAAP findet sich in einer gar nicht so alten Ausgabe eines Journals, nämlich BFuP 4/93, in dem u.a. Biener, Kleber, aber auch Küting Beiträge lieferten.

79 Vgl. Küting im Meinungsspiegel, BFuP 4/1995; S. 437.

80 International Accounting Standards Committee (Hrsg.): International Accounting Standards 1997 - Deutsche Fassung. Stuttgart, 1998.

Böhler-Uddeholm, EVN, VA-Tech (D: Bayer, Schering, adidas, Deutsche Bank, Merck) u.a. setzen auf die IAS und deren zukünftige Anerkennung durch die IOSCO als Börsenzulassungsstandards. OMV und Wolford (D: Daimler Benz, Telekom) erstellen den Konzernabschluß nach US-GAAP und gehen damit hinsichtlich des Aktienlistings an der *New York Stock Exchange* auf Nummer sicher. Darüber hinaus mag für diese Unternehmen bedeutend sein, daß den IAS als noch lückenhaftem und überarbeitetem, daher frischem Regelwerk eine Reihe von Umsetzungsrichtlinien und branchenspezifische Regelungen fehlen, die in den US-GAAP bereits enthalten sind (vgl. z.B. FAS 69 für die Öl- und Gasindustrie). Eine dritte Gruppe - und das ist einstweilen auch noch der überwiegende Teil der Unternehmen - wird zunächst abwarten und an den Vorschriften des HGB festhalten.

Mit den internationalen Harmonisierungsbestrebungen vergleichbar und damit zusammenhängend sind auch die Berechnungen der ÖVFA und der DVFA. Ihr Ziel ist, eine einheitliche Basis für den Ergebnisvergleich börsenotierter Unternehmen innerhalb eines Aktienmarktes zu schaffen. Dies geschieht, indem nach einem bestimmten Korrekturschema Sondereinflüsse auf den Jahresüberschuß eliminiert werden. Ähnlich wie bei Überleitungen auf internationaler Ebene ist auch hier umstritten, inwieweit eine Veröffentlichung eines ÖVFA/DVFA-Ergebnisses zusätzlich zum handelsrechtlichen Ergebnis zu einer Verwirrung insbesondere der Privatanleger führen kann. Empirische Studien belegen jedenfalls, daß die derart korrigierten Ergebnisse die Aktienrenditen besser erklären als die in der GuV ausgewiesenen Erfolgsgrößen.[81]

81 Vgl. z.B. Harris/Lang/Möller: Value-Relevance. JAR 2/1994; S. 187ff.

3. US-amerikanische Rechnungslegung und deren institutionelle Grundlagen

Das Interesse an der US-amerikanischen Rechnungslegung resultiert aus der Größe des dortigen Kapitalmarktes, insbesondere der *New York Stock Exchange*, und den dortigen Börsezulassungskriterien. Die SEC stellt bei ihren Regelungen auf den Schutz der US-Unternehmen und Investoren ab. Müßten ausländische Unternehmen bei ihrem US-Listing diesen Anforderungen nicht nachkommen, so hätten diese einen vergleichsweise einfachen Zugang zum US-Kapitalmarkt, was einer Diskriminierung der US-Unternehmen gleich käme. Da die SEC von einem höheren Informationsgehalt ihrer Standards für Investoren ausgeht, muß sie auch in der Anerkennung ausländischer Rechnungslegungsstandards eine Nivellierung ihrer eigenen Vorschriften nach unten sehen. Kritisiert werden dabei vor allem für Deutschland (und mit gleicher Gültigkeit für Österreich) die Möglichkeiten zur willkürlichen Bildung und Auflösung von stillen Reserven.[82] Auch in der Studie von Glaum/Mandler (1996) äußerten sich 40% der befragten deutschen Unternehmensvertreter dahingehend, daß dHGB-Jahresabschlüsse

---

82 Vgl. Auer: Rechnungslegungsstandards, 1997; S. 6. Das Legen von stillen Reserven vermindert den Jahreserfolg, werden diese Reserven wieder aufgelöst, erhöhen sie den Jahreserfolg. Da die US-GAAP eine periodengerechtere Gewinnermittlung verlangen, schwanken die ausgewiesenen Gewinne in der Regel auch mehr. Gegenüber deutschen oder österreichischen Rechnungslegungsvorschriften tritt damit eine zeitliche Gewinnverschiebung ein, die sich über die Zeit hinweg ausgleicht. Vor allem bei erstmaliger Anwendung von US-GAAP oder auch IAS sollten Jahresergebnis und Eigenkapital höher sein als nach den Vorschriften des HGB (vgl. z.B. jüngst das Beispiel von EVN). Eine Ausnahme trifft im Falle einer Auflösung von stillen Reserven zu. Dies dürfte auch Mitverursacher des Ergebnisunterschiedes bei Daimler-Benz 1993 der Fall gewesen sein (vgl. Küting/Hayn: Internationale Rechnungslegung. RWZ 9/1994; S. 252). Die Bilanzierungspraxis der Daimler-Benz Gruppe hat der SEC wohl auch Nahrung für ihre Argumentation geliefert, indem in Vorbereitung auf die US-GAAP die vielfältigen Gestaltungsmöglichkeiten des deutschen Bilanzrechtes durch einen Zickzack-Kurs von Daimler einmal mehr evident wurden (vgl. dazu Küting: US-amerikanische und deutsche Bilanzierung. BFuP 4/93; S. 369ff).

Kritiker des internationalen Harmonisierungsprozesses meinen, der Begriff der „stillen Reserven" werde zu undifferenziert gebraucht. So könnten zwangsläufig durch Anschaffungswert-, Realisations-, oder Imparitätsprinzip entstehende Unterschiede zwischen Buch- und Zeit- bzw. tatsächlichen Werten oder Unterschiede aufgrund vorsichtigen kaufmännischen Ermessens nicht mit Willkürreserven durch gezielte Anwendung von Wahlrechten oder durch übervorsichtiges kaufmännisches Ermessen verglichen werden (vgl. dazu Kleber: Amerikanische Rechnungslegungsgrundsätze, BFuP 4/93; S. 395).

Obwohl die Praxis die Möglichkeiten zur Bildung und Auflösung von stillen Reserven immer wieder erfolgreich verteidigt hat, steht ihnen die Wissenschaft schon seit Schmalenbach (1956) mit Zurückhaltung gegenüber (vgl. Busse v. Colbe: Anpassung, BFuP 4/95; S. 382).

einen geringeren Informationswert als US-GAAP Abschlüsse aufweisen, während 48% von einem gleichen Informationswert ausgehen und die restlichen 12% in ihren Abschlüssen sogar einen höheren Informationswert gegeben sehen.[83] Der Meinung der SEC bzw. vieler deutscher/österreichischer Unternehmensvertreter stehen allerdings auch andere empirische Studien gegenüber, die einen höheren Informationsgehalt der US-GAAP gegenüber anderen Standards nicht nachweisen können. Darüber hinaus verlagert sich die Streuung unter den Investoren von Privatanlegern hin zu institutionellen Investoren. Damit verliert das Argument des Privatanlegerschutzes immer mehr an Gewicht.[84]

***Securities and Exchange Commission* (SEC)**

Die SEC ist die oberste bundesweit tätige Aufsichtsbehörde für den Wertpapierhandel. Im Gefolge des Börsenkrachs 1929 und der damit verbundenen Wirtschaftskrise und der Schädigung von Anlegern wurde der *Securities Act* (1933) für die Regelung von Neuemissionen (*initial public offering*) und der *Securities Exchange Act* (1934) u.a. für den Handel von Wertpapieren und zur Konkretisierung der Aufgaben und Zuständigkeiten der SEC erlassen. Diese wurde 1934 vom Kongreß zur Einhaltung der beiden Gesetze gegründet und mit der legislativen Kompetenz ausgestattet, Offenlegungsvorschriften für die ihr unterstehenden Unternehmen zu erlassen. Die SEC beschränkt sich aber i.d.R. auf Fragen der formellen, gliederungs- und ausweistechnischen Ausgestaltung der einzureichenden Jahresabschlüsse, während sie die Ansatz- und Bewertungsfragen dem FASB überläßt und diesbzgl. nur mehr eine ergänzende bzw. überwachende Rolle wahrnimmt.[85]

Zu den wichtigsten Verlautbarungen und Stellungnahmen der SEC gehören:[86]

- ***Regulation S-X***: Vorschriften über Form, Inhalt, Prüfung und Offenlegungsfristen der bei der SEC sowohl nach *Securities Act* als auch dem *Securities*

83 Vgl. Glaum/Mandler: Rechnungslegung, 1996; S. 170; bzw. Förschle/Glaum/Mandler: Ergebnisse einer Umfrage; S. 400f.

84 Vgl. Auer: Rechnungslegungsstandards, 1997; S. 6f.

85 Vgl. Haller: Rechnungslegung, 1991; S. 32ff.

86 Vgl. Haller: Rechnungslegung, 1991, S. 35f; KPMG: US-GAAP, 1996, S. 171.

Exchange Act einzureichenden Jahresabschlüsse (*basic financial statements* einschließlich *notes*).

- ***Regulation S-K***: Vorschriften über die Offenlegung von nicht zum Jahresabschluß gehörigen Informationen (qualitative, verbale Informationen branchenspezifische Publizitätspflichten, Angaben zum Aktionärskreis; z.B *description of business, selected financial data, management discussion and analysis of financial condition and results of operations*).

- ***Forms***: Bestimmungen und teilweise vorgegebene Schemata zum Inhalt und Aufbau der bei der SEC einzureichenden Berichte: z.B. Form 10-K (Jahresbericht) oder Form 10-Q (Quartalsbericht) bzw. Form 20-F (Jährliche Berichterstattung ausländischer Unternehmen)

- ***Financial Reporting Releases***: Kommentierungen, Änderungen bzw. Ergänzungen zur Regulation S-X oder S-K.

- ***Accounting and Auditing Enforcement Releases***: Sammlung von Entscheidungen aus dem Wertpapieraufsichtsrecht.

- ***Staff Accounting Bulletins***: Interpretationen von Vorschriften der Regulation S-X.

In einem internationalen Börsevergleich weist die NYSE die höchsten Offenlegungsvorschriften auf.[87] Vor dem Hintergrund einer zunehmenden Konkurrenz der Börsen um Notierungen von ausländischen Unternehmen hat die SEC in den vergangenen Jahren, insbesondere ab 1993, auf Druck der amerikanischen Börsen, die einen Verlust an Marktpotential vor allem an die Börsen in London und Tokyo befürchtenzahlreiche Erleichterungen für diese „Bewerber" geschaffen.[88] Von den drei amerikanischen Börsen, NYSE, AMEX und NASDAQ, ist die NYSE mit mehr als drei Viertel des Handelsvolumens und der Börsenkapitalisierung die mit Abstand wichtigste.

---

87 Vgl. Saudagaran/Biddle: Disclosure Levels, Journal of International Financial Management and Accounting, 4/1992; im übrigen nicht zu verwechseln mit den unterschiedlichen Ergebnissen der Studien zum *Informationsgehalt* der US-GAAP.

88 Vgl. zu diesen Erleichterungen KPMG: US-GAAP, 1996; S. 176ff.

Wollen nun ausländische Unternehmen den US-Kapitalmarkt nutzen, so unterliegen sie grundsätzlich den gleichen Registrierungs- und Berichtspflichten wie US-Gesellschaften, d.h. ist eine Neuemission geplant, so muß sie unter *Act 33* registriert werden, sollen lediglich im Ausland schon gehandelte *securities* in den USA in Umlauf gebracht werden, so sind grundsätzlich die Registrierungs- und Berichtspflichten nach *Act 34* einzuhalten.[89]

Für die Notierung an einer US-Börse ist (wie oben ausgeführt) das *Form 20-F* von Bedeutung. Es besteht aus vier Teilen mit insgesamt 19 Kapiteln (*items*). In *Item 9* (*Management's Discussion and Analysis of Results of Operations and Financial Conditon - MD&A*) ist ausführlich die finanzielle und wirtschaftliche Lage des Unternehmens für einen Zeitraum von drei Jahren zu erläutern. *Item 17* und *18* regeln die Erstellung der Abschlüsse ausländischer Unternehmen, wobei es grundsätzlich drei Möglichkeiten gibt:[90]

1) Einfache Überleitungsrechnung von Jahresergebnis und Eigenkapital auf US-GAAP.

   Diese Variante reicht aus, um bereits im Umlauf befindliche Aktien in den US-amerikanischen Handel einzuführen. Ein nach den Vorschriften des HGB erstellter Konzernabschluß wird veröffentlicht, wobei nur das Eigenkapital (*stockholders' equity*) und das Jahresergebnis (*net income*) um Bewertungs- bzw. Bilanzansatzunterschiede zu den US-GAAP korrigiert werden. Die einzelnen Posten der Bilanz sowie der Gewinn- und Verlustrechung werden nicht angepaßt.

2) Überleitungsrechnung zuzüglich weiterer Angaben.

   Für eine Neuemission wird vorausgesetzt, daß die Überleitungsrechnung um sämtliche Angaben ergänzt wird, die auch von *publicly traded companies*

---

89 Vgl. zu den verschieden Möglichkeiten den US-Eigenkapitalmarkt zu nützen und insbesondere der Notierung mittels *American Depositary Receipts* Sanford: Depositary Receipts, 1997; Beike/ Schlütz: Finanznachrichten, 1996; S. 67; Lendner: American Depositary Receipt. Wpg 17/1997; S. 596ff.

90 Vgl. im folgenden soweit nicht anders angegeben KPMG: US-GAAP, 1996, S. XXVff.

nach US-GAAP verlangt werden. Dazu zählen insbesondere die Segmentberichterstattung sowie Angaben zu Finanzinstrumenten oder Pensionsplänen.

Die Überleitungsrechnungen wurden von der Legislative bereits im Jahre 1964 eingeführt. Sie basieren auf Regulation S-X: Rule 4-01 (a) (2). Damit ist es ausländischen Gesellschaften möglich, ihren Abschluß im Rahmen eines *SEC-filing* nach den jeweiligen landesrechtlichen Bilanzierungsgrundsätzen zu veröffentlichen. Voraussetzung dafür ist, daß in einer Überleitungsrechnung (*reconciliation*) materielle Abweichungen zu den US-GAAP in einer *note* zu erläutern sind. Dabei geht es nicht nur um die quantitative Überleitung des *net income* und *stockholders' equity*, sondern sämtliche Zusatzangaben (*disclosure requirements*) sind in den *notes* nach US-GAAP zu erfüllen.

3) Vollständiger US-GAAP-Abschluß nach den Regeln für *publicly traded companies*.

Was sind nun diese GAAP eigentlich?

Abb. 3: House of GAAP

Theorieebene	APB Statements	FASB Concept Statement	AICPA Issue Papers	Other Professional Pronouncements
Praxisebene	Prevalent Industry Practices			
Empfehlungs-ebene	AICPA Industry Guides	AICPA Statements of Position	AICPA Accounting Interpretations	FASB Technical Bulletins
Verpflichtungs ebene	APB Opinions	FASB Statements and Interpretations	EITF Abstracts	AICPA Accounting Research

aus: KPMG: US-GAAP, 1996, S. 3

Zu den GAAP i.e.S. zählen neben den *Statements* (FAS) und den Interpretationen und Erläuterungen dazu auch die *Accounting Principles Board Opinions* (APB), die *Abstracts* des zum FASB gehörigen *Emerging Issue Task Force* (EITF) und die *Accounting Research Bulletins* (ARB) des AICPA. Diese Vorschriften gelten als *promulgated* und damit als formell erlassene GAAP. Sie verpflichten die Unternehmen direkt. Eine Nichtbefolgung muß gegebenenfalls vom Abschlußprüfer sanktioniert werden.

Darüber hinaus werden die GAAP i.w.S. gebildet durch[91]

- Empfehlungen mit faktisch ähnlichem Stellenwert wie die verpflichtenden Vorschriften: Hierzu gehören die AICPA-Branchenrichtlinien, deren *Statements of Position* (SOP) sowie *Accounting Interpretations* und die *Technical Bulletins* des FASB, welche Stellungnahmen zu kurzfristig auftretenden Problemen von bestimmten Erstellern von Jahresabschlüssen enthalten;
- vorherrschende Bilanzierungsregeln einzelner Branchen;
- die *Issue Papers* des AICPA, die *Statements of Financial Accounting Concepts* (SFAC) des FASB, deren Grundsätze und Prinzipien den theoretisch-konzeptionellen Rahmen für die Weiterentwicklung der US-GAAP bilden,[92] die *Statements* des APB sowie mögliche weitere Verlautbarungen des Berufsstands.

Zu den GAAP i.w.S. werden also auch Rechnungslegungsvorschriften gezählt, die zwar nicht Inhalt eines offiziellen Standards sind, aber einen *substantial authoritative support* besitzen, da sie zur *fair presentation* beitragen und Wirtschaftsprüfer dies auch testieren.[93]

---

91 Vgl. Pellens: Internationale Rechnungslegung, 1998; S. 110ff.

92 Dieses conceptual framework setzt sich aus sechs SFACs zusammen:
SFAC No. 1: Objectives of Financial Reporting by Business Enterprises
SFAC No. 2: Qualitative Characteristics of Accounting Information
SFAC No. 3: Elements of Financial Statements of Business Enterprises
SFAC No. 4: Objectives of Financial Reporting by Nonbusiness Organizations
SFAC No. 5: Recognition of Financial Statements of Business Enterprises
SFAC No. 6: Elements of Financial Statements.

93 Vgl. Pellens: Internationale Rechnungslegung, 1998; S. 115.

Die Rechnungslegungsgrundsätze sind über Bundesstaatengrenzen hinweg USA-weit anerkannt. Sie haben das Ziel, Informationen für gegenwärtige und potentielle Investoren bereitzustellen. Die damit verbundene Transparenz soll durch weitgehende Offenlegungspflichten, eine hohe Aktualität der Berichterstattung und durch gleichzeitige Information aller Interessenten (zur Vermeidung von Insiderwissen) erreicht werden.[94] Anderen Prinzipien dagegen, wie z.B. Gläubigerschutz und Kapitalerhaltung, kommt nur eine untergeordnete Rolle zu.

Welche Organisationen sind nun (oder waren) für den *standard setting* Prozeß von Bedeutung?

***American Institute of Certified Public Accountants* (AICPA)**
Das AICPA ist die Dachorganisation der US-Wirtschaftsprüfer.[95] Sie hat in den zwanziger Jahren in Zusammenarbeit mit der NYSE zur Verabschiedung des *Securities Act* und des *Securities Exchange Act* und somit zur Gründung der SEC beigetragen. Die SEC hatte die Aufgabe der Formulierung von Rechnungslegungsgrundsätzen an das AICPA delegiert. Dazu wurde das *Committee on Accounting Procedures* (CAP) einberufen, welches bis zum Jahre 1959 51 *Accounting Research Bulletins* (ARB) veröffentlichte.

Nachfolgeorganisation des CAP wurde 1959 das *Accounting Principles Board* (APB). Es unterstand ebenfalls dem AICPA und versuchte erstmals, ein zusammenhängendes Normengefüge zu erarbeiten. Die vom APB erlassenen *APB Opinions* hatten erstmals verpflichtenden Charakter, weil sie von der SEC unterstützt wurden und von allen Wirtschaftsprüfern beachtet werden mußten.

Als dem AICPA zunehmend Mangel an Unabhängigkeit und Lobbying für Großunternehmen vorgehalten wurde, ging die Befugnis zum Erlaß von

94 Ähnlich dem IASC sieht auch das FASB Eigen- und Fremdkapitalgeber als primäre Jahresabschlußadressaten, wobei auch hier argumentiert wird, daß die für diese Adressaten relevanten Informationen auch für alle anderen Adressaten nützlich sind (FASB: SFAC No. 1, Abs. 30 u. 34).

95 Vgl. im folgenden KPMG: US-GAAP, 1996, S. 6.

Rechnungslegungsgrundsätzen im Jahre 1973 an das FASB über. Damit ist auch die Bedeutung des AICPA für Rechnungslegungsfragen zurückgegangen.

***Financial Accounting Standards Board* (FASB)**

Das 1973 gegründete FASB ist ein unabhängiger *standard setting body*, dessen Rechnungslegungsstandards von der SEC (Financial Reporting Release No. 1, Section 101, 25.4.1982) und vom AICPA (Rule 203, Rules of Conduct, as amended May 1973 and May 1979) als verbindlich anerkannt werden (*officially recognized as authoritative*).[96]

Das FASB besteht aus sieben hauptberuflich tätigen, unabhängigen, für 5 Jahre gewählten Mitgliedern aus Wirtschaftsprüfung, Industrie und Wissenschaft. Die *Financial Accounting Foundation* (FAF) nimmt die Stellung eines Aufsichtsrates und einer Finanzierungsquelle des FASB ein und bestimmt auch dessen personelle Zusammensetzung. Die FAF selbst setzt sich aus 16 Mitgliedern von AICPA (5), staatlichen Behörden (3) und von weiteren Organisationen (je 1-2, gesamt 8) zusammen.

Die 1984 gegründete *Emerging Issue Task Force* (EITF) erarbeitet verbindliche Stellungnahmen zu Problemfeldern in der Rechnungslegung, die frühzeitig zu erkennen und zu lösen sind.

Das stark formalisierte Verabschiedungsverfahren des FASB verläuft in folgenden Schritten:[97]

- Aufnahme einer Fragestellung durch Beobachtung der aktuellen Rechnungslegungsdiskussion.
- Einsatz einer Arbeitsgruppe aus Experten, um weitere Studien zu erstellen und Lösungsvorschläge zu entwickeln.
- Erstellung eines gemeinsamen *Discussion Memorandum* von FASB und EITF, das Ergebnisse und Lösungsvorschläge enthält und der interessierten Öffentlichkeit zugänglich gemacht wird.

96 Vgl. dazu und im folgenden Pellens: Internationale Rechnungslegung, 1998; S. 98ff; zu den wichtigsten Verlautbarungen des FASB vergleiche weiter oben.

97 Vgl. KPMG: US-GAAP, 1996, S. 8.

- Öffentliche Anhörung, in der der Entwurf und die schriftlich eingereichten Kommentare mit der interessierten Öffentlichkeit diskutiert werden.
- Verabschiedung eines *Exposure Draft*, in dem die vorläufige Stellungnahme dargelegt wird.
- Verabschiedung eines endgültigen Standards nach nochmaliger öffentlicher Anhörung und Zustimmung von zumindest fünf der sieben Boardmitglieder mit anschließender Bekanntgabe des Votums sowie der Entscheidungsgründe.
- Eventuell Veröffentlichung einer *Interpretation*.

Das FASB wird stark von dem Einfluß seiner sieben Mitglieder geprägt. Kritiker werfen ihm daher einen Mangel an Konstanz vor. Die SEC beklagt darüber hinaus, daß das FASB zu aktuellen Bilanzierungsproblemen nicht rechtzeitig Stellung nimmt und die Verabschiedung von FAS zu lange Zeit in Anspruch nimmt.

Für die weitere Arbeit ist festzuhalten, daß nach US-Vorschriften ein Abschluß (*full set of financial statements*) - i.d.R. ein Konzernabschluß, sobald ein Mutter-Tochter Verhältnis vorliegt - folgende Bestandteile umfaßt:[98]

- Bilanz (*balance sheet*)
- Gewinn- und Verlustrechnung (*income statement*)
- Kapitalflußrechnung (*statement of cash flows*)
- Eigenkapitalentwicklung (*statement of changes in stockholder's equity*), soweit sich diese außerhalb der *retained earnings* abspielen
- Erläuterungen (*notes*) zu einzelnen Posten der Bilanz und der Gewinn- und Verlustrechnung bzw. zur Bilanzierungs- und Bewertungspolitik des Unternehmens.

Sind die Anforderungen eines SEC-Reportings zu erfüllen, so sind zusätzliche Erläuterungspflichten zu beachten, die die *notes*, aber auch darüber hinausgehende Informationen betreffen. Diese werden auch als *financial statement schedules* bezeichnet. Die *notes* enthalten vor allem die folgenden zusätzlich erforderlichen Informationen:[99]

---

98 Vgl. Küting: US-amerikanische und deutsche Bilanzierung. BFuP 4/93; S. 360; KPMG: US-GAAP, 1996, S. 14.

99 Vgl. KPMG: US-GAAP, 1996, S. 16.

- *accounts receivable for related parties*
- *condensed financial information*
- *fixed assets*
- *accumulated depreciation*
- *guarantees of securities to other issuers*
- *bad debt and other valuation accounts*
- *short-term borrowings*
- *supplementary income statements information*
- *segment reporting*
- *earnings per share*

Eine der wesentlichsten zusätzlichen Informationen für SEC-Gesellschaften ist der *Director's Report* oder *Management Discussion and Analysis of Financial Condition and Result of Operations*. Aus Vereinfachungsgründen enthält der an die *stockholders* gerichtete *annual report* in der Regel die *financial statements*, die auch den SEC-Anforderungen entsprechen. In den der SEC vorzulegenden *forms* kann seit 1980 auf den *annual report* verwiesen werden (*Integrated Disclosure System*).[100]

Für die weitere Arbeit soll festgehalten werden, daß die Geldflußrechnung nach US-GAAP zum Bestandteil des Jahresabschlusses gehört und die Segmentberichterstattung sowie die Erläuterungen zum Gewinn pro Aktie fixer Bestandteil der *notes* sind. Da im weiteren Verlauf der Arbeit diese 3 Rechnungslegungsbereiche im Vordergrund stehen, sollen die wichtigsten Rechnungslegungsbestimmungen im Vergleich von USA zu Deutschland und Österreich nur im Überblick dargestellt werden (Tabelle 4).

100 Vgl. Pellens: Internationale Rechnungslegung, 1998; S. 312-315.

Tab. 4: Rechnungslegung und Rahmenbedingungen im Vergleich

Kriterium	Deutschland/Österreich	USA
Art/Intensität der RL-Vorschriften	*code law*: gewachsenes kodifiziertes Bilanzrecht, detaillierte gesetzliche Bestimmungen	*case law*: Vielzahl von Einzelregelungen; Einzelfallentscheidungen
Träger der Entwicklung der RL	Gesetzgeber	primär berufsständische Organe der Wirtschaftsprüfer; daneben auch *users and preparers* (Aufsteller und Adressaten)
Eigentumsstruktur	erheblicher Bankeneinfluß; geringe Rolle der Privatanleger; hoher Konzernierungsgrad	breite Streuung der Anteile; Dominanz der Aktionärsinformation
Bilanzielle Eigenkapitalquote = Eigenkapital/Gesamtkapital	ca. 20%	ca. 45%
Kapitalmarkt	geringe Bedeutung des Aktienmarktes als langfristige Finanzierungsquelle; geringe Bedeutung von Industrieanleihen; erheblicher Umfang der stillen Selbstfinanzierung	hochentwickelter Aktienmarkt mit breiter Streuung der Aktien; erhebliche Bedeutung von Industrieanleihen; großer Einfluß der institutionellen und privaten Anleger
Einfluß des Steuerrechts	erheblicher Einfluß bei der Erstellung des Einzelabschlusses wegen umgekehrter Maßgeblichkeit	kein Einfluß; Handels- und Steuerbilanz stehen selbständig nebeneinander
Adressaten der Bilanzierung	Gläubiger, Eigentümer, Investoren, Kreditoren, Belegschaft (Koalitionstheorie)	primär: Investoren, Kreditoren, Aktionäre (Eignertheorie)
Zielsetzung der Bilanzierung	Gläubigerschutz, Kapitalerhaltung, Ermittlung des ausschüttungsfähigen Gewinns	primär: Darstellung der tatsächlichen Vermögens-, Finanz- und Ertragslage; Entscheidungsgrundlage für die Anleger, Ermittlung des ausschüttungsfähigen Gewinns
Verhältnis von Einzel- und Konzernabschluß	Einzelabschluß dominierte lange Zeit; Bedeutung der Konzernrechnungslegung hat erheblich zugenommen	Konzernabschluß dominiert
Orientierung	haftungs- bzw. gläubigerschutzorientiert	investorentscheidungsorientiert

Vorsichtsprinzip	erheblicher Einfluß, im Zweifel dominierend gegenüber konkurrierenden Prinzipien	geringer Einfluß; *matching principle* hat im Zweifel größere Bedeutung
Realisationsprinzip	konservative (strenge) Auslegung	Ausnahmen sind möglich
Nominalwertprinzip	Anschaffungs- oder Herstellungskosten dürfen nicht überschritten werden (= absolute Wertgrenze)	Ausnahmen sind möglich
Stetigkeitsgrundsatz	zwar formell: Stetigkeitsgebot, aber faktisch: zahlreiche Ausnahmen	strenge Auslegung des Stetigkeitsgebots
Möglichkeit zur Bildung stiller Reserven	in großem Umfang durch Wahlrechte und Ermessensspielräume vorhanden	relativ gering, stringenteres Bilanzrecht
Konzernrechnungslegung	reines Informationsinstrument, keine direkten materiellen Konsequenzen; ergänzt den Einzelabschluß	grundsätzlich anstelle des Einzelabschlusses; Maßstab der Dividendenpolitik, aber keine Bindung
Elemente des Konzernabschlusses	Bilanz, GuV, Anhang, Lagebericht	Bilanz, GuV, Anhang (*notes*), Cash-Flow Rechnung, Eigenkapitalveränderungsrechnung, umfangreiche Segmentberichterstattung und Darstellung des Gewinns pro Aktie
Befreiende Konzernabschlüsse	D: §291, 292 dHGB Ö: § 245, 246 öHGB	nicht vorgesehen
Bewertung im Konzern	Es dürfen die vom Mutterunternehmen anwendbaren Vorschriften zugrunde gelegt werden; eigenständige Konzernbilanzpolitik ist möglich	Es ist von den tatsächlich angewandten Bilanzierungs- und Bewertungsmethoden des Mutterunternehmens auszugehen. Es gilt der Grundsatz der Einheitlichkeit der Bewertung auf der Grundlage der GAAP.

verändert aus: Küting: US-amerikanische und deutsche Bilanzierung. BFuP 4/93; S. 374ff.

4. Harmonisierungsbestrebungen des IASC

4.1. Gründungsjahre, Organisationsstruktur und *due process*

Das *International Accounting Standards Committee* (IASC) wurde am 29. Juni 1973 von den *professional accountancy bodies* von Australien, Deutschland, Frankreich, Großbritannien zusammen mit Irland, Japan, Kanada, Mexiko, den Niederlanden sowie der USA als freiwillige privatrechtliche Organisation gegründet.

Die Initiative zur Gründung ging vor allem von Großbritannien aus, dessen Berufsverband im Zuge des Beitritts zum damaligen EWG seinen traditionell großen Einfluß auf die Rechnungslegung schwinden sah, zumal die von Deutschland stark geprägten Arbeiten zur Verabschiedung der 4. EG-Richtlinie bereits weit vorangeschritten waren.[101]

Zusammen mit den Vertretern der *accountancy profession* (Rechnungsleger und Abschlußprüfer)[102] aus den USA und Kanada beschlossen die Briten daher schon ein Jahr zuvor auf dem in Sidney stattfindenden *10th International Accountants Congress* die Errichtung eines berufsständischen Gremiums, das sich der Erarbeitung und Weiterentwicklung internationaler Rechnungslegungsnormen widmen sollte. Als Gegengewicht zu dem von der EG eingeleiteten Harmonisierungsprozeß in der kontinentaleuropäischen Tradition des *code law*, sollte dabei ein für angelsächsisch geprägte Länder typischer *standard setter* ins Leben gerufen werden, der privatrechtlich organisiert und vom Gesetzgeber unabhängig ist.

Unter den Gründungsländern waren sechs mit angelsächsischer Rechnungslegungstradition (Australien, Großbritannien und Irland, Kanada, Mexiko, Niederlande, USA) und drei mit kontinentaleuropäischer Prägung (Deutschland, Frankreich, Japan).

---

101 Vgl. Wagenhofer: Akzeptanz. 1997, S. 33.

102 Der Berufsstand der *accountants* ist im anglo-amerikanischen Raum nicht auf Abschlußprüfer (Wirtschaftsprüfer) beschränkt, sondern umfaßt alle mit der Rechnungslegung, insbesondere mit der Erstellung von Abschlüssen befaßten Personen; vgl. Biener: Rechnungslegungsempfehlungen des IASC. BFuP 4/93; S. 345.

Das auch noch heute gültige Ziel ist die Erarbeitung und weltweite Beachtung internationaler Rechnungslegungsgrundsätze. In der Satzung des IASC heißt es:[103]

> „The objectives of IASC are:
>
> a) to formulate and publish in the public interest accounting standards to be observed in the presentation of financial statements and to promote their worldwide acceptance and observance; and
>
> b) to work generally for the improvement and harmonisation of regulations, accounting standards and procedures relating to the presentation of financial statements."[104]

Dem IASC selbst fehlt als privatem Zusammenschluß jegliche Durchsetzungsmöglichkeit seiner Standards, und daher verpflichten sich die Mitgliedsorganisationen nicht nur zur Veröffentlichung der IAS in ihrem Land, sondern auch zur Einflußnahme auf die jeweiligen normsetzenden Rechnungslegungsinstitutionen, auf die Börsenaufsichtsbehörden und auf die Wirtschaftsverbände, damit sich diese in ihren Regelwerken an den IAS orientieren oder eine Übereinstimmung mit ihnen fordern.[105]

Wie bereits erwähnt, wollte Großbritannien mit der Gründung des IASC den Einfluß der anglo-amerikanischen Rechnungslegungsgrundsätze gesichert sehen. Da die Briten aber ihre Positionen in Folge in die EG-Richtlinien einbringen konnten, verlor das IASC seine unmittelbare Funktion. Es versuchte, durch weitere Arbeit seine Existenz zu legitimieren, die im wesentlichen in der Bestandsaufnahme der Rechnungslegungsregelungen bestand, die in den Industriestaaten zu einem Sachgebiet bestanden.[106]

Innerhalb der Struktur des IASC nimmt das Board als höchstes Führungs- und Entscheidungsorgan die zentrale Position ein. Es wird aus Vertretern von 13 Mitgliedsländern sowie weiteren vier Mitgliedsorganisationen gebildet. Das

---

103 IASC: IASC Constitution, Par. 2; in : IASC: International Accounting Standards 1997, 1997, S. 17.

104 In der ursprünglichen Fassung hieß es noch *basic accounting standards* (das „*basic*" wurde mittlerweile weggelassen); vgl. Nobes: Harmonization, 1995; S. 122.

105 Vgl. IASC: Preface, Par. 4.

106 Vgl. Pellens: Internationale Rechnungslegung, 1998; S. 379.

IASC geht dabei von 2 Vertretern pro Land bzw. Landesvereinigung aus, die sich aus einem Vertreter des nationalen *standard setter* und einem Vertreter der Wirtschaft, i.d.R. einem Mitarbeiter eines dort ansässigen multinationalen Unternehmens, zusammensetzen sollten. Darüber hinaus kann eine weitere Person zur Unterstützung nominiert werden (*technical adviser*). Bis zum 31. Dezember 1997 sind im Board folgende Länder vertreten:[107] Australien, Deutschland, Frankreich, Großbritannien, Kanada, Indien (einschl. eines Vertreters von Sri Lanka), Japan, Malaysien, Mexiko, Niederlande, Nordische Förderation der Wirtschaftsprüfer (*Nordic Federation of Public Accountants*), Südafrika (einschl. eines Vertreters von Simbabwe) und die USA. Darüber hinaus sind als möglichst international ausgerichtete Organisationen der *users and preparers* seit dem 1. Jänner 1996 folgende im Board vertreten: das *International Coordinating Committee of Financial Analysts' Association*, die *Federation of Swiss Industrial Holding Companies*, die *International Association of Financial Executives Institutes* (IAFEI). Der verbleibende vierte und derzeit vakante Sitz soll laut Wunsch des IASC entweder von der *International Chamber of Commerce* (ICC) oder von der von Hochschullehrern geprägten *International Association for Accounting Education and Research* (IAAER) belegt werden.

Dem Board obliegen insbesondere folgende Kompetenzen:

- Diskussion von Rechnungslegungsproblemen und gegebenenfalls Einsetzung eines *Steering Committee* zur Erarbeitung eines *Exposure Draft*,
- Beratung und Veröffentlichung von *Exposure Drafts*,
- Verabschiedung der IAS,
- Überarbeitung oder Aufhebung bestehender IAS.

Die *Steering Committees* erarbeiten bzw. überarbeiten die IAS. Ihnen steht ein Mitglied des Board vor, und sie haben i.d.R. mindestens drei weitere Vertreter von Mitgliedsorganisationen aus verschiedenen Ländern. Sie begleiten somit die einzelnen Projekte von der Entstehung bis zur Verabschiedung.[108] Dieser *due*

107 Angesichts des ambitionierten Zeitplans und der Bedeutung von Kontinuität im *Board* wurden im Mai 1997 deren Mandate für eine weitere Zweieinhalbjahres-Periode beginnend mit Jänner 1998 erneuert; vgl. IASC Insight, June 1997, S. 3.

108 Vgl. zur genauen Aufgabenbeschreibung der Steering Committees IASC: Annual Review 1996, 1997, S. 10.

process dauerte in der Vergangenheit 3 Jahre[109] und verläuft in den in Tabelle 6 angeführten Stufen:[110]

Im Zuge der schnelleren Fertigstellung des *Working Program* wird allerdings ab 1997 nur mehr ein vorläufiger Grobentwurf, i.d.R. ein *Draft Statement of Principles*, und ein *Exposure Draft* publiziert und die Zeit für Stellungnahmen für alle Dokumente auf 3 Monate beschränkt.[111]

Tab. 5: *Due process* des IASC

Point Outline	*Board* wählt Thema aus und setzt *Steering Committee* ein. Mitglieder und interessierte Institutionen werden eingeladen, sich an der Problemlösung zu beteiligen. Eingehendes und anderes Material wird vom *Steering Committee* ausgewertet, und ein *Point Outline*, eine grobe Skizze des zu behandelnden Problembereichs, wird für das *Board* erarbeitet.
Draft Statement of Principles and Statement of Principles	Nach Stellungnahme des Board wird vom *Steering Committee* ein *Draft Statement of Principles* (DSOP) ausgearbeitet und veröffentlicht. Darin werden die zentralen Grundsätze des neuen IAS formuliert, Alternativvorschläge und deren Für und Wider diskutiert. *Steering Committee* wertet die eingegangenen Stellungnahmen aus und erstellt ein *Statement of Principles*. Dieses wird dem *Board* zur Genehmigung vorgelegt und ist Grundlage für die Erstellung eines *Exposure Drafts*.
Draft Exposure Draft and Exposure Draft	*Draft Exposure Draft* wird vorbereitet und dem *Board* zur Genehmigung (Zweidrittelmehrheit) vorgelegt. *Exposure Draft* (ED) wird an die interessierte Öffentlichkeit zur Stellungnahme weitergeleitet.
Proposed IAS und IAS	*Steering Committee* wertet eingegangene Stellungnahmen aus und erstellt ein *Proposed IAS*, den das *Board* - ggf. nach Modifikationen - mit Dreiviertelmehrheit verabschiedet und danach veröffentlicht.

aus: IAS: International Accounting Standards 1998

109 Vgl. zur Geschichte einzelner Standards IASC: International Accounting Standards 1997; S. 23-28

110 Vgl. IASC: International Accounting Standards 1997; S. 10-11.

111 Vgl. zu den Änderungen infolge einer schnelleren Fertigstellung des *Working Program* IASC: Annual Review 1996, 1997; S. 7. Vgl. zum Working Program selbst http://www.iasc.org.uk.

Seit 1981 gibt es auch eine *Consultative Group*, welche das *Board* in allen Aspekten seines Arbeitsprogrammes, zukünftigen Plänen und Prioritäten berät und eine wichtige Rolle im *due process* des IASC spielt. Mitglieder mit Beobachterstatus sind u.a. Vertreter der EU, des FASB und der IOSCO.

Das seit 1995 existierende *Advisory Council* übernimmt mit 10 hochgestellten Persönlichkeiten aus der internationalen Finanz- und Wirtschaftswelt Promotion-Arbeit und das Fundraising sowie Hilfsfunktionen, was die Richtung und Effizienz des IASC betreffen.[112]

Den eigentlichen IAS vorangestellt ist das *Framework for the Preparation and Presentation of Financial Statements*, welches im Juli 1989 verabschiedet wurde. Zu diesem Zeitpunkt bestanden schon 26 IAS.[113] Das *Framework* ist die Grundlage für die Erarbeitung neuer und die Überarbeitung bestehender Standards (F.1) und befaßt sich mit folgenden grundsätzlichen Fragen (F.5):[114]

- Zielsetzung der Rechnungslegung,
- Grundprinzipien der Rechnungslegung,
- Definition, Ansatz und Bewertung der Elemente von Jahresabschlüssen,
- Kapital- und Kapitalerhaltungskonzepte.

Mittlerweile gibt es mehr als 30 Standards. Für diese Arbeit sind in weiterer Folge vor allem IAS 7 - *Cash Flow Statements* (December 1992), IAS 14 - *Segment Reporting* (August 1997), und IAS 33 - *Earnings per Share* (February 1997) von Bedeutung. Jeder dieser Standards, aber auch alle anderen widmen sich einem eigenen abgegrenzten Problemkreis. Das IASC verfolgt im Kern also eine eher kauistische als systematische Regelungstechnik, wobei durch das *Framework* die notwendige Koordination und Abstimmung erreicht werden soll.

Im Vordergrund steht der Investorschutz. Zwar nennt F.9 eine Reihe von Jahresabschlußadressaten (Investoren, Mitarbeiter, Kreditgeber, Lieferanten, Kunden, Regierungen und deren Behörden sowie die Öffentlichkeit), aber das IASC geht

---

112 Vgl. IASC: Annual Review 1996, 1997, S. 6.

113 Vgl. IASC: International Accounting Standards 1997; S. 35-71. In Folge wird für Hinweise auf Stellen des *Framework* im Text selbst in Klammer ein F und die entsprechende Zahl gesetzt.

114 Das *Framework* zeigt starke Ähnlichkeiten mit dem des FASB, aber auch mit dem britischen und australischen *Framework*. Vgl. Nobes: Harmonization, 1995, S. 122.

diesbzgl. von folgender (vom Satzbau nicht einfach zu verstehender) Überlegung aus:

> „As investors are providers of risk capital to the enterprise, the provision of financial statements that meet their needs will also meet most of the needs of other users that financial statements can satisfy." (F.10)

Aufgrund der Unterschiedlichkeit in der Rechnungslegung der Gründungsstaaten rang man sich zu Beginn Kompromisse in der Verabschiedung der Standards ab, die zu erheblichen Wahlrechten innerhalb der IAS führten. Das IASC siedelte sich nämlich in der Mitte zwischen kontinentaleuropäischen und anglo-amerikanischen Rechnungslegungsgrundsätzen an, ohne für die Gewinnermittlung wesentliche Grundsätze der unterschiedlichen Systeme auszuschließen.[115] Darüber hinaus stellten die IAS lediglich Empfehlungen dar. Rechnungsleger und Adressaten waren an der Entstehung nicht beteiligt. Und schließlich waren die Harmonisierungsbestrebungen des IASC nicht mit denen anderer Organisationen abgestimmt, sodaß zum Teil widersprüchliche Lösungen ausgearbeitet wurden.[116] Zahlreiche Studien in den 80er und zu Beginn der 90er Jahre kamen jedenfalls zum Schluß, daß das IASC kaum merklich zu einer Rechnungslegungsharmonisierung beigetragen hätte und die Befolgung von IAS in nur unbedeutendem Ausmaß feststellbar sei.[117]

Die Mitgliedsorganisationen der *International Federation of Accountants* (IFAC) sind seit dem 1. Jänner 1983 gleichzeitig auch Mitglied des IASC.

***International Federation of Accountants* (IFAC):**

Die IFAC wurde 1977 nach dem Eleventh International Congress of Accountants gegründet. Zwei Vorgänger-Organisationen, das *International Coordination Committee for the Accountancy Profession* (ICCAP) und die *Accountants' International Study Group*, wurden im Zuge der Gründung aufgelöst. Die IFAC ist in New York ansässig. Führungsgremium ist das *Council*. Alle zweieinhalb Jahre findet, wie beim IASC, eine

115 Vgl. Biener: Rechnungslegungsempfehlungen des IASC. BFuP 4/93; S. 348.
116 Vgl. Schruff: Internationale Vereinheitlichung. BFuP 4/93; S. 401f.
117 Vgl. zu einer Übersicht dieser Studien Nobes: Harmonization, 1995; S. 129.

Generalversammlung statt.[118] Die Vereinigung beschäftigt sich insbesondere mit der Entwicklung und Harmonisierung von Prüfungsgrundsätzen, der Ausbildung von Abschlußprüfern und ethischen Berufsgrundsätzen *(International Standards on Auditing*, ISA). Die konkrete Facharbeit zur Erarbeitung von materiellen Bilanzierungs- und Bewertungsnormen wird dem IASC überlassen.[119]

4.2. Entwicklung seit Mitte der 80er Jahre

In den 80er Jahren stellten die SEC und die internationale Organisation der Börsenaufsichten, IOSCO, dem IASC in Aussicht, die Durchsetzung der IAS als Standards bei Börseneinführungen ausländischer Unternehmen zu fördern.[120] Voraussetzung dafür sei allerdings die drastische Reduktion der Wahlrechte. Mit der Vielzahl an Wahlrechten standen faktisch angelsächsische und kontinental-europäische Bilanzierungsauffassungen nebeneinander, und es war bis einschließlich 1994 relativ unproblematisch, die Übereinstimmung des Jahresabschlusses mit den jeweiligen nationalen Normen und zugleich den IAS zu erklären. Darüber hinaus waren vor allem Offenlegungspflichten (*disclosures*) geregelt, während es zu Ansatz- und Bewertungsfragen nur rudimentär Regelungen gab. 1987 nahm das IASC daher das *Comparability and Improvements Project* in Angriff, welches 1989 zum *Exposure Draft* E 32 und bis November 1993 durch Revision von zehn IAS umgesetzt werden konnte (IAS 2, 8, 9, 11, 16, 18, 19, 21, 22, 23).[121] Dieses verbesserte die Vergleichbarkeit von Jahresabschlüssen auf Basis der IAS und schränkte mit Beginn des Jahres 1995 die Wahlrechte ein, indem - sofern weiterhin Wahlrechte bestehen -

118 Vgl. Kleekämper: Entwicklungen beim IASC, BFuP 4/95; S. 418.

119 Vgl. dazu Nobes: Harmonization, 1995, S. 132.

120 Bereits 1974 hat die Generalversammlung der Internationalen Börsenvereinigung in Madrid beschlossen, für eine breite Anwendung der IAS einzutreten, setzte dies aber in ihren Empfehlungen nicht um. Vgl. dazu Probst: Mehr anglo-amerikanische Rechnungslegung. BFuP 5/1992; S. 428.

121 IAS 2, *Valuation and Presentation of Inventories in the Context of the Historical Cost System*; IAS 8, *Unusual and Prior Period Items and Changes in Accounting Policies*; IAS 9, *Accounting for Research and Development Activities*; IAS 11, *Accounting for Construction Contracts*; IAS 16, *Accounting for Property, Plant and Equipment*; IAS 18, *Revenue Recognition*; IAS 19, *Accounting for Retirement Benefits in the Financial Statements of Employers*; IAS 21, *Accounting for the Effects of Changes in Foreign Exchange Rates*; IAS 22, *Accounting for Business Combinations*; IAS 23, *Capitalisation of Borrowing Costs*.

eine Vorgangsweise als Maßstab (*benchmark treatment*) fixiert wurde, die in Ausnahmefällen durch eine geduldete Alternativvorgehensweise (*allowed alternative treatment*) ersetzt werden kann, wobei diese i.d.R. mit materiellen Anpassungsrechnungen im Anhang begleitet werden muß.[122] Inhaltlich rückte das IASC damit weiter in Richtung anglo-amerikanische Rechnungslegung.[123] Unabhängig vom *Comparability and Improvements Project* ist auch IAS 7 - *Statement of Changes in Financial Position*, überarbeitet worden, dessen revidierte Version IAS 7, *Cash Flow Statements* (December 1992), mit 1.1.1994 in Kraft trat.

Die achtzehn, nicht im Rahmen des *Comparability and Improvements Project* revidierten IAS wurden Ende 1994 redaktionell überarbeitet (*reformatted versions*) und sind seit 1.1.1995 in Kraft. Sie wurden hinsichtlich Terminologie, Aufbau und Querverweisen an die revidierten Standards angepaßt, inhaltliche Änderungen sind aber nicht vorgenommen worden.[124]

Die IOSCO anerkannte hierauf IAS 7 im Jahre 1993 und empfahl den internationalen Börsen, nach diesem Standard aufgestellte Geldflußrechnungen als Notierungsvoraussetzung zu akzeptieren.[125] In weiterer Folge wollte die IOSCO nicht mit Einzelgenehmigungen fortsetzen und kam 1995 mit dem IASC zu einer Vereinbarung, wonach bis 1999 ein *core set of standards* ausgearbeitet werden sollte, dem der IOSCO dann im gesamten seine Zustimmung erteilt und damit der Weg für die Genehmigung auch durch die SEC, dem dominierenden Mitglied innerhalb der IOSCO, geebnet wäre.[126]

Diese Vereinbarung wurde in der *Working Party Nr. 1* der IOSCO vorbereitet. Während Deutschland und andere europäische Länder für eine sofortige Anerkennung der von IOSCO als akzeptierbar eingestuften 14 Standards[127] ein-

---

122 Vgl. IASC: Statement of Intent - Comparability of Financial Statements. London, 1990.

123 Vgl. Probst: Mehr anglo-amerikanische Rechnungslegung, BFuP 5/1992; S. 429.

124 Vgl. KPMG: International Accounting Standards, 1996; S. 21.

125 Auch die SEC stimmte der Verwendung von IAS 7 anstelle von FAS 95 bei ausländischen Unternehmen zu. Bereits im Oktober 1992 empfahl die IOSCO ihren Mitgliedern die *International Standards on Auditing* der IFAC als Prüfungsstandards für grenzüberschreitende Börsenotierungen. Vgl. Klaassen/Buisman: International Auditing, 1995; S. 451.

126 Vgl. IASC: Annual Review 1996, 1997, S. 2.

127 IAS 2, Inventories; IAS 7, Cash Flow Statements (endorsed by IOSCO, 1993); IAS 8, Net Profit or Loss for the Period. Fundamental Errors and Changes ...; IAS 11, Construction Contracts; IAS 16, Property, Plant and Equipment; IAS 18, Revenue; IAS 20, Accounting for Government

getreten waren, hat Linda Quinn, die Vorsitzende der Arbeitsgruppe und Vertreterin der SEC, auf einem vollständigen und umfassenden Paket von IAS bestanden.[128] Je später das *Working Program* fertiggestellt und von IOSCO und SEC genehmigt wird, desto mehr Unternehmen mit dem dringlichen Wunsch nach einem US-Listing dürften damit (gezwungenermaßen) auf US-GAAP einschwenken.

***International Organization of Securities Commissions* (IOSCO)**

Die IOSCO, die internationale Wertpapier- und Börsenaufsichtsbehörde, will durch die Förderung der IAS verstärkt auf die Kompatibilität und Transparenz der Kapitalmärkte, insbesondere der Börsenzulassungsmodalitäten, einwirken. 1991 wurde dazu der CADRE-Report verabschiedet, welcher die Anforderungen an zu veröffentlichende Abschlußinformationen bedeutender Kapitalmärkte vergleichend untersucht.[129] Wie auch das IASC unterliegt die IOSCO dem maßgeblichen Einfluß des AICPA sowie der SEC.[130] Durch die Zusammenarbeit mit dem IASC sind dessen Standards nun im Blickpunkt des Interesses von multinationalen börsenotierten Unternehmen.

Von europäischen Unternehmen sowie Behörden in Europa, Canada und den USA, insbesondere auch der SEC[131], wurde der Wunsch an das IASC herangetragen, die Fertigstellung schneller zu erreichen. Das IASC setzte im März

---

Grants and Government Assistance; IAS 21, The Effects of Changes in Foreign Exchange Rates; IAS 22, Business Combinations; IAS 23, Borrowing Costs; IAS 24, Related Party Disclosures; IAS 27, Consolidated Financial Statements and Accounting for Investments ....; IAS 28, Accounting for Investments in Associates; IAS 29, Financial Reporting in Hyperinflationary Economies; IAS 31, Financial Reporting of Interests in Joint Ventures.

128 Vgl. Kleekämper: Entwicklungen beim IASC. BFuP 4/95; S. 423.

129 Vgl. IOSCO: Comparative Analysis of Disclosure Regimes (CADRE-Report). Montreal, Canada, 1991.

130 Vgl. Küting/Hayn: Internationale Rechnungslegung. RWZ 9/1994; S. 253.

131 Die SEC verweigert ausländischen Unternehmen - unter Berufung auf sonstige Wettbewerbsnachteile nationaler Unternehmen - die Notierung an US-Börsen, sofern sie keine Überleitung auf US-GAAP machen. Andere Börsen akzeptieren im Rahmen von Gegenseitigkeit die Rechnungslegung des Sitzstaates (vgl. Wagenhofer: Akzeptanz. 1997; S. 34). Vor diesem Hintergrund trug die SEC auch wesentlich zur Finanzierung des IASC-Arbeitsprogrammes bei (vgl. IASC Insight, July 1996).

1996 das geplante Datum für die Fertigstellung auf März 1998 fest. Gleichzeitig erhielt die IOSCO Beobachterstatus im Board des IASC.

In einem Statement begrüßte die SEC diese Anstrengung des IASC und machte ihre Zustimmung zu den Standards von drei wesentlichen Elementen abhängig:[132]

- The standards must include a core set of accounting pronouncements that constitute a comprehensive, generally accepted basis of accounting.
- The standards must be of high quality, they must result in comparability and transparency, and they must provide for full disclosure.
- The standards must be rigorously interpreted and applied.

Zur Forderung an die SEC, nach IAS erstellte Jahresabschlüsse zuzulassen, kam Unterstützung auch von anderer Seite. US-Präsident Bill Clinton unterzeichnete am 11. Oktober den *National Securities Markets Improvement Act of 1996*. Die SEC soll gemäß Section 509, *Promoting Global Preeminence of American Securities Markets,*

> „...enhance its vigorous support for the development of high-quality international accounting standards as soon as practicable ...“ und „ ... report to the Congress, not later than 1 year after the date of enactment of this Act, on progress in the development of international accounting standards and the outlook for successful completion of a set of international standards that would be acceptable to the Commission for offerings and listings by foreign corporations in United States markets.“[133]

Was die von der SEC (und der IOSCO) gwünschten Interpretation der IAS betrifft, hat das *Board* 1996 ein *Standing Committee on Interpretations* (SIC) eingerichtet, das sich mit Auslegungsfragen zu den Standards beschäftigen soll.[134] Die Interpretationen dieses Komitees sollen abdecken:[135]

- *mature issues*: unzufriedenstellende Anwendung innerhalb des Rahmens von bestehenden IAS,

---

132 IASC: Annual Review 1996, 1997, S. 2; bzw. SEC: Annual Report 1996 - http//www.sec.gov.

133 H.R. 3005 (H. Rept. 104-864), Sept. 28, 1996: National Securities Markets Improvement Act of 1996. Vgl. weiters IASC: Annual Review 1996, 1997, S. 2 u. 6.

134 Vgl. IASC: Annual Review 1996, 1997, S. 4.

135 Vgl. IASC: International Accounting Standards 1997, S. 12.

- *emerging isssues*: neue Themen, die existierende IAS berühren, aber zum Zeitpunkt derer Ausarbeitung noch nicht berücksichtigt wurden.

Bei seiner ersten Zusammenkunft im April 1997 hat das Gremium einen Entwurf verabschiedet, demnach Organisationen als auch Einzelpersonen Themenvorschläge einbringen können, mit denen sich das Komitee beschäftigen soll. Damit ein Thema vorgeschlagen werden kann, muß es den folgenden Kriterien genügen:[136]

- the topic involves an interpretation of an existing Standard within the context of the IASC Framework;
- the problem has practical and widespread relevance;
- the problem relates to a specific fact pattern; and
- significantly divergent interpretations are emerging or exist already in practice.

Damit ein Thema ausgewählt werden kann, muß darüber hinaus wahrscheinlich erscheinen, daß ein Konsens erreicht wird; ansonst würde das SIC das Thema an das *Board* weiterreichen.

Die IAS als unvollständiges Regelwerk veranlassen einige Unternehmen in ihrer Bilanzpolitik dazu, passende IAS für die Erstellung des Abschlusses herauszupicken („IAS light"). Darüber hinaus werden die IAS national unterschiedlich interpretiert, zumal es bis vor kurzem keine offizielle Prozedur zur Interpretation von IAS gab. Was die Praxis der „IAS light" betrifft, so hat sich das IASC dezidiert dagegen ausgesprochen. Mit der Verabschiedung des revidierten IAS 1, *Presentation of Financial Statements*, im Juli 1997 - ist diese Übung untersagt. Bei einzelnen Abweichungen von den IAS sind diese offenzulegen (IAS 1.10ff).

Das FASB hat seine Bedenken gegenüber der hohen Arbeitsgeschwindigkeit des IASC geäußert und mit einer Publikation zu Ende des Jahres 1996, „The IASC-U.S. Comparison Project: A Report on the Similiarities and Differences between IASC Standards and U.S. GAAP", 255 Unterschiede zwischen den zwei Regelwerken identifiziert.

---

136 Vgl. IASC Insight, June 1997; S. 15.

Auch wenn in der amerikanischen Wahrnehmung zahlreiche Unterschiede bestehen, so dürfte es durch die faktische Anlehnung der IAS am anglo-amerikanischen System auf jeden Fall zu einer Amerikanisierung der kontinentaleuropäischen Rechnungslegung kommen. Das IASC entwickelt nunmehr seine Standards in enger Zusammenarbeit mit *standard setters* aus anglo-amerikanischen Staaten. Die resultierenden Standards bzw. Entwürfe sind ähnlich, in Details aber interessanterweise trotzdem abweichend voneinander. Ein Beispiel dazu ist die Regelung der Segmentberichterstattung, die vom IASC gemeinsam mit dem FASB und dem CICA entwickelt wurde. Kurioserweise wurde der revidierte IAS 14 zwar beschlossen, aber zunächst noch nicht veröffentlicht, um eine stärkere Harmonisierung abzuwarten.

Was das Verhältnis der IAS zu den US-GAAP zueinander betrifft, so ist zu sagen, daß die US-GAAP nationale Standards sind, d.h. als US-Standards für US-Unternehmen wird ausdrücklich auf deren institutionelles und wirtschaftliches Umfeld geachtet, andere Staaten haben praktisch keinen Einfluß auf deren Inhalte und Entwicklung, und das FASB hat erst in den letzten Jahren Bereitschaft gezeigt, internationale Unterschiede stärker zu berücksichtigen. Eine Anerkennung der US-GAAP als internationaler Standard ist damit kaum vorstellbar. Das IASC dagegen bemüht sich zu ausgewogenen Standards zu kommen und trotzdem die Besonderheiten einzelner Staaten zu berücksichtigen. Was den Entwicklungsstand betrifft, so enthalten die US-GAAP eine Fülle an Detailregelungen, die auf nichtamerikanische Unternehmen nicht unmittelbar anwendbar sind, während die IAS - selbst nach Abschluß des ambitionierten *Working Program* - nicht als ein vollständiges Regelwerk bezeichnet werden können.

Ein Trend, der in den letzten Jahren an Bedeutung gewann, ist die Konzentration der Arbeit im IASC-Board auf den Konzernabschluß multinationaler börsenotierter Unternehmen zu nennen. Dies obwohl die IAS ihrem Anspruch nach für alle Unternehmen gelten sollen.[137] Zahlreiche Entwicklungsländer haben die IAS mit wenigen bis gar keinen Ergänzungen als nationale Standards übernommen. Ebenso orientieren sich China, viele südostasiatische Staaten und die osteuropäischen Reformstaaten an den IAS. Aber auch in der Schweiz haben die IAS in Ermangelung ausführlicherer Vorschriften für börsenotierte Unternehmen große Bedeutung.

---

137 Vgl. Kleekämper: Entwicklungen beim IASC. BFuP 4/95; S. 427.

Das IASC ist bis Jänner 1997 auf eine Mitgliederzahl von mehr als 120 Organisationen aus 91 Ländern angewachsen.[138] In Österreich sind das Institut österreichischer Wirtschaftsprüfer und die Kammer der Wirtschaftstreuhänder Mitglieder des IASC.[139]

4.3. IAS in Österreich und Deutschland

Auch in Österreich und Deutschland hat sich die Aufmerksamkeit für IAS in den letzten Jahren enorm gesteigert. Nachfolgend wird die in Kapitel 2.4 begonnene Darstellung fortgesetzt.

Deutschland gehörte zu den Gründungsländern und war vertreten durch das Institut der Wirtschaftsprüfer und die Wirtschaftsprüferkammer. Dies mißfiel den Interessenverbänden der Wirtschaft, die das IASC auch praktisch zwei Jahrzehnte lang ignorierten.[140] Die deutsche Wiedervereinigung und die Unterstützung für die östlichen Nachbarländer ließ den Kapitalbedarf immens wachsen. Dies und das Zusammenwachsen der Finanzmärkte durch die Fortschritte in der Telekommunikation ergeben für die Kapitalaufbringung ein gänzlich verändertes Umfeld. Mit dem NYSE-Listing von Daimler-Benz wurde die Phalanx der Ablehnung von anglo-amerikanischen Standards brüchig.[141]

In Österreich nehmen große international ausgerichtete Unternehmen eine Vorreiterrolle ein. US-GAAP oder IAS sind bei deren neuen Rechnungslegungsstrategien vertreten. Die betreffenden Unternehmen können dabei neben dem verpflichtenden Abschluß nach HGB natürlich noch andere Rechenwerke vorlegen. Diese Zweigleisigkeit des Rechnungswesens ist jedoch arbeits- und damit kostenintensiv, außerdem bleibt dabei unklar, nach welchen Zahlen das Unternehmen bzw. das Management beurteilt werden soll.[142]

---

138 Vgl. IASC: International Accounting Standards 1998, S. 7.

139 Vgl. Egger/Samer: Konzernabschluß, 1996, S. 9.

140 Vgl. Kleekämper: Entwicklungen beim IASC. BFuP 4/95; S. 415.

141 Vgl. zu dieser Entwicklung Kleekämper: Entwicklungen beim IASC; BFuP 4/95; S. 416.

142 Vgl. Wagenhofer: Akzeptanz, 1997; S. 37. Um eine etwaige Verwirrung gering zu halten, haben z.B. die Deutsche Bank und adidas für das Geschäftsjahr 1995 die beiden Abschlüsse getrennt und einen Abschluß (i.d.R. den IAS-Abschluß) in den Vordergrund gestellt, während der andere explizit angefordert werden muß. Für diesen Weg hat sich auch die EVN entschieden.

Deutsche Unternehmen gingen zunächst den Weg des „dualen Abschlusses“, bei dem alle nach HGB vorgesehenen Wahlrechte so ausgenutzt werden, daß sie den IAS nicht widersprechen. Da sich mit dieser Vorgangsweise aber letztendlich nicht sicherstellen läßt, daß der Abschluß vollkommen IAS-konform aufgestellt werden kann, kommt man davon immer mehr wieder ab.[143] Das Kernproblem bei diesem Zutritt ist eben die unterschiedliche Auslegung des Vorsichtsprinzips. Das anglo-amerikanische, vom IASC übernommene *matching principle* und eine andere Definition des Vermögensgegenstandes[144] stehen in Konflikt mit dem Realisations- und Imparitätsprinzip des § 252 (1) Z 4 dHGB bzw. § 252 (1) iVm 201 (2) Z 4 öHGB.

Damit kommen auch diese Unternehmen nicht ohne Zweigleisigkeit von österreichischen und internationalen Standards aus. Bei einer Übernahme der US-GAAP oder IAS in das nationale Recht würde man aber auf folgende Probleme stoßen:[145] Die vorrangige Zielsetzung der Rechnungslegung in Österreich und Deutschland ist, wie weiter oben bereits ausgeführt, der Gläubigerschutz, die Erhaltung des haftenden Kapitals (Kapitalerhaltung) und die Ermittlung des ausschüttungsfähigen sowie steuerbaren Gewinns. Von Bedeutung hierfür sind das Vorsichts- (Imparitäts-), Realisations- und Nominalwertprinzip. Zielsetzung der US-amerikanischen Rechnungslegung dagegen ist eine *fair presentation*, die als Entscheidungsgrundlage für Anteilseigner und potentielle Investoren dienen soll. Dementsprechend spielen der Grundsatz der periodengerechten Gewinnermittlung (*matching principle*), der *substance over form*, und der Stetigkeitsgrundsatz eine große Rolle. Es soll eine möglichst hohe Dividendenausschüttung ermittelt werden, mit der das Management seine Leistungsfähigkeit (*performance*) unter Beweis stellt. Demnach werden auch „stille Lasten“, die unter dem Vorsichtsprinzip rückstellungspflichtig wären, großzügiger akzeptiert.

Mit den anglo-amerikanischen Dynamisierungsansätzen würde es zum Ausweis von Buchgewinnen kommen, die aber nach öHGB und dHGB in Widerspruch zum Vorsichtsprinzip stehen. Der Kapitalerhaltungsfunktion müßte dann den Vorschlägen in der einschlägigen Literatur zufolge durch die Einführung einer

---

143 Eine Absage an dieses Vorgehen erteilte jüngst auch Hulle: Zukunft der europäischen Rechnungslegung. Wpg 4-5/98; S. 138ff.

144 „An asset is a resource controlled by the enterprise as a result of past events and from which future economic benefits are expected to flow to the enterprise.“ Framework, Par. 49.

145 Vgl. im folgenden Auer: Rechnungslegungsstandards, 1997; S. 76ff; Wagenhofer: Akzeptanz, 1997; S. 38; Küting/Hayn: Internationale Rechnungslegung, 1994; S. 254.

gesetzlichen Ausschüttungssperre sichergestellt werden.[146] Neben der Ausschüttungsbemessungsfunktion bereitet auch die Steuerbemessungsfunktion der österreichischen oder deutschen Jahresabschlüsse Probleme. Eine dem Prinzip der Maßgeblichkeit der Handelsbilanz für die Steuerbilanz entsprechende Regelung findet sich in der anglo-amerikanischen Rechnungslegungstradition nicht. Die umgekehrte Maßgeblichkeit, wonach steuerliche Vergünstigungen nur geltend gemacht werden können, sofern sie auch in der Handelsbilanz vorgenommen werden, würde diesen Prinzipien sogar widersprechen und müßte aufgehoben werden. Um eine Folgewirkung des Jahresabschlusses auf die Ertragsbesteuerung zu verhindern, müßten Gewinn-Ausschüttungssperren geschaffen werden.[147] Die Gewinn- und Verlustrechnung könnte dann folgende Stufen in einer Staffelrechnung ausweisen: Zum einen ein „erzieltes" Ergebnis nach internationalen Standards, eine Veränderung der ausschüttungsgesperrten Rücklagen, und ein „verwendbares" Ergebnis für Ausschüttungs- und Besteuerungszwecke.[148] In der Regel sind auch die aus Deutschland undÖsterreich gegen anglo-amerikanische Rechnungslegungsgrundsätze vorgebrachten Einwände auf zwei Argumente zu reduzieren, nämlich einerseits die Befürchtung einer höheren Steuerbelastung durch zeitlich vorverlagerte höhere Gewinnausweise in der Handelsbilanz und via Maßgeblichkeit in der Steuerbilanz und andererseits die Befürchtung umfangreicherer Publizitätspflichten. Ersteres ist dann aber eben nicht ein Argument gegen eine internationale Harmonisierung der Rechnungslegung, sondern gegen die Verknüpfung von Handels- und Steuerbilanz und insbesondere der umgekehrten Maßgeblichkeit.[149]

Um diese Probleme zu umgehen, wird vielfach eine Beibehaltung der nationalen Unterschiede bei den Einzelabschlüssen und eine Harmonisierung nur über den Konzernabschluß diskutiert, dem keine Vertragsgestaltungszwecke (weder für die Ausschüttung noch für die Steuerbemessung), sondern nur Informations-

---

146 Diese Ausschüttungssperren sind für bestimmte Fälle in der 4. EG-Richtlinie enthalten: vgl. Art. 33 Abs. 2, Art. 34 Abs. 1, Art 37.

147 Die steuerlichen Konsequenzen aus dem Übergang zu einer dynamischen Bilanzierung stehen oft im Mittelpunkt der Argumentation der Harmonisierungs-Gegner. Vgl. z.B. Biener: Rechnungslegungsempfehlungen des IASC. BFuP 4/93; S. 355.

148 Vgl. Busse v. Colbe: Anpassung. BFuP 4/95, S. 386.

149 Die (umgekehrte) Maßgeblichkeit wird auch heftig kritisiert. Vgl. eine Übersicht an früheren Artikeln dazu bei Schruff: Internationale Vereinheitlichung. BFuP 4/93, S. 408f.

zwecke zukommen.[150] Darüber hinaus muß in den USA ohnehin der Konzernabschluß der SEC vorgelegt werden, der in Ausnahmefällen durch Einzelabschlüsse ergänzt wird.[151] Der Konzernabschluß wird dort als die aussagefähigere Informationsquelle gesehen, dient als Ausschüttungsbemessungsgrundlage und bildet die Grundlage der externen Rechnungslegung.[152] Als kleinere Teillösung davon wird die Harmonisierung der Konzernabschlüsse nur der börsenotierten Unternehmen gesehen.

Bei diesem Zutritt, also der Harmonisierung über den Konzernabschluß und der Abkoppelung der dortigen Bilanzierungsgrundsätze von denen des Einzelabschlusses, wird zum einen die Änderung von Art. 29 Abs. 1 der 7. EG-Richtlinie (Ö: § 260 Abs. 1 öHGB[153] bzw. § 308 Abs. 1 dHGB) diskutiert, damit die Bewertungsmethoden im Konzernabschluß nicht länger den Bewertungsmethoden im Einzelabschluß zu entsprechen hätten. Eine solche Abweichung wäre auch gem. Art. 29 Abs. 2 a) 7. EG-Richtlinie vorgesehen.

Alternativ wird vorgeschlagen, daß ein nach US-GAAP oder IAS erstellter Konzernabschluß einen befreienden Konzernabschluß gem. § 245 öHGB bzw. § 292 dHGB auslöst. Einer solchen Lösung steht einstweilen jedoch noch Art. 11 der 7. EG-Richtlinie entgegen, der befreiende Konzernabschlüsse nur für diejenigen inländischen Mutterunternehmen vorsieht, die selbst wiederum Tochterunternehmen eines ausländischen Konzerns sind.[154] Überlegungen zu befreienden Konzernabschlüssen auf Basis internationaler Standards sind in Deutschland in Form des Regierungsentwurfs zum Kapitalaufnahmeerleichterungsgesetz bereits weit gediehen. Zukünftig soll durch das "Gesetz zur

---

[150] Angemerkt sei, daß die Ausschüttungs- und Steuerbemessungsfunktion des Konzernabschlusses in der Literatur sehr wohl ein viel diskutiertes Thema ist. Vgl. Küting: Einheitsbesteuerung. DB 1990; Gassner: Besteuerung von Unternehmensgruppen, 1990 und 1991; Lechner: Besteuerung von Unternehmensgruppen, 1991; Tichy: Ausschüttungs- und Steuerbemessungsfunktion, 1996.

[151] Vgl. Küting: US-amerikanische und deutsche Bilanzierung. BFuP 4/93; S. 359.

[152] Vgl. Küting: US-amerikanische und deutsche Bilanzierung. BFuP 4/93; S. 359; Eisolt, Dirk: US-amerikanische und deutsche Konzernrechnungslegung, 1992; S. 119; KPMG: US-GAAP, 1996, S. 123.

[153] Vgl. zum Grundsatz der einheitlichen Bewertung Egger/Samer: Konzernabschluß, 1996, S. 178ff, sowie KFS/RL 10 „Zur einheitlichen Bewertung im Konzernabschluß“, 1994.

[154] Die Europäische Union ist aber bisher nicht gegen eine ähnliche Praxis französischer Unternehmen, die damit nicht mehr kompatibel mit der 7. EG-Richtlinie sind und somit Europarecht verletzen, aufgetreten. Vgl. dazu Busse v. Colbe: Anpassung, BFuP 4/95; S. 389. Vgl. zu den Vor- und Nachteilen einer Harmonisierung über den Konzernabschluß Auer: Rechnungslegungsstandards, 1997; S. 82.

Verbesserung der Wettbewerbsfähigkeit deutscher Konzerne an internationalen Kapitalmärkten und zur Erleichterung der Aufnahme von Gesellschafterdarlehen - Kapitalaufnahmeerleichterungsgesetz - (KapAEG)" vom 7. Juni 1996 die Kapitalbeschaffung für deutsche Konzerne an ausländischen Kapitalmärkten erleichtert werden. Den betroffenen Unternehmen wird damit nach Inkrafttreten des Gesetzes gestattet, auf die gesonderte Aufstellung eines den deutschen Bestimmungen der Konzernrechnungslegung entsprechenden Konzernabschlusses zu verzichten, wenn sie bereits einen Konzernabschluß nach internationalen Rechnungslegungsgrundsätzen oder ausländischem Recht aufstellen müssen. Aufgrund der zweiten Verordnung zur Änderung der Konzernabschlußbefreiungsverordnung sollen ähnliche Erleichterungen auch für Tochterunternehmen ausländischer Mutterunternehmen mit Sitz außerhalb der Europäischen Union (z.B.: Schweiz) gelten.[155]

Der Entwurf zum KapAEG löste heftige Kontroversen aus. Insbesondere die damit erfolgende Übertragung von Gesetzgebungshoheit an eine Stelle außerhalb des Bundesgebietes bereitete verfassungsrechtliche Bedenken. Dennoch spricht sich u.a. das Institut der Wirtschaftsprüfer (IDW) für eine rasche Regelung aus. Die „dualen Abschlüsse" sind - wie weiter oben ausgeführt - nicht mehr haltbar. Selbiges gilt auch für eine gleichzeitige Konformität mit IAS und EU-Richtlinien.[156] Allerdings sieht die Europäische Kommission, so von Karel van Hulle auf der IDW-Fachtagung 1997 formuliert, diese Unvereinbarkeit in der allzu strengen Auslegung des in der 4. EG-Richtlinie enthaltenen Vorsichtsprinzips begründet und plädiert diesbezüglich für eine dynamische Interpretation. Durch eine solche dynamische Auslegung der Vorschriften der Richtlinien sollte es für die europäische Rechnungslegung möglich sein, den Anschluß an internationale Entwicklungen beizubehalten. Nur wenn auch dann ein Problem nicht durch Auslegung geregelt werden kann, sollten die Richtlinien geändert werden. Nach wie vor wird aber eine vollständige Überarbeitung der Richtlinien als kaum möglich und wünschenswert eingestuft, zumal die Mehrheit der europäischen Unternehmen nicht direkt von den internationalen Entwicklungen betroffen ist.[157]

---

155 Vgl. Mitteilung 97/6 vom 13.02.1997, Deutsches Arbeitsrecht/Bilanzrecht: Regierungsentwurf eines "Kapitalaufnahmeerleichterungsgesetzes"; via Internet.

156 Vgl. IDW: Weltweite Rechnungslegung, 1998.

157 Hulle: Zukunft der Rechnungslegung. Wpg 4-5/98; S. 147.

Im ersten Quartal 1998 fanden in Deutschland weitere Entwicklungsschritte statt.[158] Am 5.3.1998 hat der Bundestag das Gesetz zur Kontrolle und Transparenz im Unternehmensbereich (KonTraG) verabschiedet, das zur Reform und Modernisierung des deutschen Unternehmens- und Kapitalmarktrechtes beitragen soll. Außerdem wurde am 13.2.1998 das KapAEG vom Bundestag beschlossen. Beide Gesetze passierten den Bundesrat am 27.3.1998 und werden damit in der vom Bundestag beschlossenen Fassung nach ihrer Verkündung in Kraft treten.

Das KonTraG enthält in seinen Vorschriften zur Rechnungslegung die Erweiterung der Verpflichtung zur Offenlegung im Anhang und im Lagebericht. U.a. muß der Vorstand eines börsenotierten Mutterunternehmens den Konzernanhang um eine Kapitalflußrechnung und eine Segmentberichterstattung erweitern (§ 297 Abs 1 dHGB). Die Vorschrift ist spätestens für die nach dem 31.12.1998 beginnenden Geschäftsjahre anzuwenden. Spezifikationen zu Art und Umfang der Angaben wurden nicht festgeschrieben. Darüber hinaus wurde mit dem KonTraG die Rechtsgrundlage für ein privatrechtliches Rechnungslegungsgremium geschaffen (§ 342 Abs 1 dHGB).

Mit dem KapAEG wird ein börsenotiertes Unternehmen,[159] das Mutterunternehmen eines Konzerns ist, von der Verpflichtung zur Aufstellung eines Konzernabschlusses und eines Konzernlageberichts nach deutschem Handelsrecht befreit, sofern es einen Konzernabschluß und einen Konzernlagebericht nach international anerkannten Rechnungslegungsgrundsätzen aufstellt und ihn in deutscher Sprache und Währung nach den §§ 325, 328 dHGB offenlegt. Bei der Offenlegung ist explizit darauf hinzuweisen, daß es sich nicht um einen nach deutschem Recht aufgestellten Konzernabschluß und Konzernlagebericht handelt (§ 292a Abs 1 dHGB). Zudem muß die Aussagekraft der aufgestellten Unterlagen gleichwertig zu derjenigen eines Konzernabschlusses und eines Konzernlageberichtes nach deutschem Recht sein. Der Anhang oder die Erläuterungen zum Konzernabschluß müssen die Bezeichnung der angewandten Rechnungslegungsgrundsätze sowie eine Erläuterung der vom deutschen Recht abweichenden Bilanzierungs-, Bewertungs- und Konsolidierungsmethoden

---

158 Vgl. im folgenden KPMG-Mitteilungen, 4/98; Beilage.

159 Im Gegensatz zum Entwurf wird nunmehr allen börsenotierten Unternehmen, also auch jenen, die ausländische Kapitalmärkte nicht in Anspruch nehmen, der befreiende Konzernabschluß und -lagebericht ermöglicht.

enthalten (§ 292a Abs 2 dHGB). Die befreienden Unterlagen müssen von einem nach § 318 dHGB bestellten Abschlußprüfer geprüft worden sein und eine Bestätigung des Abschlußprüfers enthalten, daß die Bedingungen für die Befreiung erfüllt sind (§ 292a Abs 2 Z 5 dHGB). Die Möglichkeit des befreienden Abschlusses nach internationalen Rechnungslegungsgrundsätzen besteht erstmals für Konzernabschlüsse, die nach Inkrafttreten des KapAEG offenzulegen sind. Letztmalig ist diese Vorschrift auf das Geschäftsjahr anzuwenden, das spätestens am 31.12.2004 endet.

In Österreich gehen die Uhren etwas langsamer. Das Justizministerium beschäftigt sich zum Zeitpunkt der Verabschiedung des Gesetzes in Deutschland zwar bereits mit der Thematik, der dafür zuständige Experte im Justizministerium, Peter Zetter, hält aber ein Nachziehen bereits zu Beginn 1999 für unwahrscheinlich.[160]

Da innerhalb Deutschlands bzw. bei einer ähnlichen Regelung auch in Österreich dann zwei Klassen von Unternehmen bestehen würden, nämlich einerseits mit Konzernabschluß nach IAS/US-GAAP und andererseits unverändert nach öHGB/dHGB, dürfte langfristig der Druck auf letztere Gruppe, den Vorreitern zu folgen, merklich steigen. Die nach IAS/US-GAAP aufgestellten Konzernabschlüsse werden zum Maßstab für die Beurteilung der Konzern- sowie Einzelabschlüsse auch anderer, von der Internationalisierung vielleicht noch gar nicht betroffenen Unternehmen.[161] Darüber hinaus sind auch die zahlreichen Tochterunternehmen der betreffenden Mutterunternehmen tangiert, da sie IAS/US-GAAP konforme Handelsbilanzen II erstellen müssen.[162] Mit diesen Entwicklungen würde sich eine Verlagerung von der gläubigerschutzorientierten kontinentaleuropäischen Rechnungslegung mit vergleichsweise eingeschränkter Publizität zur entscheidungs- und kapitalmarkt-

---

160 Vgl. Kaserner, Waltraud: „Übernahmerecht kommt später." Der Standard, 11/4/98; S. 31.

161 Vgl. Busse v. Colbe: Anpassung. BFuP 4/95; S. 389f; bzw. an anderer Stelle: Busse v. Colbe Rechnungslegungsziele, 1998; S. 383.

162 § 247 Abs. 1 öHGB fordert die Einbeziehung des Mutterunternehmens und aller Tochterunternehmen in den Konzernabschluß (= Weltabschluß). Handelsbilanz I bezeichnet in diesem Zusammenhang den Einzelabschluß des Tochterunternehmens nach dem Recht des jeweiligen Landes. Die Handelsbilanz II ist ein technisches Hilfsmittel, mit dem der Einzelabschluß für die Aufstellung des Konzernabschlusses in den Bereichen Gliederung, Bilanzansatz, Bewertung und Währungsumrechnung an die Grundsätze und Vorschriften des Mutterunternehmens angepaßt wird. Vgl. dazu Egger/Samer: Konzernabschluß, 1996; S. 90 u. 307ff.

orientierten Rechnungslegung mit sehr weitgehenden Publizitätspflichten auf breiter Ebene vollziehen, was einem Paradigmenwechsel in der deutschen und österreichischen Rechnungslegung gleich käme, ist doch das Vorsichtsprinzip eines der ältesten Bilanzierungsprinzipien.[163] Nicht verwunderlich ist vor diesem Hintergrund, daß die Mehrheit der Unternehmensvertreter sowie Professoren in den US-GAAP die zukünftigen weltweit dominierenden Standards sehen.[164]

Selbst ohne diese Entwicklung wären für die Weiterentwicklung der Rechnungslegung in Österreich und Deutschland den vielfach geübten Kritikpunkten in folgender Weise u.a. Rechnung zu tragen:[165]
- Aufgabe der umgekehrten Maßgeblichkeit,
- Einschränken der Wahlrechte, v.a. derer, die gar nicht oder nur in geringem Ausmaß in Anspruch genommen werden,
- striktere Handhabung des Stetigkeitsgrundsatzes,
- konkretere Formulierung und Ausweitung von Berichtspflichten,
- weniger konservative Auslegung des Vorsichts- und des Realisationsprinzips in spezifischen Bilanzierungssituationen, (z.B. bei der Langfristfertigung).

Für diese Arbeit besonders relevant sind die in den dargestellten Entwicklungen enthaltenen Hinweise auf zukünftig größere Publizitätspflichten. Von welchem Status-Quo ausgehend diese Anforderungen auf österreichische Unternehmen zukommen, soll im empirischen Teil der Arbeit erhoben werden.

Abschließend zur gesamten Darstellung der Harmonisierungsbestrebungen sei noch erwähnt, daß sich auch die OECD (*Organization for Economic Cooperation and Development*) und die UN (*United Nations*) bereits seit Mitte der 70er Jahre mit der Rechnungslegung und Berichterstattung von international tätigen Unternehmen beschäftigen.[166] Den Harmonisierungsbestrebungen dieser Organisationen kommt jedoch nur untergeordnete Bedeutung zu.[167]

---

163 Vgl. Busse v. Colbe: Anpassung. BFuP 4/95; S. 374, 390.

164 Vgl. Förschle/Glaum/Mandler: Ergebnisse einer Umfrage, S. 408f.

165 Vgl. auch Küting: US-amerikanische und deutsche Bilanzierung. BFuP 4/93; S. 373.

166 Vgl. Nobes: Harmonization, 1995, S. 133f.

167 Beiden ist gemein, daß ihre Beschlüsse keine Gesetzeskraft haben und ihre Anwendung den Mitgliedsländern lediglich empfohlen werden kann. Darüber hinaus haben sich beide Organisationen

5. Kapitalflußrechnung

5.1. Entwicklung der Kapitalflußrechnung

Mit der Entwicklung der Wirtschaft nach dem Zweiten Weltkrieg wandelte sich die Auffassung über Sinn und Zweck des Rechnungswesens: Von seiner Dokumentationsfunktion und dem Gläubigerschutz hin zu einem Instrument der Unternehmensführung. Dabei stehen heute im Mittelpunkt der Forschung und Praxis Planungsrechnungen, die dem Management Informationen für Entscheidungen liefern sollen, sowie Kontrollrechnungen, die in Form von Soll-Ist-Vergleichen aufzeigen, ob vereinbarte Ziel erreicht wurden, oder ob Gegensteuerungsmaßnahmen eingeleitet werden müssen.[168] Bestehende Instrumente wurden unter diesem Aspekt verfeinert, neue geschaffen. Beispiele dafür sind die Weiterentwicklung der Kostenrechnung, der Investitionsrechnung und der Jahresabschlußanalyse sowie die Einführung der Konzernrechnung und eben der Kapitalflußrechnung.

Zwar erschienen die ersten theoretischen Darstellungen schon um 1910 in den USA, aber praktische Bedeutung erlangten diese Rechnungen erst nach dem Zweiten Weltkrieg, dabei zuerst wiederum in den USA und später in Europa. In Nordamerika stellten insbesondere die traditionell stark positionierten Kapitalmarktteilnehmer die Forderung, die Kapitalflußrechnung zum festen Bestandteil des Jahresabschlusses zu machen.[169] Wegbereiter für eine intensivere Auseinandersetzung in der europäischen Theorie und Praxis war Karl Käfer mit seinem Werk "Kapitalflußrechnungen" (1967), der schon damals die Kapitalflußrechnung als dritte Jahresrechnung neben Bilanz und Gewinn- und Verlustrechnung forderte.

Auch wenn in der anglo-amerikanischen Rechnungslegung und den davon beeinflußten Ländern Kapitalflußrechnungen schon länger als Teil des Jahresabschlusses von börsenotierten Unternehmen empfohlen/verlangt werden, gab es hinsichtlich der Ausgestaltung dieser Rechnungen über Jahre hinweg

---

bisher kaum mit den Kernbereichen, nämlich Bilanzierungs- und Bewertungsfragen, beschäftigt. Schließlich hat die OECD die Weiterentwicklung eigener Normen zugunsten einer aktiven Mitwirkung bei EG-Richtlinien und IAS zurückgestellt; vgl. Pellens: Internationale Rechnungslegung, 1998, S. 363ff; bzw. Küting/Hayn: Internationale Entwicklung, 1995, S. 42f

168 Vgl. zur Entwicklung der Kapitalflußrechnung Prochinig: Mittelflußrechnung, 1993, S. 11ff.

kontroverse Diskussionen. Diese führten nach Verabschiedung von FAS 95 in den USA zu Überarbeitungen oder neuen Stellungnahmen in vielen anderen Staaten.

5.2. Ziele und Einsatzfelder der Kapitalflußrechnung

Die Forderung nach einer dritten Jahresrechnung wurde erhoben, da das Rechnungswesen mit Bilanz sowie Gewinn- und Verlustrechnung ja nur zwei grundlegende Fragen beantwortet:

1) Wie hoch ist das Reinvermögen oder Eigenkapital des Unternehmens zu einem bestimmten Zeitpunkt?
2) Wie hoch ist der Gewinn bzw. Verlust in einem bestimmten Zeitraum?

Damit fehlen dem Management aber Informationen über:

- Flußgrößen, die Auskunft geben über die Veränderungen der Kapital- und Vermögensstruktur des Unternehmens.
- Liquiditätsentwicklung, zumal die Kennzahlen der statischen Liquiditätsanalyse (Liquiditätsgrade) zeitpunktbezogen sind, keine Angaben über die Ursachen enthalten und die Erfolgsrechnung außer acht lassen.

Die Kapitalflußrechnung bietet eben diese Informationen. Sie ermöglicht eine bessere Beurteilung über[170]

- die Fähigkeit zur Erwirtschaftung von Zahlungsüberschüssen;
- die Fähigkeit zur Erfüllung der Zahlungsverpflichtungen und Zahlung von Dividenden;
- die Auswirkung von Investitions- und Finanzierungsvorgängen auf die Finanzlage;
- die Gründe für die Divergenz zwischen Jahresergebnis und Finanzmittelfondsveränderung;
- erste Anzeichen von Finanznöten.

---

169 Vgl. Friedl: Kapitalflußrechnung 1995; S. 129.

170 Vgl. Egger/Samer: Der Jahresabschluß nach dem RLG, 1996; S. 582.

Im besonderen kann sie für folgende Zwecke eingesetzt werden:

- Liquiditätsanalyse

Darunter ist einerseits ein komparativ-statischer Vergleich in der Beurteilung der Liquiditätsveränderung zu verstehen und andererseits ein dynamischer Aspekt in der Beurteilung der Fähigkeit des Erwirtschaftens von Zahlungsüberschüssen. Mit letzterem kann die Kapitalflußrechnung als Instrument zur Analyse der Bedienungsfähigkeit des Eigen- und des Fremdkapitals herangezogen werden.

- Beurteilung einer Insolvenzgefahr

Die Kapitalflußrechnung stellt die Stromgrößen dar: Welche Zahlungen sind an die Fremdkapitalgeber zu leisten, wie hoch ist der Investitionsbedarf? Der verbleibende Zahlungsüberschuß steht zur Ausschüttung an die Eigenkapitalgeber zur Verfügung. Die Beobachtung dieser Größen dient bei einem über mehrere Perioden rückläufigen Zahlungsüberschuß dazu, frühzeitig ein nicht mehr ausreichendes Zahlungsvermögen an die Fremdkapitalgeber und folglich Illiquidität zu erkennen. Damit kann die Kapitalflußrechnung im Rahmen von Kreditwürdigkeitsprüfungen eingesetzt werden.

- Teilinstrument für ertragsorientierte Unternehmens- oder Aktienbewertung

Die ertragsorientierte Unternehmens- oder Aktienbewertung findet sich unter Stichwörtern wie *Discounted Cash Flow Analysis* und *Shareholder Value Analysis*.[171]

- Analyse des Investitions- und Finanzgebarens

In Zusammenhang mit diesem Einsatzgebiet der Kapitalflußrechnung interessiert die Frage, in welchem Ausmaß investiert wurde. Diese Investitionen schränken zunächst das Ausschüttungspotential des Unternehmens ein, tragen jedoch zur Sicherung der künftigen Ertragskraft bei. Mit der Ausdehnung der Betrachtung auf die Finanzierungsseite erhält man Auskunft über das Ausmaß der durch die Investitionen hervorgerufenen strukturellen Veränderungen der Bilanzrelationen. Die Kapitalflußrechnung zeigt hier, in welchem Ausmaß die Investitionen durch

---

171 Vgl. Rappaport: Shareholder Value. New York: 1986. Als abzuzinsende Größe wird dabei der *free cash-flow* herangezogen; das ist der laufende Einzahlungsüberschuß (CF) abzüglich der vom Unternehmen aus eigener Kraft erwirtschafteten Investitionsauszahlungen (vgl. Brealey/Myers: Corporate Finance, 1988; S. 59). Die vom Unternehmen aus eigener Kraft erwirtschafteten Investitionsauszahlungen ergeben sich aus den gesamten Investitionsauszahlungen abzüglich den gesamten Außenfinanzierungsmaßnahmen. Letztere können mit dem Saldo aus Netto-Schuldaufnahme und Netto-Kapitalerhöhung beschrieben werden.

selbsterwirtschaftete Mittel finanziert werden können (Mehrjahresvergleich für schubweise anfallende Investitionen).

- Berechnung von stromgrößenorientierten Kennzahlen

Eine entsprechend ausgestaltete Kapitalflußrechnung kann zur Berechnung von Kennzahlen zur Innenfinanzierungskraft, Investitionstätigkeit, Außenfinanzierung und Liquiditätsänderung dienen. Auch hier empfiehlt sich wie bei der Analyse des Investitions- und Finanzgebarens eine mehrperiodige Betrachtung.

- Interne Finanzplanung

Unternehmensintern ist die Erstellung prospektiver Kapitalflußrechnungen für die operative und strategische Finanzplanung möglich. Im Rahmen der Budgetierung gelangen diese Finanzpläne zum Einsatz.[172]

5.3. Formen der Kapitalflußrechnung

Um die verschiedenen Formen von Kapitalflußrechungen zu differenzieren, wurde eine Vielzahl von neuen Begriffen geprägt, wobei aber zum Teil unter gleichen Bezeichnungen verschiedene Rechenwerke verstanden werden, zum Teil auch gleiche Rechenwerke verschiedene Namen aufweisen.[173] Neben Kapitalflußrechnung werden vor allem noch Finanzflußrechnung, Geldflußrechnung, Cash-Flow Statement (auch im Deutschen), Geldstromrechnung, Zeitraumbilanz, Ergebnisquellenrechnung, Finanzierungsrechnung, Fondsrechnung, Fonds- Statement verwendet.

Dies sind alles Begriffe für die in weiterer Folge behandelten eigentlichen Kapitalflußrechnungen. Daneben gibt es aber auch Vorstufen zu einer solchen Rechnung, wobei insbesondere einfache Cash-Flow Rechnungen als auch Veränderungs- bzw. Bewegungsbilanzen Verwendung finden.

---

172 Diese Finanzpläne mögen ein vom externen Rechnungswesen unterschiedliches Gliederungsschema haben; vgl. z.B. Schema von Egger/Winterheller: Kurzfristige Unternehmensplanung, 1996.

173 Vgl. Serfling: Kapitalflußrechnung, 1984; S. 39.

Bei den einfachen *Cash-Flow Rechnungen* wird der Überschuß der laufenden Einzahlungen über die Auszahlungen dargestellt. Dazu werden die Daten der Gewinn- und Verlustrechnung herangezogen und einzelnen Positionen Zahlungswirksamkeit unterstellt oder abgesprochen. I.d.R. unterbleibt dabei eine Unterteilung der Erfolgsgrößen in Zahlungs- und Bewertungsgrößen.

In der *Veränderungsbilanz* werden die Veränderungen der Aktiva und Passiva im Vergleich zum Vorjahresabschluß gegenübergestellt. In einer *Bewegungsbilanz* werden diese Veränderungen nach finanzwirtschaftlichen Gesichtspunkten zusammengefaßt und umgegliedert, sodaß als grundsätzliches Kriterium eine Trennung nach Mittelherkunft und Mittelverwendung besteht (*sources and uses format*).

Abb. 6: Veränderungsbilanz

Mittelverwendung	Mittelherkunft
Aktivamehrungen	Passivamehrungen
Aktivaminderungen	Passivaminderungen

Abb. 7: Bewegungsbilanz

Mittelverwendung	Mittelherkunft
Aktivamehrungen	Passivamehrungen
Passivaminderungen	Aktivaminderungen

Die weitaus wichtigste Form von Rechenwerken zur Finanzlage des Unternehmens sind aber Kapitalflußrechnungen mit Ausgliederung eines Fonds. Alle in weiterer Folge behandelten Standards zu einer dritten Jahresrechnung sehen diese Form vor.

5.4. Kapitalflußrechnungen als Fondsrechnungen

Die Kapitalflußrechnungen werden auf Basis eines *Fonds* erstellt, der den jeweiligen Liquiditätsbestand des Unternehmens beschreibt und unterschiedlich weit gefaßt sein kann. Damit erfolgt eine Zweiteilung der Kapitalflußrechnung, bei dem fondswirksame Aufwendungen, Erträge, Investitions- und Finanzierungsvorgänge von fondsunwirksamen Erfolgs- und Bestandsvorgängen zu trennen sind. Der Fondsdefiniton entsprechend zerfallen die Bilanzkonten in Fondskonten und in nicht zum Fonds gehörige Gegenbestandskonten.

1) Die Zusammenstellung der Nichtfondspositionen der Bewegungsbilanz und der Erfolgspositionen der Gewinn- und Verlustrechnung wird als *Ursachenrechnung* oder auch als *Investitions- und Finanzierungsnachweis* bezeichnet.[174] Diese Zusammenstellung erfaßt alle Vorgänge, die Auswirkungen auf den Fonds haben und damit die Veränderung des Fonds erklären können.

2) Der *Fondsänderungsnachweis* oder *Liquiditätsnachweis* ist eine Aufstellung über die Veränderungen der Fondspositionen selbst.

Gemäß dem doppischen Prinzip müssen die beiden Teile übereinstimmen. Der Saldo der Ursachenrechnung ist gleich der Fondsänderung, weil jede Veränderung einer Position oder mehrerer zusammengefaßter Positionen der Bilanz (Fonds) durch die Veränderung der übrigen Jahresabschlußposten erklärbar ist.[175]

In der Literatur werden verschiedene Fondsabgrenzungen vorgeschlagen; nachfolgend findet sich eine für Österreich gebräuchliche Übersicht.

---

174 Vgl. Busse von Colbe, W.: „Aufbau und Informationsgehalt von Kapitalflußrechnungen." ZfB. 1966, 1. Ergänzungsheft, S. 101.

175 Vgl. Buchmann, R.; Chmielewicz, Klaus (Hrsg.): Finanzierungsrechnung. ZfbF-Sonderheft 26/1990; S. 49.

Tab. 8: Übersicht Finanzmittelfonds

	Finanzmittelfonds			
	Flüssige Mittel	Netto verfügbare flüssige Mittel	Netto-Geldvermögen	Netto-Umlaufvermögen
Kurzfristige AKTIVA (Restlaufzeit ≤ 1Jahr)				
Flüssige Mittel (B IV)	•	•	•	•
Wertpapiere d. UV u. sonst. Anteile (B III 3)	•*	•*	•	•
Forderungen u. sonst. VG (B II)			•	•
Vorräte (B I)				•
Rechnungsabgrenzungsposten (C)				•
Kurzfristige PASSIVA (Restlaufzeit ≤ 1 J.)				
Steuerrückstellungen (C III)			•	•
Sonstige Rückstellungen (C IV)			•	•
Verbindlichkeiten** (Restlaufzeit ≤ 1 J.) (D)			•	•
Erh. Anzahlungen auf Bestellungen (D 3)				•
Kurzfristige Bankverbindlichkeiten (D 2)		•	•	•
Rechnungsabgrenzungsposten (E)				•
Finanzmittelfonds	Σ	Σ	Σ	Σ

aus: Egger/Samer: Jahresabschluß, 1996; S. 583

VG ...... Vermögensgegenstände

* Soweit mit einer maximalen Laufzeit von drei Monaten und jederzeit in Geld umwandelbar.

** Ohne die beiden separat angeführten Posten D 2 (kurzfristige Bankverbindlichkeiten) und D 3 (erhaltene Anzahlungen auf Bestellungen).

Die Diskussion rund um die Wahl des Fonds ist in der Vergangenheit vor allem unter Wirtschaftlichkeitsgesichtspunkten geführt worden; der Fonds sollte möglichst einfach aus dem externen Rechnungswesen ableitbar sein.[176]

Der Fonds Nettoumlaufvermögen (*net working capital*) ist der Saldo sämtlicher kurzfristiger Aktiv- und Passivposten. Neben den liquiden Mitteln und den kurzfristigen Passivposten werden also auch kurzfristige aktive Nichtgeldpositionen, d.h. Vorräte, Anzahlungen und Rechnungsabgrenzungsposten einbezogen. Nachteilig daran ist die Abbildung auch von Nicht-Zahlungsvorgängen. Die Bewertungswahlrechte, besonders im Bereich der Vorräte, führen dazu, daß Bewertungsveränderungen der im Finanzmittelfonds enthaltenen Posten als Zahlungszuflüsse/-abflüsse interpretiert werden, obwohl keine Zahlungsvorgänge stattgefunden haben.

Ähnliches gilt für den Fonds Nettogeldvermögen. Dieser umfaßt neben den liquiden Mitteln sämtliche Geldforderungen abzüglich Geldverbindlichkeiten mit einer Restlaufzeit bis zu einem Jahr. Da nach den EG-Bilanzrichtlinien ohnehin die Forderungen und Verbindlichkeiten mit einer Restlaufzeit bis zu einem Jahr angegeben werden müssen, entfällt ein zusätzlicher Aufwand für die Datenbeschaffung zur Erstellung der Kapitalflußrechnung. Aber auch hier führt die relativ weite Fondsabgrenzung zu Fehlinterpretationen, da Bewertungsänderungen der in den Fonds einbezogenen Forderungen und Verbindlichkeiten nicht von den Zahlungsvorgängen getrennt sind.

Der Fonds der (netto) verfügbaren liquiden Mittel schließlich vermeidet Bewertungseinflüsse weitgehend. Diese Art der Kapitalflußrechnung (die eigentliche Geldflußrechnung) ist aufgrund der erforderlichen Trennung der zahlungswirksamen Vorgänge von den erfolgs- und bestandswirksamen Vorgängen mit den herkömmlichen Buchhaltungssystemen weitaus schwieriger zu bewerkstelligen.

Als Grundregel für die Wahl des Fonds gilt ganz allgemein: Je enger der Fonds, desto besser, da die Anfälligkeit gegenüber Bewertungsakten geringer wird. Einzige Einschränkung: Der Fonds ist auch vom Einsatzfeld der Kapitalflußrechnung abhängig. Für die mittel- bis langfristige Planung kann auch ein weiter

176 Vgl. IAS-Kommentar, 1997; darin: Wysocki: IAS 7; S. 260, Rn 10ff.

gefaßter Fonds gewählt werden.[177] Im übrigen aber kann die Diskussion heute als zugunsten der Aussagefähigkeit von Kapitalflußrechnungen entschieden betrachtet werden: Die enge Fondsdefinition mit Zahlungsmitteln und Zahlungsmitteläquivalenten hat sich durchgesetzt.[178]

Die Gliederung stellt auf Aktivitätsbereiche ab (*activityformat,* Gliederung nach dem Bereichsaspekt), z.B. der Aufteilung in
- laufende Geschäftstätigkeit (Innenfinanzierung)
- Investitionstätigkeit
- Finanzierungstätigkeit (Außenfinanzierung).

Busse v. Colbe nennt diese Bereiche Umsatz-, Anlagen- und Kapitalbereich.[179] Die unsaldierten Zahlungströme in den einzelnen Bereichen werden dann jeweils nach Mittelherkunft und Mittelverwendung getrennt ausgewiesen (Bruttoprinzip).

5.5. Direkte vs. indirekte Berechnung

Unter dem Nettogeldfluß aus laufender Geschäftstätigkeit (Cash-Flow) wird der Zahlungsmittelüberschuß aus dem laufenden Betriebsprozeß einer Periode verstanden. Deshalb wird der Cash-Flow auch als „partielle Kapitalflußrechnung" bezeichnet. Für seine Berechnung gibt es zwei unterschiedliche Ermittlungsmethoden, eine direkte und eine indirekte Methode, die bei richtiger Anwendung zum gleichen Ergebnis führen müssen.

Bei der *direkten Methode* werden die Ein- und Auszahlungen, soweit sie den Bereich aus laufender Geschäftstätigkeit betreffen, unmittelbar als solche in der Kapitalflußrechnung ausgewiesen. Die direkte Methode errechnet den Cash-Flow somit als Überschuß der operativen Einzahlungen über die operativen Auszahlungen. Die Praktikabilität dieser Methode ist insofern eingeschränkt, als daß nicht alle Buchführungssysteme eine strikte Trennung der einzahlungs- und aus-

177 Vgl. Amen: Kapitalflußrechnungen, 1994; S. 33.

178 Vgl. IAS-Kommentar, 1997; darin: Wysocki: IAS 7; S. 261, Rn 14, u. die dort angeführte Literatur.

179 Vgl. Busse v. Colbe im Handwörterbuch des Rechnungswesens.

zahlungswirksamen Bestands- und Erfolgsbuchungen von den entsprechenden einzahlungs- und auszahlungsunwirksamen Buchungen ohne weiteres zulassen. Während die nachfolgend besprochenen Standards ein Wahlrecht zwischen indirekter und direkter Darstellung beim Cash-Flow aus laufender Geschäftstätigkeit vorsehen, ist dagegen in den Bereichen der Investitions- und Finanzierungstätigkeit zwingend die direkte Darstellung vorgeschrieben, zumal in diesen Bereichen die Erfassungsschwierigkeiten geringer sein dürften als in dem durch Massenvorgänge gekennzeichneten Bereich der laufenden Geschäftstätigkeit.

Die *indirekte Methode* geht vom Jahresergebnis aus und erhöht dies um die darin enthaltenen auszahlungsunwirksamen Aufwendungen bzw. vermindert diese um die darin enthaltenen einzahlungsunwirksamen Erträge und korrigiert dies um die Veränderungen des Nettoumlaufvermögens. Der Nachteil der indirekten Darstellungsweise besteht im wesentlichen darin, daß einzelne Zahlungsarten nicht oder nur schwer erkannt werden können, weil durch die Rückrechnungen Saldierungen zwischen Erfolgsgrößen und Bestandsänderungen erfolgen und damit eine ursächliche Abbildung der Zahlungsströme fehlt.[180]

Als Vorgriff auf den empirischen Teil der Arbeit sei an dieser Stelle bereits folgendes angemerkt. Die internationalen Verlautbarungen ermöglichen die Darstellung des Cash-Flow aus der laufenden Geschäftstätigkeit sowohl nach der direkten als auch nach der indirekten Methode, wenngleich der direkten Ermittlungsart der Vorzug eingeräumt wird. Dennoch wollte man diese nicht verpflichtend vorschreiben, da beide Methoden in der Lage sind, wichtige Informationen bereitzustellen, und die Ermittlung nach der direkten Methode zusätzliche Kosten aufgrund der Notwendigkeit der Umstellung der Finanzbuchhaltung verursacht hätte.[181]

Obwohl die direkte Methode zu einem deutlich besseren Einblick in die finanzielle Entwicklung eines Unternehmens führt, hat das indirekte Berechnungsschema in der Praxis eine wesentlich weitere Verbreitung gefunden.

---

[180] Vgl. IAS-Kommentar, 1997; darin: Wysocki: IAS 7, S. 274, Rn. 56; bzw. Amen: Kapitalflußrechnung, Wpg 15/95; S. 500f.

[181] Vgl. FASB: SFAS No. 95. JofA, Februar 1988; S. 139ff.

Gemäß einer Studie aus dem Jahre 1988 haben 90% aller amerikanischen Unternehmen die indirekte Methode angewandt.[182]

Folgende Gründe werden für die überwiegende Verwendung der indirekten Ermittlung genannt:[183]

- geringerer Aufwand für die Erstellung im Vergleich zur direkten Methode aufgrund der Notwendigkeit der Umstellung des Rechnungswesens,
- Verständlichkeit der indirekten Methode aufgrund der Gewohnheit,
- bereits vor Gültigkeit von FAS 95 dominierte die indirekte Methode,
- wird gem. FAS 95 die indirekte Methode verwendet, so müssen für einen Einblick in die Zahlungsströme ohnehin zusätzliche Angaben zur Überleitung gemacht werden (95.26ff).

In der Literatur wird oftmals die Forderung erhoben, beide Ableitungsmethoden in einer publizierten Kapitalflußrechnung darzustellen. Folgende Argumente sprechen für die Offenlegung beider Methoden:[184]
- der unterschiedliche Aussagegehalt beider Methoden,
- eine direkte Ableitung kann aus externer Sicht aufgrund der Unkenntnis über die Zahlungswirksamkeit bestimmter Aufwendungen und Erträge nicht erfolgen,
- keine nennenswerte Kosten bei zusätzlicher Aufstellung der indirekten Methode.

Kapitalflußrechnungen können entweder aus den verfügbaren Jahresabschlußdaten abgeleitet werden (derivative Erstellung) oder aus den Kontenumsätzen der Liquiditätsbestände ermittelt werden (originäre Erstellung). Letzteres ist nur im Rahmen einer unternehmensinternen Erstellung möglich. Die dabei allein auf Grundlage der Kontenumsätze der Liquiditätsbestände erstellten Kapitalflußrechnungen werden auch als Zahlungsstromrechnungen bezeichnet.[185]

---

182 Vgl. FASB: SFAS No. 95. JofA, Februar 1988; S. 119.

183 Vgl. Holzer/Jung: Statement of Cash Flows. Wpg. 10/1990, S. 284.

184 Vgl. Friedl: Kapitalflußrechnung. 1995; S. 175f.

185 Vgl. Amen: Kapitalflußrechnungen; 1994; S. 15.

5.6. Zur Geldflußrechnung im Konzern

Die Grundsätze zur Aufstellung von Einzel-Geldflußrechnungen haben auch für Konzern-Geldflußrechnungen ihre Gültigkeit, d.h. es ist bei ihrer Aufstellung im Sinne der Einheitstheorie von der Fiktion auszugehen, daß alle in einen Konzern einbezogenen Unternehmen ein einziges Unternehmen wären. Als Konsequenz sind einerseits sämtliche Tochterunternehmen, die in den Konzernabschluß einbezogen werden, auch in die Kapitalflußrechnung einzubeziehen, und andererseits nur diejenigen Zahlungsströme abzubilden, die sich im Geschäftsverkehr des Konzerns mit Konzernfremden ergeben, während konzerninterne Zahlungsströme grundsätzlich zu eliminieren sind.[186]

Geldflußrechnungen für den Konzern können, so wie für den Einzelabschluß, sowohl originär aus den Buchhaltungen der in den Konzernabschluß einbezogenen Unternehmen als auch derivativ aus dem jeweiligen Konzernabschluß bzw. aus den Einzelabschlüssen der einbezogenen Unternehmen entwickelt werden. Damit zusammenhängend muß auch über den Informationsgehalt von Kapitalflußrechnungen ein allgemeines Wort an dieser Stelle stehen: Eine extern erstellte, aus den Jahresabschlußdaten abgeleitete Kapitalflußrechnung kann keinen höheren Informationsgehalt besitzen als der Jahresabschluß selbst. Im Rahmen einer externen Analyse ist daher die Kapitfalflußrechnung -ebenso wie die Jahresabschlußanalyse - als ein Informationsverdichtungsinstrument zu sehen. Die Daten des Jahresabschlusses werden dabei unter finanzwirtschaftlichen Gesichtspunkten komprimiert. Einen eigenständigen Informationsgehalt gewinnt die Kapitalflußrechnung erst bei Verwendung von Daten, die über die allgemein verfügbaren Jahresabschlußinformationen hinausgehen.[187] Dies ist eben nur bei unternehmensintern erstellten Kapitalflußrechnungen möglich.

Die Erstellung aus den konsolidierten Kontenumsätzen einer unternehmensübergreifenden einheitlichen Konzernbuchhaltung, getrennt nach internen und externen Zahlungsvorgängen, wie oben angeführt, ist von geringer Praxisrelevanz. Eine solche Buchhaltung ist gesetzlich nicht vorgesehen und müßte darüber hinaus - und dort liegt die Schwierigkeit - mehrere mit dem Konzern in unterschiedlichem Grad in Beziehung stehende und verschiedenen Währungs-

186 Vgl. Wysocki: Kapitalflußrechnung, 1998; S. 320.
187 Vgl. Weilenmann in: Käfer, K.: Kapitalflußrechnungen. Stuttgart, 1984; S. XLI f.

gebieten angehörende Unternehmen umfassen.[188] Eine weitere Möglichkeit besteht darin, zunächst Einzel-Kapitalflußrechnungen zu erstellen und diese, ggf. nach Umrechnung in die Berichtswährung des Konzerns, in Folge zu konsolidieren, d.h. um die konzerninternen Zahlungsvorgänge zu bereinigen.[189]

Gewöhnlich jedoch werden Konzernkapitalflußrechnungen derivativ aus den vorliegenden Konzernbilanzen und Konzernerfolgsrechnungen abgeleitet, d.h. die Konzernkapitalflußrechnung wird erst nach Aufstellung des Konzernabschlusses aus diesem Konzernabschluß entwickelt.[190] Bei dieser derivativen Ableitung treten Probleme der Währungsumrechnung und der Konsolidierung konzerninterner Zahlungsvorgänge nicht mehr explizit auf. Implizit werden dabei allerdings jene Lösungen der Kursumrechnungsprobleme in die Kapitalflußrechnung übernommen, die bei Aufstellung der Konzernbilanz und der Konzernerfolgsrechnung zur Anwendung gelangt sind.[191]

Die Erstellung von Geldlußrechnungen aus den Kontenumsätzen der Liquiditätsbestände eines Unternehmens ist lediglich intern durchführbar. Eine Erstellung auf Grundlage der Jahresabschlußdaten ist sowohl intern als auch extern möglich. Sonderprobleme im Rahmen der (Konzern-)Kapitalflußrechnung treten dann auf, wenn Zahlungsvorgänge nicht in der Berichtswährung des rechnungslegenden Konzerns abgewickelt werden, wenn bei (derivativer) Ableitung der Konzernkapitalflußrechnung die Jahresabschlüsse bzw. Kapitalflußrechnungen ausländischer Tochterunternehmen Grundlage für die Aufstellung von Konzernkapitalflußrechnungen sind, oder wenn in den Zahlungsmittelbeständen Posten enthalten sind, die währungsbedingten oder sonstigen Wertschwankungen unterliegen, ohne daß diese Wertschwankungen als Ein-/Auszahlungen interpretiert werden könnten. Die Standards und Stellungnahmen zur Kapitalflußrechnung sind in diesem Bereich äußerst zurückhaltend, da sich in der internationalen Diskussion einheitliche Auffassung über die zweckentsprechenden Umrechnungsverfahren noch nicht in allen Fällen durchgesetzt haben.[192]

188 Vgl. Amen: Kapitalflußrechnungen, 1994, S. 16.

189 Vgl. Wysocki: Kapitalflußrechnung, 1998; S. 320.

190 Vgl. Wysocki: Kapitalflußrechnung, 1998; S. 320.

191 Vgl. IAS-Kommentar, 1997; darin: Wysocki: IAS 7, S. 284, Rn. 89.

192 Vgl. IAS-Kommentar, 1997; darin: Wysocki: IAS 7, S. 284, Rn. 89; bzw. zur Behandlung des Problems Plein: Konzernkapitalflußrechnungen, 1998; S. 10-19.

5.7. Situationsbericht USA

5.7.1. Entwicklung

Die wissenschaftliche Auseinandersetzung mit Kapitalflußrechnungen begann in den USA nach dem 2. Weltkrieg. Bereits 1963 konnte mit APB Opinion No. 3, *The Statement of Source and Application of Funds*, eine Verlautbarung herausgegeben werden, jedoch für eine freiwillige Anwendung und hinsichtlich materieller und formeller Ausgestaltung wenig konkretisiert. Der Standard wurde 1971 durch APB Opinion No. 19, *Reporting Changes in Financial Position*, ersetzt. Demnach hatten börsenotierte Unternehmen die Veränderung der liquiden Mittel bzw. des Netto-Fonds von liquiditätsnahen Vermögensgegenständen abzgl. kurzfristiger Verbindlichkeiten durch die Veränderung aller anderen Bilanzpositionen darzustellen. Mit dem Standard wurde aber keine Einheitlichkeit in der Unternehmenspraxis geschaffen, weil unterschiedliche Fonds gewählt wurden (*cash, cash and short-term investments, quick assets* und vornehmlich *working capital*) und den Unternehmen darüber hinaus auch erhebliche Freiräume verblieben (95.2).

Eine erste Verlautbarung für eine Überarbeitung von APB Opinion No. 19 wurde im Dezember 1980 mit dem *Discussion Memorandum Reporting Funds Flows, Liquidity, and Financial Flexibility* publiziert (95.35). Im November 1981 wurde der *Exposure Draft Reporting Income, Cash Flows, and Financial Positions of Business Enterprises* verlautbart (95.36). In der sehr heftig geführten Diskussion holte sich das FASB Unterstützung vom *Financial Executives Institute* (FEI), welches seinen Mitgliedern empfahl, mit dem engeren Fonds *cash and short-term investments* und mit dem *activity format* zu experimentieren (95.37). Das FEI kam in seiner Untersuchung *The Funds Statement: Structure and Use* (1984) zum Schluß, daß noch immer erhebliche Unterschiede in der Unternehmenspraxis bei der Wahl des Fonds, der Definition von *cash* und *cash flow from operations* und der Gliederung bestanden (95.38).

Im Mai 1985 kamen die Kapitalflußrechnungen erneut auf die Agenda des FASB (95.40). Auf den *Exposure Draft Statement of Cash Flows* (Juli 1986) erhielt das FASB 450(!) *comment letters* (95.40-41). Schließlich konnte nach langer kontroversieller Diskussion im November 1987 FAS 95, *Statement of Cash Flows*, verlautbart werden, welches für nach dem 15. Juli 1988 endende

Geschäftsjahre oder freiwillig entsprechend früher zur Anwendung gelangt (95.34). FAS 95 ersetzt APB Opinion No. 19 und drei AICPA *Accounting Interpretations* davon (95.150). Zahlreiche andere Standards, welche auf Kapitalflußrechnungen Bezug nehmen, werden v.a. in terminologischer Hinsicht ergänzt (95.151ff).

FAS 95 selbst wurde ergänzt (*amended*) durch FAS 102, *Statement of Cash Flows - Exemption of Certain Enterprises and Classification of Cash Flows from Certain Securities Acquired for Resale*, sowie FAS 104, *Statement of Cash Flows - Net Reporting of Certain Cash Receipts and Cash Payments and Classification of Cash Flows from Hedging Transactions*, und FAS 117, *Financial Statements of Not-for-Profit Organizations.*

5.7.2. Verpflichtung

Cash flow statements sind integraler Bestandteil des Jahresabschlusses nach US-GAAP (95.3) und gelten damit praktisch für alle prüfungspflichtigen Unternehmen sowie Unternehmen, die sich freiwillig entsprechenden Prüfungen unterziehen.[193] Ausgenommen sind einstweilen noch gemeinnützige Organisationen (*not-for-profit organizations*, 95.68-69) sowie bestimmte Pensionsfonds (*defined benefit pension plans*, *other employee benefit plans*, FAS 102) und Investmentgesellschaften.

5.7.3. Zweck

Als Zweck von FAS 95 gilt, Informationen über Zahlungsströme (*cash receipts and cash payments*) eines Unternehmens während einer Periode bereitzustellen (95.4). Genauer soll der Standard Jahresabschlußadressaten Auskunft geben über

- die Fähigkeit des Unternehmens, zukünftige Zahlungsüberschüsse zu erwirtschaften,
- die Fähigkeit, seinen Verbindlichkeiten nachzukommen, Dividenden zu zahlen sowie Auskunft über seinen Bedarf an externer Finanzierung,

193 Vgl. Wysocki: Kapitalflußrechnung, 1998; S. 303.

- die Differenz zwischen dem Jahresergebnis (*net income*) und den dazugehörigen Ein- und Auszahlungen sowie über
- die Auswirkungen von zahlungswirksamen wie -unwirksamen Investitions- und Finanzaktivitäten auf die Finanzlage des Unternehmens (95.5).

5.7.4. Fonds

Es ist der Fonds flüssige Mittel (*cash and cash equivalents*) vorgeschrieben (95.7). Als *cash* gelten dabei die Barmittel (*currency on hand*) und die täglich fälligen Guthaben (*demand deposits*) bei Banken oder anderen Finanzinstitutionen (95.7). *Cash equivalents* sind kurzfristige, hochliquide Veranlagungen, die jederzeit in Geld umgewandelt werden können, und mit einer so kurzen Fälligkeit, daß sie nur ein unwesentliches Risiko hinsichtlich einer Wertänderung aufgrund von Zinssatzänderungen tragen. Dazu gehören Veranlagungen mit Laufzeiten von max. 3 Monaten aus der Sicht des Unternehmens (*original maturities*, 95.8).[194] Als Zahlungsmitteläquivalente sind gewöhnlich *treasury bills*, *commercial papers*, *money market funds* und *federal funds* (im Bankbereich) zu betrachten (95.9).

Der Fonds soll eine Brutto-Größe sein, d.h. eine Saldierung von Zahlungsmitteln oder Zahlungsmitteläquivalenten mit kurzfristigen Verbindlichkeiten, insbesondere mit kurzfristigen Bankverbindlichkeiten, soll ausgeschlossen sein (95.11). Eine Ausnahme davon gibt es für Posten mit hoher Umschlagsgeschwindigkeit, mit großen Beträgen und kurzen Restlaufzeiten (95.12-13).

Die Kapitalflußrechnung mündet in einen Finanzmittelnachweis, der als Fondsveränderungsrechnung die Überleitung vom Anfangsbestand zum Endbestand enthält. Diese Überleitung besteht zum einen aus der Summe der Zuflüsse/Abflüsse aus den drei Aktivitätsbereichen und zum anderen aus den (zahlungsunwirksamen) Wertänderungen von Fremdwährungspositionen inner-

---

194 In Fußnote 2 wird dazu ausgeführt: „*Original maturity* means original maturity to the entity holding the investment. For example, both a three-month U.S. Treasury bill and a three-year Treasury note purchased three months from maturity qualify as cash equivalents. However, a Treasury note purchased three years ago does not become a cash equivalent when its remaining maturity is three months."

halb des Fonds (95.25). Letztere sind, wenn nicht innerhalb der Überleitung selbst, in einem Anhang zur Kapitalflußrechnung anzugeben.[195]

Darüber hinaus sind die Zusammensetzung des Fonds und zusätzlich Überleitungsrechnungen für die einzelnen Komponenten des Fonds zu den entsprechenden Bilanzpositionen anzugeben (95.7). Die Unternehmenspolitik in bezug auf die Zuordnung und den Inhalt von Zahlungsmitteln und Zahlungsmitteläquivalenten ist ebenso zu erläutern wie Veränderungen in der Zusammensetzung des Fonds gegenüber dem Vorjahr (95.10).

5.7.5. Gliederung und Ausweis

Die Geldflußrechnung ist nach dem Bereichsaspekt (*activity format*) zu gliedern in:

- *cash flows from operating activities*
- *cash flows from investing activities*
- *cash flows from financing activities*

Zahlungsströme, die nicht unmittelbar der Investitions- und Finanzierungstätigkeit eines Unternehmens zuzuordnen sind, gehören grundsätzlich zur laufenden Geschäftstätigkeit (95.21). Dazu zählen insbesondere folgende Geschäftsvorfälle (95.22):
- Zahlungseingänge aus dem Umsatzgeschäft einschließlich damit zusammenhängender Zahlungseingänge,
- erhaltene Zinserträge und Dividenden (!),[196]
- sonstige Einzahlungen, die nicht aus der Investitions- oder Finanzierungstätigkeit resultieren, z.B. aus Rechtsstreitigkeiten, Versicherungsentschädigungen und Erstattungen von Lieferanten.

Zu den Mittelabflüssen aus laufender Geschäftstätigkeit zählen insbesondere (95.23):

---

[195] Ein Beispiel zur Berechnung der Korrektur für Kursänderungen im Fonds bietet 95.146. Der Ausweis erfolgt getrennt nach den 3 Aktivitätsbereichen.

[196] Dividendenzahlungen gehören zum Finanzierungsbereich (95.20).

- Zahlungsausgänge für Material- und Wareneinkäufe einschließlich Rückzahlungen von Lieferantenkrediten,
- Zahlungsausgänge an sonstige Lieferanten (außerhalb der Umsatzkosten), Lohn- und Gehaltszahlungen an Mitarbeiter, Pensionszahlungen,
- Steuern, Zölle, Gebühren und Strafzahlungen,
- Zinsaufwendungen (!),
- Zahlungsausgänge aus dem Kauf von Wertpapieren des Handelsbestands,
- sonstige Auszahlungen, die nicht aus der Investitions- oder Finanzierungstätigkeit resultieren, z.B. für Rechtsstreitigkeiten, Spenden, Rückzahlungen an Kunden.

Der gesonderte Ausweis der Mittelzuflüsse/-abflüsse aus der Investitionstätigkeit soll Informationen vermitteln über den Mitteleinsatz für künftige Erfolge und für künftige Einnahmenüberschüsse. Zu den Mittelzuflüssen aus der Investitionstätigkeit gehören insbesondere (95.16):
- Zahlungseingänge aus der Tilgung oder der Abtretung von Darlehensforderungen und anderen vom Unternehmen gehaltenen Gläubigerpapieren (*debt instruments*),
- Zahlungseingänge aus dem Verkauf von Beteiligungspapieren (*equity instruments*) und aus den Erträgen aus diesen Papieren,
- Zahlungseingänge aus dem Verkauf von Sachanlagen (*property, plant, and equipment*) und sonstigen Anlagen, die der Produktion dienen (*productive assets*).

Zu den Mittelabflüssen aus der Investitionstätigkeit zählen insbesondere (95.17):
- Zahlungsausgänge aus der Vergabe von Darlehen und dem Erwerb von schuldrechtlichen Papieren,
- Zahlungsausgänge aus dem Erwerb von Beteiligungspapieren,
- Auszahlungen zum Erwerb von Sachanlagen und sonstiger Anlagen, die der Produktion dienen (inkl. Vorauszahlungen und Anzahlungen).

Die Bestandsveränderungen bei den Vorräten zählen nicht zur Investitionstätigkeit.

Der Ausweis über Mittelzuflüsse/-abflüsse des Finanzierungsbereiches soll eine Abschätzung zukünftiger Ansprüche der Kapitalgeber gegenüber dem Unternehmen erleichtern. Insbesondere folgende Geschäftsvorfälle führen zu Mittelzuflüssen aus der Finanzierungstätigkeit (95.19):

- Mittelzuflüsse aus Kapitalerhöhungen,
- Mittelzuflüsse aus Fremdkapitalaufnahmen (z.B. Anleihen, Darlehen, Wechsel).

Mittelabflüsse aus der Finanzierungstätigkeit ergeben sich insbesondere aus folgenden Geschäftsvorfällen (95.20):

- Zahlungen von Dividenden oder sonstigen Vergütungen an die Kapitaleigner, Mittelabflüsse aus Kapitalrückführungen,
- Mittelabflüsse zur Tilgung von Fremdkapital.

Auch wichtige fondsunwirksame Investitions- bzw. Finanzierungsvorgänge sind in zusätzlichen Erläuterungen auszuweisen (z.B. Erwerb von Aktiva durch Schuldübernahme bzw. durch Finanzierungsleasing, Unternehmenserwerb durch Ausgabe von Anteilen oder die Umwandlung von Schulden in Eigenkapital, 95.32).

Wie bereits erwähnt, kann die Cash-Flow Berechnung direkt oder indirekt erfolgen, wobei der Vorzug der direkten Ermittlungsweise gegeben wird (95.27-28). Wird diese (*direct method*) gewählt, so ist in einer Nebenrechnung noch der indirekte Nachweis zu erbringen; bei indirekter Ermittlung (*indirect or reconciliation method*) müssen die bezahlten Zinsen und Ertragsteuern angegeben werden (95.29).

Grundsätzlich ist das Bruttoprinzip vorgeschrieben, d.h. Investitionen und Devestitionen bzw. Finanzierungen und Definanzierung dürfen nicht miteinander verrechnet werden (95.31).

5.8. Situationsbericht IASC

5.8.1. Entwicklung

Das IASC verlautbarte 1977 IAS 7, *Statement of Changes in Financial Position*, welcher sich inhaltlich an APB Opinion 19 orientierte. Dieser Standard wurde 1992 durch eine überarbeitete Version, IAS 7 (*revised*), *Cash Flow Statements*, abgelöst.[197] Der Standard wurde maßgeblich von den aktuellen angloamerikanischen Verlautbarungen, FAS 95 und FRS 1 beeinflußt.[198] IAS 7 ist erstmalig auf Jahresabschlüsse anzuwenden, deren Rechnungsperiode am oder nach dem 1. Jänner 1994 beginnt (7.53).

Die IOSCO hat im Jahr 1993 IAS 7 anerkannt. Zugleich ist auch von der SEC vor dem Hintergrund einer materiell weitgehenden Entsprechung beider Standards festgestellt worden, daß eine nach IAS 7 aufgestellte Kapitalflußrechnung als mit FAS 95 gleichwertig angesehen werden kann. Ausländische Gesellschaften haben damit die Erleichterung in Form 20-F Item 18 c iii, daß ihr Cash-Flow Statement nicht zwingend nach FAS 95, sondern auch nach lokalen Vorschriften erstellt werden kann, sofern diese den Anforderungen von IAS 7 entsprechen. Wird diese Erleichterung in Anspruch genommen, so muß sie auch für alle früheren Jahre erfüllt sein.[199]

Diese Situation hat auch für Deutschland und Österreich Gültigkeit, deren Fachgutachten sich ebenfalls an IAS 7 anlehnen. Deutsche bzw. österreichische Unternehmen genügen damit den internationalen Erfordernissen, wenn sie die Geldflußrechnung nach dem jeweiligen Fachgutachten (einschließlich zusätzlicher Angaben) oder alternativ gleich nach IAS 7 oder nach FAS 95 aufstellen. Die Kapitalflußrechnung ist damit das Beispiel par excellence für die Konvergenz nationaler und internationaler Standards.

---

197 Der dazugehörige Diskussionsentwurf wurde 1991 verlautbart: E 36, *Cash Flow Statements*.

198 FRS .... Financial Reporting Standard, Großbritannien.

199 Vgl. KPMG: US-GAAP, 1996, S. 181; bzw. Wysocki: Kapitalflußrechnung, 1998; S. 301f

5.8.2. Verpflichtung

Gemäß dem IASC ist die Kapitalflußrechnung (*cash flow statement*)[200] integraler Bestandteil des Jahresabschlusses (*financial statements*) (F.7; 1.2): Immer dann, wenn ein Unternehmen *financial statements* zum Gebrauch für Dritte offenlegt, hat dieser Abschluß zwingend auch eine Geldflußrechnung zu umfassen. Diese Verpflichtung besteht also grundsätzlich für alle Unternehmen (Konzerne) unabhängig von deren Rechtsform und Größe.[201] Auch wenn der Standard explizit die Aufstellung einer Kapitalflußrechnung nur für die einzelnen Unternehmen, nicht aber für die Konzerne verlangt, so ergibt sich aus dem Gesamtzusammenhang des Standards eine solche Verpflichtung.[202]

> Unterschied zu FAS 95: Es erfolgt keine Einschränkung des Anwenderkreises. Umgekehrt gelten IAS nicht für gemeinnützige Organisationen, die nach US-GAAP (FAS 117) zur Aufstellung von Kapitalflußrechnungen verpflichtet sind.[203]

5.8.3. Zweck

Zum Sinn und Zweck von Kapitalflußrechnungen hält F.18 fest:

> „Information concerning changes in the financial position of an enterprise is useful in order to assess its investing, financing and operating activities during the reporting period. This information is useful in providing the user with a basis to assess the ability of an enterprise to generate cash and cash equivalents and the needs of the enterprise to utilise those cash flows. ..."

Ausführlichere Zielsetzungen finden sich im Standard selbst (7.3-5).

---

200 F.7 spricht im Detail von „statement of changes in financial position (which may be presented in a variety of ways, for example, as statement of cash flows or a statement of funds flow)."

201 Vgl. Königsmaier: Kapitalflußrechnungsstandards im Vergleich, 1995; S. 127.

202 So z.B. Umrechnung der Jahresabschlüsse ausländischer Tochterunternehmen (7.26), Equity-Bewertung und Quotenkonsolidierung (7.37f), Erwerb und Veräußerung von Tochterunternehmen (7.39ff) und die dargestellten Konzernkapitalflußrechnungen (Appendix 1 u. 2).

203 Vgl. FASB: Comparison Project, 1996; S. 146.

5.8.4. Fonds

Als Finanzmittelfonds, dessen Veränderung im Laufe des Geschäftsjahres darzustellen ist, sind Zahlungsmittel und Zahlungsmitteläquivalente (*cash and cash equivalents*) heranzuziehen (7.3).[204]

IAS 7 (revised 1992) bestimmt als Fonds den Bestand an liquiden Mitteln ersten Grades, wobei allerdings auch ein Nettofonds unter Abzug der kurzfristigen Bankverbindlichkeiten gestattet ist.[205]

Die Zahlungsmittel umfassen die Barmittel (*cash on hand*) und täglich fällige Guthaben bei Banken und Finanzinstitutionen (*demand deposits*, 7.6). Zahlungsmitteläquivalente sind kurzfristig fällig und jederzeit ohne wesentliches Wertänderungs- oder Einlösungsrisiko in Zahlungsmittel konvertierbar (7.6). Zahlungsmitteläquivalente dienen vorrangig dazu, kurzfristigen Zahlungsverpflichtungen nachzukommen (7.7). Unter „kurzfristig" wird eine Restlaufzeit (- also ab dem Erwerbszeitpunkt, Gesamtlaufzeit bleibt unberücksichtigt -) von drei Monaten verstanden (7.7). Das Wertänderungsrisiko kann sowohl ein Zinsänderungsrisiko als auch ein Kreditrisiko sein.

> Unterschied zu FAS 95: Die IAS-Formulierung lautet „ ... and which are subject to an insignificant risk of changes in value", während FAS 95, 8 (b) von „ ... insignificant risk of changes in value because of changes in interest rates" spricht, das Kreditrisiko also nicht erwähnt. Beiden Standards gemeinsam ist die Überlegung, daß in die *cash equivalents* nur solche Posten aufgenommen werden sollen, die Bewertungsüberlegungen grundsätzlich überflüssig machen; wo sich solche Bewertungseinflüsse dennoch auf die Fondsdarstellung auswirken, sind sie innerhalb der Kapitalflußrechnung offenzulegen.[206]

Eine starre Vorgabe der Abgrenzung des Finanzmittelfonds ohne Berücksichtigung unternehmensindividueller Praktiken wird von beiden *standard setters* abgelehnt (FAS 95.10 u. 95.56; IAS 7.7 u. 7.45). Diese Freizügigkeit ist

---

204 Widersprüchlich dazu F.7 und F.18. Nach F.3 gehen die IAS dem *Framework* vor.

205 Vgl. Egger/Samer: Der Jahresabschluß nach dem RLG, 584.

206 Vgl. Wysocki: Kapitalflußrechnung, 1998; S. 305.

andererseits wieder eingeschränkt durch den Stetigkeitsgrundsatz und das Erfordernis, die Zusammensetzung des Fonds anzugeben.

Auch bei der Bestimmung, der Zahlungsmittelfonds habe grundsätzlich ein Brutto-Größe zu sein, gibt es Rücksichtnahme auf unternehmensindividuelle Praktiken. Denn bestehen jederzeit rückzahlbare Kredite, insbesondere Bankkontokorrentkredite (*bank overdrafts*), und gehören diese zum laufenden Finanzmanagement (*cash management*) des Unternehmens, so können sie mit den aktiven Fondspositionen verrechnet werden (7.8).

> Unterschied zu FAS 95: IAS 7 macht eine Unterscheidung zwischen *bank borrowings* und *bank overdrafts*, wobei letztere mit einem negativen Vorzeichen in den Zahlungsmittelfonds aufgenommen werden können. FAS 95 spricht Bankkontokorrentverhältnisse nicht an, sie gehören dementsprechend in den Finanzierungsbereich.[207]

Der Fondsveränderungsnachweis enthält neben der Summe aller Zuflüsse/Abflüsse der Periode die wechselkursbedingten Wertänderungen der Fondspositionen selbst (7.28). Dies ist ein lediglich pauschaler Hinweis auf die Korrektur, der die Differenz zwischen den in der Kapitalflußrechnung umgerechneten und ausgewiesenen Mittelzuflüssen/-abflüssen und den mit dem Schlußkurs umgerechneten Zuflüssen/Abflüssen umfassen soll. Ein Beispiel für das Ermittlungsverfahren findet sich (im Gegensatz zu FAS 95 Appendix C Tz. 146) nicht.[208]

Bewegungen zwischen Zahlungsmitteln bzw. Zahlungsmitteläquivalenten sind Teil des Finanzmanagements und werden als fondsinterne Bewegungen in keinem der drei Aktivitätsbereiche ausgewiesen (7.9). Ebenso sind Umgliederungen z.B. zwischen Zahlungsmitteln und Zahlungsmitteläquivalenten nicht als Zahlungsmittelzuflüsse/-abflüsse zu betrachten (7.9). Eine Darstellung der Veränderungen der einzelnen Komponenten vom Anfangsbestand zum Endbestand ist nicht verlangt. Anzugeben ist in den Erläuterungen hingegen die Zusammensetzung des Finanzmittelfonds sowie eine Überleitung zu den in der Bilanz ausgewiesenen Posten (7.45).[209] Die Unternehmenspolitik hinsichtlich

---

207 Vgl. FASB: Comparison Project, 1996; S. 147.

208 Vgl. IAS-Kommentar, 1997; darin: Wysocki: IAS 7, S. 285f, Rn 94f.

209 Ein Beispiel zu einer solchen Überleitungsrechnung findet sich in IAS 7 Appendix 1 Note C.

Zuordnung und Inhalt von Zahlungsmitteln und Zahlungsmitteläquivalenten sowie eine Änderung darin sind offenzulegen (7.46-47).

5.8.5. Gliederung und Ausweis

Das Cash-Flow Statement ist nach dem Aktivitätsformat aufzustellen (7.10). Bei der Unterteilung nach laufender Geschäftstätigkeit, Investitionstätigkeit und Finanzierungstätigkeit sind unternehmensspezifische Besonderheiten zu berücksichtigen (7.11). Eine einzelne Transaktion mag auf mehrere Bereiche aufzuteilen zu sein (7.12).

Als Investitionstätigkeiten (*investing activities*) gelten der Erwerb und die Veräußerung langfristiger Aktivposten und anderer, nicht zu den Zahlungsmitteln gehöriger Bestände. Finanzierungstätigkeiten (*financing activities*) sind sämtliche Vorgänge, die sich auf den Umfang und die Zusammensetzung der Eigen- und Fremdkapitalposten (*equity capital andborrowings*) beziehen. In den Bereich der laufenden Geschäftstätigkeit (operating activities) gehören schließlich die vornehmlich umsatzorientierten Tätigkeiten einschließlich aller Tätigkeiten, die weder den Investitions- noch den Finanzierungstätigkeiten zuordenbar sind (7.6). Mit dieser negativen Abgrenzung bleibt die Zuordnung in Zweifelsfällen dem Unternehmen überlassen, wodurch die zwischenbetriebliche Vergleichbarkeit eingeschränkt ist. Die zeitliche Vergleichbarkeit ist durch die Beachtung des Stetigkeitsgrundsatzes zu gewährleisten (F.39ff, 1.3).

Der Ausweis der Zahlungsvorgänge im Bereich der Investitionstätigkeiten erlaubt Rückschlüsse über den Mitteleinsatz für künftige Erfolge und für künftige Einnahmeüberschüsse. Folgende Beispiele umschreiben diesen Bereich (7.16):

- Auszahlungen für die Beschaffung / Einzahlungen aus dem Verkauf von Grund und Boden, Maschinen, Betriebs- und Geschäftsausstattung, immaterielle und andere langfristige Vermögensgegenstände; hierzu sollen auch Zahlungen für aktivierte Entwicklungskosten und für selbst erstellte Sachanlagegegenstände gerechnet werden.

- Auszahlungen für den Erwerb / Einzahlungen aus der Veräußerung von Anteilen an anderen Unternehmen von Schuldtiteln anderer Unternehmen und Beteiligungen an Gemeinschaftsunternehmen, sofern diese Titel nicht zur Weiterveräußerung bestimmt sind oder als Zahlungsmitteläquivalente zum Finanzmittelfonds gehören.
- Auszahlungen für / Einzahlungen aus der Tilgung von an Dritten gewährte Kredite und Darlehen (mit Ausnahme der von Finanzinstituten gewährten Kredite und Darlehen).
- Auszahlungen für / Einzahlungen aus Termin- und Finanzkontrakten (*futures, forwards, options, swaps*), es sei denn, daß diese Kontrakte für Handels- oder Verkaufszwecke gehalten werden, oder daß die entsprechenden Zahlungen der Finanzierungstätigkeit zugerechnet werden.

Der Ausweis der Zahlungsvorgänge im Finanzierungsbereich erlaubt eine Abschätzung zukünftiger Ansprüche der Kapitalgeber gegenüber den Unternehmen. Auch dieser Bereich wird anhand von Beispielen umschreiben (7.17):

- Einzahlungen aus der Ausgabe von Anteilen oder anderen Eigenkapitalinstrumenten (*equity instruments*).[210]
- Auszahlungen an Eigentümer zum Erwerb oder Rückerwerb von (eigenen) Anteilen an der Gesellschaft.
- Einzahlungen aus der Ausgabe von Schuldverschreibungen, Schuldscheinen und Rentenpapieren sowie aus der Aufnahme von Darlehen und Hypotheken (*debentures, loans, notes, bonds, mortgages*) oder aus der Aufnahme anderer kurz- oder langfristiger Verbindlichkeiten.
- Auszahlungen für die Rückzahlung von Verbindlichkeiten.
- Einzahlungen von Leasingnehmern zur Auflösung von Verpflichtungen aus Finanzierungs-Leasingverträgen.

Da die Kapitalflußrechnung einen Einblick in die gesamten Investitionen, deren Finanzierung sowie die Auswirkungen auf die Vermögens- und Kapitalstruktur vermitteln soll, sind außerhalb der Kapitalflußrechnung, aber im Rahmen des Jahresabschlusses (*elsewhere in the financial statements*) die wesentlichen zahlungsunwirksamen Investitions- und Finanzierungsvorgänge darzustellen (7.43). Beispiele hierfür sind der Erwerb von Vermögensgegenständen mit unmittelbarer Kreditaufnahme beim Lieferanten bzw. durch Leasing, der Erwerb

210 Eine Definition von *equity instruments* findet sich in IAS 32.5.

eines Unternehmens gegen Ausgabe von Anteilen oder die Umwandlung von Verbindlichkeiten in Eigenkapital (7.44); ebenso auch die Kapitalerhöhung aus Gesellschaftsmitteln oder eine Kapitalherabsetzung.

Bei den aus der laufenden Geschäftstätigkeit erwirtschafteten Zahlungsmittelüberschüssen interessiert, ob sie ausreichen, Verbindlichkeiten zu tilgen, die Leistungsfähigkeit des Unternehmens zu erhalten, Dividenden zu zahlen und Nettoinvestitionen durchzuführen, ohne dabei auf Quellen der Außenfinanzierung angewiesen zu sein (= Darstellung der Innenfinanzierung, 7.13). Mittelzuflüsse aus der laufenden Geschäftstätigkeit stammen in erster Linie aus der umsatzbezogenen Unternehmenstätigkeit und beruhen daher i.d.R. auf den erfolgswirksamen Vorgängen der GuV (7.14). Folgende Beispiele werden für die Abgrenzung der Zahlungsmittelbewegungen aus der laufenden Geschäftstätigkeit angeführt (7.14):

- Einzahlungen aus dem Verkauf von Waren und der Erbringung von Dienstleistungen.
- Einzahlungen aus Lizenzen, Provisionen, Kommissionen und anderen Erlösen.
- Auszahlungen an Lieferanten von Gütern und Dienstleistungen.
- Auszahlungen an oder für Beschäftigte.
- Einzahlungen und Auszahlungen von Versicherungsunternehmen für Prämien, Schadensregulierungen, Renten und andere Versicherungsleistungen.
- Auszahlungen/Einzahlungen für Ertragsteuern/Steuererstattungen, es sei denn, die Zahlungen können speziell der Investitions- oder Finanzierungstätigkeit zugeordnet werden.
- Einzahlungen/Auszahlungen für Handelskontrakte (*contracts held for dealing or trading purposes*).

Ergänzend wird festgehalten, daß Gewinne und Verluste aus dem Abgang von Gegenständen des Anlagevermögens - obwohl in der Erfolgsrechnung enthalten - nicht im Bereich der laufenden Geschäftstätigkeit, sondern bei der Investitionstätigkeit erfaßt werden sollen (7.14).

<u>Unterschied zu FAS 95</u>: Während Zinseinzahlungen und -auszahlungen sowie erhaltene Dividenden und Ertragsteuerzahlungen

nach FAS 95 grundsätzlich der laufenden Geschäftstätigkeit zuzuordnen sind, haben nach IAS 7.33 grundsätzlich zweierlei Argumentationen Berechtigung. So können Zinszahlungen und empfangene Dividenden der laufenden Geschäftstätigkeit zugeordnet werden, weil sie in der Erfolgsrechnung als Aufwendungen bzw. Erträge behandelt werden. Sie können andererseits aber auch dem Investitions- oder Finanzierungsbereich zug[illegible] werden, weil [illegible] Finanzierungsaufwendungen [illegible]rträge [illegible]stitionen (*retu*[illegible] *on investment*) [illegible]

Ebenso könne[illegible]lte Di[illegible]erse[illegible]Kapitalkost[illegible] dem Finanzie[illegible]reich[illegible] als [illegible] über di[illegible] Fähigkeit zu D[illegible]denza[illegible] au[illegible]m lau[illegible]ngsmittelüberschuß dem [illegible]ich d[illegible]schäftstätigkeit zugeordnet [illegible]den (7.34). Nach FAS 95 sind bezahlte Dividenden Kapitalkosten [illegible] gehören in den Finanzierungsbereich.

Ertragsteuerzahlungen/-erstattungen sind grundsätzlich dem Bereich der laufenden Geschäftstätigkeit zuzuordnen, es sei denn, eine Zurechnung zu spezifischen Investitions- oder Finanzierungsvorgängen ist möglich (7.35).[211] Im US-Standard kommt für Ertragsteuerzahlungen nur der Bereich der laufenden Geschäftstätigkeit in Frage (95.91). Aufteilungen auf die anderen beiden Bereiche werden als zu komplex und willkürlich und damit zu kostspielig abgelehnt (95.92).

Da nach IAS der separate Ausweis von Zahlungszuflüssen und -abflüssen resultierend aus Zinsen als auch Dividenden zu erfolgen hat und auch die Ertragsteuerzahlungen gesondert ausgewiesen werden müssen, leidet die Vergleichbarkeit zum US-Standard darunter nicht.[212]

Bei der Behandlung von Aktivitäten, die mehr als einen Bereich betreffen, mag die Vergleichbarkeit hingegen sehr wohl leiden. IAS 7 erlaubt eine Aufteilung (7.12), während nach FAS 95 der für den betreffenden Cash-Flow dominante Bereich maßgeblich ist.

---

211 Die Aufteilung wird wohl aufgrund ihrer Impraktikabilität zumeist unterbleiben (7.36).

212 Vgl. FASB: Comparison Project, 1996; S. 148f u. 152.

Die Mittelzuflüsse/-abflüsse sind grundsätzlich unsaldiert darzustellen; Ausnahmefälle, wo eine Verrechnung von Einzahlung mit Auszahlungen zulässig ist, finden sich in 7.22.

Die Ermittlung des Mittelzuflusses/-abflusses aus laufender Geschäftstätigkeit ist sowohl nach direkter als auch nach indirekter Methode möglich, wobei der ersteren der Vorzug gegeben wird (7.18-20). Ausgangspunkt für die indirekte Darstellungsweise ist das Jahresergebnis vor Ertragsteuern und außerordentlichen Vorgängen.

> Unterschied zu FAS 95: Bei den erforderlichen bzw. empfohlenen Angaben zur Kapitalflußrechnung geht IAS 7 nicht unwesentlich über FAS 95 hinaus. Als Angaben, die keine Parallele finden in FAS 95, sind zu nennen:[213]
>
> - Zahlungen im Zusammenhang mit außerordentlichen Vorgängen in einem der drei Teilbereiche (7.29f).[214]
> - Angabe der nicht ausgenutzten Kreditlinien sowie der ggf. restriktiven Bedingungen, unter denen die Kreditlinien in Anspruch genommen werden können (7.50a).
> - Angabe des Gesamtbetrags der Mittelzu/-abflüsse aus laufender Geschäftstätigkeit, Investitions- und Finanzierungstätigkeit, die sich auf lediglich quotal konsolidierte Gemeinschaftsunternehmen (*joint ventures*) beziehen (7.50b).
> - Angabe des Gesamtbetrags der Mittelzuflüsse/-abflüsse, die die Erweiterung des Geschäftsbetriebs betreffen, getrennt von denjenigen Mittelzuflüssen/-abflüssen, die nur zur Kapazitätserhaltung erforderlich sind (7.50c , 7.52).
> - Aufgliederung der Mittelzuflüsse/-abflüsse der drei Teilbereiche nach Geschäftszweigen und nach geographischen Gesichtspunkten (segmentierte Kapitalflußrechnung, 7.50d).[215]

---

213 Vgl. FASB: Comparison Project, 1996; S. 153f.

214 Diese Angabe soll Rückschlüsse auf die Nachhaltigkeit solcher Zahlungsströme ermöglichen. Die Angaben haben gesondert und entsprechend IAS 8, *Net Profit and Loss, Extraordinary Items, Fundamental Errors and Changes in Accounting Policies*, zu erfolgen. Vgl. IAS-Kommentar, 1997; darin: Wysocki: IAS 7, S. 289, Rn 105.

215 Vgl. als Muster für eine segmentierte Kapitalflußrechnung IAS 7 Appendix 1 Note D.

Während IAS 7 zum Ausweis von *cash flow per share* schweigt, verbietet FAS 95 explizit eine solche Darstellung (95.122ff).

Zusammenfassend soll zu obigen Ausführungen festgehalten werden, daß sich IAS 7 nur geringfügig von FAS 95 unterscheidet. Unterschiedlich sind der Anwendungsbereich, einzelne Offenlegungsbestimmungen, Zuweisungen zu Geschäfts-, Investitions- und Finanzierungstätigkeit (am merklichsten bei der Klassifizierung von Zinsen und Gewinnausschüttungen), und manche Definitionen. Immerhin vermag es in manchen Situationen für einen noch so geschulten externen Leser unmöglich sein, ein nach IAS 7 erstelltes Cash-Flow Statement in eines nach FAS 95 überzuleiten.[216]

5.9. Situationsbericht EU

Die detaillierten Anforderungen in FAS 95 und IAS 7, dargestellt in den beiden vorigen Kapiteln, sind Ausdruck dafür, wie sich die Auffassung durchgesetzt hat, daß ein ausreichendes Bild der Finanzlage des Unternehmens nur durch eine umfassende Kapitalflußrechnung in Form des Cash-Flow Statements gezeigt werden kann. Für die europäische Situation hingegen kommt eine Erhebung noch für Anfang 1994 zum Ergebnis, daß Österreich, Belgien, Dänemark, Frankreich, Deutschland, Griechenland, Irland, Luxemburg, die Niederlanden, Spanien, Schweden, die Schweiz und Großbritannien keine gesetzlichen Regelungen bzgl. Cash-Flow Statements haben und in den meisten Ländern davon auch keine Empfehlung von Börsen, Aufsichtsbehörden oder Standard-Settern ausgesprochen wurde.[217] In der kontinentaleuropäischen Rechnungslegung, insbesondere in Österreich und Deutschland, hat der Themenkreis „Kapitalflußrechnung“ mit dem NYSE-Listing von Daimler-Benz und der Anerkennung von IAS 7 durch die IOSCO erneute Aktualität erlangt.

So hat auch das *Accounting Advisory Forum* im Mai 1996 einen Entwurf zu *Cash Flow Statements* veröffentlicht.[218] Der Entwurf hat allerdings bisher keine besonderen Reaktionen in Theorie und Praxis ausgelöst. Trotzdem soll er hier

216 Vgl. FASB: Comparison Project, 1996; S. 145.
217 Vgl. AAF: Cash Flow Statements, 1996, S. 47 u. 49.
218 Vgl. im folgenden AAF: Cash Flow Statements, 1994.

kurz dargestellt werden. Der Ausschuß bekräftigt darin die Wichtigkeit von Kapitalflußrechnungen als Ergänzung von Bilanz und Gewinn- und Verlustrechnung sowie nicht nur als Analyseinstrument für die Vergangenheit, sondern auch zur Vorhersage künftiger Entwicklungen, z.B. der Fähigkeit des Unternehmens, angemessene Liquiditätsüberschüsse zu erwirtschaften, Fremdkapital zu bedienen, Dividenden zu zahlen und Warnsignale über finanzielle Schwierigkeiten zu geben.

Für das AAF fallen die *Cash Flow Statements* in zwei grundsätzliche Kategorien: jene auf Basis von *cash and cash equivalents* und jene auf Basis des *net working capital.* Das AAF maßt sich aber kein Werturteil an, wie Autoren vieler anderer Publikationen, sondern sieht damit die Befriedigung unterschiedlicher Informationsinteressen verbunden: Bei der Wahl des engeren Fonds soll es demnach darum gehen, wie Geld und geldnahe Mittel tatsächlich erwirtschaftet und eingesetzt wurden. Bei Verwendung des Fonds *net working capital* dagegen interessiert die ganze Wirkung der Finanzwirtschaft des Unternehmens.[219]

Der Kern der Arbeit bildet einen Vergleich zu IAS 7, wobei nur die Fragen angesprochen werden, bei denen das AAF nicht von vornherein uneingeschränkt zustimmen kann. Bereits in der vergleichenden Studie von EU-Richtlinien und IAS wurde für die Kapitalflußrechnungen kein Konformitätsproblem gesehen.

- IAS 7 behandelt eine Reihe von technischen Fragen nicht (z.B. Währungsumrechnung, Behandlung von Tochtergesellschaften bei der Konsolidierung), dessen Behandlung das AAF in Zukunft vorschlägt.

- Während IAS 7 ein Cash-Flow Statement für alle Unternehmen vorsieht, tritt das AAF für größenabhängige Erleichterungen ein. In diesem Zusammenhang wird darauf verwiesen, daß Unternehmen für die Börsezulassung nach EU-Richtlinie 80/390 ein *funds statement* aufzustellen haben, was in einigen Mitgliedstaaten bereits als Verpflichtung zur jährlichen Veröffentlichung interpretiert wird.

---

219 Vgl. AAF: Cash Flow Statements, 1996, S. 3f; das AAF legt in diesem Paper übrigens einen Vorschlag zu einem „Statement of source and application of funds" vor, in dem beide Varianten, nämlich Fonds *cash and cash equivalents* sowie *net working capital*, kombiniert werden (vgl. AAF: Cash Flow Statements, 1996, Annex 2, Part C; S. 41f) .

- Mit der Definition von *cash and cash equivalents* stimmt das AAF grundsätzlich überein, schlägt aber vor, daß auch geldnahe Anlagen mit einer Restlaufzeit von über 3 Monaten als Fondsbestandteil akzeptiert werden können, sofern das Cash Management eines Unternehmens diesbzgl. unterschiedlich ist und kontinuierlich angewandt wird.

- Bankkontokorrentkredite sollten auf ihre Fristigkeit untersucht werden und IAS 7.8 sollte demnach interpretiert werden, dieselbigen entweder von Geld und geldnahen Beständen abzuziehen oder - bei einer Restlaufzeit von mehr als 3 Monaten - als Finanzierungsaktivität aufzunehmen.[220]

- Sowohl indirekte als auch direkte Methode sollten bei der Ermittlung des Cash-Flow aus der Geschäftstätigkeit zulässig sein, wobei bei ersterer eine Überleitung vom Gewinn zum Cash-Flow ergänzt werden sollte.

5.10. Situationsbericht Deutschland

5.10.1. Entwicklung

Der Jahresabschluß von Kapitalgesellschaften und der Konzernabschluß haben nach §§264 (2) und 297 (2) dHGB nicht nur ein Bild der Vermögens- und Ertragslage, sondern auch ein Bild von der Finanzlage zu vermitteln. Der Begriff der Finanzlage umfaßt neben der Fähigkeit, jederzeit fälligen Zahlungsverpflichtungen nachkommen zu können (statischer Aspekt, Liquidität), auch die Fähigkeit des Erwirtschaftens von Zahlungsüberschüssen (dynamischer Aspekt).[221] Dieser dynamische Aspekt könnte mit dem Ausweis von finanzwirtschaftlichen Stromgrößen in der Kapitalflußrechnung erfüllt werden.

Der deutsche Gesetzgeber hat jedoch von dem ihm mit der 4. EG-Richtlinie gegebenen Wahlrecht zur Festschreibung einer Aufstellungspflicht für Kapitalflußrechnungen keinen Gebrauch gemacht. Eine Verpflichtung kann (parallel zur nachfolgend dargestellten Situation in Österreich) weder aus der Generalnorm

220 Vgl. AAF: Cash Flow Statements, 1996, S. 8.
221 Vgl. Amen: Kapitalflußrechnung Wpg 15/95; S. 499.

des § 264 (2) dHGB noch aus den Grundsätzen ordnungsmäßiger Buchführung abgeleitet werden.[222]

Lediglich §21 Abs. 1 Nr. 2 der Börsenzulassungs-Verordnung (BörsZulV) schreibt die „Aufstellung über die Herkunft und Verwendung der Mittel für die letzten drei Geschäftsjahre" verpflichtend vor, und zwar für den Prospekt zur Zulassung zur amtlichen Notierung an einer Wertpapierbörse (§36 Abs. 3 Nr. 2 des Börsengesetzes (BörsG)). Dies kann in Form einer „Bewegungsbilanz" oder einer „Finanzflußrechnung" geschehen, wobei „die wesentlichen Positionen der einzelnen Veränderungen einzeln und unsaldiert auszuweisen sind" (§ 23 BörsZulV). Weitergehende Vorschriften zu Form und Inhalt existieren aber auch dort nicht.

Es begannen zwar eine Reihe von Unternehmen freiwillig Finanzierungsrechnungen zu veröffentlichen, doch waren diese hinsichtlich Inhalt und Aufbau sehr unterschiedlich.[223]

Zur Gestaltung der freiwilligen Kapitalflußrechnungen hatte das Institut der Wirtschaftsprüfer in Deutschland e.V. (IDW) im Jahre 1978 als Empfehlung die Stellungnahme HFA 1/1978 „Die Kapitalflußrechnung als Ergänzung des Jahresabschlusses" veröffentlicht. 1990 erschien eine Neufassung, welche noch drei verschiedene Fondsabgrenzungen zuließ (netto verfügbare flüssige Mittel, Netto-Geldvermögen, Netto-Umlaufvermögen).[224]

Zwischenzeitlich nahm Daimler-Benz im Jahr 1992 mit der Veröffentlichung einer cash-orientierten Konzern-Kapitalfußrechnung in Anlehnung an FAS 95 und im Hinblick auf das NYSE-Listing ein Jahr später eine Vorreiterrolle ein.[225] Die Anpassung an die internationalen Standards geschah in weiterer Folge mit der gemeinsam vom Hauptfachausschuß (HFA) des Instituts der Wirtschaftsprüfer in Deutschland e.V. und vom Arbeitskreis „Finanzierungsrechnung" der Schmalenbach-Gesellschaft/Deutsche Gesellschaft für Betriebswirtschaft e.V. (SG) erarbeiteten Stellungnahme „Die Kapitalflußrechnung als Ergänzung des

---

222 Vgl. Ingendahl: Kapitalflußrechnung, 1990;, S. 89-100.

223 Vgl. zur Verbreitung in Deutschland Haller/Jakoby.

224 Vgl. Wysocki/Mansch/Stolberg: Anmerkungen zur Stellungahme HFA 1/1995; Wpg 6/95; S. 188.

225 Vgl. Stahn: Kapitalflußrechnung, DB 9/98; S. 433.

Jahres- und Konzernabschlusses“ (SG/HFA 1/1995). Die Stellungnahme ersetzt die alte Stellungnahme HFA 1/1978 i.d.F. von 1990 und stimmt materiell im wesentlichen mit IAS 7 überein.

Bei Fertigstellung dieser Arbeit wurde in Deutschland das Gesetz zur Kontrolle und Transparenz im Unternehmensbereich (KonTraG) beschlossen, welches in Zukunft börsenotierte Unternehmen zum Ausweis einer Kapitalflußrechnung verpflichtet (297 Abs. 1 dHGB).[226]

5.10.2. Verpflichtung

Da Kapitalflußrechnungen nach gegenwärtigem deutschen Handelsrecht ohnehin nur freiwillig aufgestellt werden können, enthält das Fachgutachten auch keine explizite Aussage zum Anwenderkreis. Implizit ist es in erster Linie wohl eine Empfehlung für börsenotierte Unternehmen.[227]

5.10.3. Zweck

Die Stellungnahme hat die Aufgabe, nicht nur zu einer einheitlicheren Ausgestaltung freiwillig erstellter Kapitalflußrechnungen in Deutschland beizutragen, sondern sie soll zugleich die Bedingungen und Voraussetzungen aufzeigen, unter denen eine Kapitalflußrechnung mit den nach internationalen Rechnungslegungsgrundsätzen aufgestellten Kapitalflußrechnungen vergleichbar (gleichwertig) ist. Als Maßstab dient dabei IAS 7. Um Anwendern eine völlige Übereinstimmung mit IAS 7 zu ermöglichen, finden sich in einer Anlage eine Reihe von Angaben, um die nach HFA 1/1995 aufgestellte Kapitalflußrechnung zu ergänzen sind. Ferner kann die Stellungnahme vom Abschlußprüfer zur Beurteilung veröffentlichter Kapitalflußrechnungen und zur Darstellung der Finanzlage im Prüfungsbericht herangezogen werden.[228]

Mit der Angabe der Erfordernisse zur Übereinstimmung mit IAS 7 kann als nicht explizit erwähnte Zielsetzung von HFA 1/1995 wohl die Transformation

226 Vgl. KPMG-Mitteilungen, 4/98, Beilage.
227 Vgl. Wysocki: Kapitalflußrechnung, 1998; S. 302.
228 Vgl. HFA 1/1995, Vorbemerkungen.

von IAS 7 in eine nationale Stellungnahme gesehen werden.[229] Dies entspricht auch einem Erfüllen der Verpflichtung des IDW gegenüber dem IASC: Die Mitglieder sind angehalten, auf eine nationale Umsetzung der IAS hinzuwirken.[230]

Damit zusammenhängend sei auch erwähnt, daß sich der Begriff Finanzlage und als Zweck der Kapitalflußrechnung, die Darstellung derselbigen, in der Stellungnahme gar nicht findet, sondern es wird gleich von den Aufgaben der internationalen Praxis ausgegangen.[231] Amen weist auch auf den Unterschied im Rechnungszweck hin: Die anglo-amerikanischen Standards hätten mit der Beschränkung auf die Erklärung der Fondsveränderung eine engere Funktion als die deutsche Stellungnahme mit der vollständigen Abbildung aller relevanten Stromgrößen zur Vermittlung eines den tatsächlichen Verhältnissen entsprechenden Bildes der Finanzlage.

5.10.4. Fonds

Das Fachgutachten HFA 1/95 des IDW läßt als Fonds ausschließlich den Bestand an liquiden Mitteln ersten Grades zu. Dieser wird unter Bezugnahme auf das Bilanzgliederungsschema, insbesondere § 266 Abs. 2 B IV dHGB, konkretisiert. Demnach gehören zum Finanzmittelfonds zunächst die „liquiden Mittel“ (Abschn. 2), das sind Kassenbestand, Schecks, Bundesbank- und Postbankguthaben, Guthaben bei Kreditinstituten.

Letztlich ausschlaggebend für die Einbeziehung einer Position in den Finanzmittelfonds ist aber, daß sie nicht als Finanzinvestition, sondern zur Deckung kurzfristiger Zahlungsverpflichtungen gehalten wird. Die Bestände dürfen nur unwesentlichen Einlösungsrisiken unterliegen und müssen kurzfristig veräußerbar sein oder eine Restlaufzeit von nicht mehr als etwa 3 Monaten aufweisen (Abschn. 2). Die Restlaufzeit bezieht sich dabei nicht auf den Abschlußstichtag,

---

229 Vgl. Amen: Kapitalflußrechnung, Wpg 15/95; S. 499.

230 Vgl. IAS Preface.4.

231 Lediglich in Anmerkungen aus dem Verfasserkreis wird auch auf das Finanzlagenpostulat des Gesetzgebers hingewiesen. Vgl. Amen: Kapitalflußrechnung, Wpg 15/95; S. 499.

sondern auf den Entstehungstag.[232] Die Bezugnahme auf § 266 Abs. 2 B IV dHGB schließt nicht aus, daß unter Beachtung des Stetigkeitsgrundsatzes weitere Posten (z.B. Wertpapiere mit Ausnahme der Beteiligungen / *equity investments*) in den Finanzmittelfonds aufgenommen werden, wenn diese kurzfristig veräußerbar sind und als Liquiditätsreserve gehalten werden (Abschn. 2). Jederzeit fällige Bankverbindlichkeiten, die in die Disposition der liquiden Mitteln einbezogen sind, können in Abweichung zum Brutto-Prinzip mit negativem Vorzeichen als Bestandteil des Finanzmittelfonds berücksichtigt werden (Abschn. 2).

In der Mindestgliederung für die Kapitalflußrechnung ist im Rahmen der Fondsveränderungsrechnung eine separate Zeile mit „wechselkursbedingten und sonstigen Wertänderungen des Finanzmittelbestands" auszuweisen (Abschn. 2). Im Gegensatz zu FAS 95 und IAS 7 werden hier also nicht nur die Wertänderungen bei Fremdwährungsposten, sondern auch die sonstigen Änderungen des Finanzmittelbestandes - z.B. aus Wertpapieren im Fonds - einbezogen.[233]

5.10.5. Gliederung und Ausweis

Die Zahlungsströme, sind wie bereits in der Stellungnahme HFA 1/1978, getrennt nach den international üblichen Teilbereichen laufende Geschäftstätigkeit, Investitionstätigkeit und Finanzierungstätigkeit und in Staffelform darzustellen (Abschn. 3). Die in den anglo-amerikanischen Standards übliche Bezeichnung *cash flow* wird durch „Mittelzufluß/Mittelabfluß" ersetzt, um Verwechslungen mit anderen in Deutschland üblichen Cash-Flow Begriffen zu vermeiden.

Zinszahlungen, empfangene Dividenden oder sonstige Beteiligungserträge sowie Steuerzahlungen sind (wie in FAS 95) vorrangig dem Teilbereich der laufenden Geschäftstätigkeit zuzuordnen (Abschn. 3.1). Auszahlungen an Gesellschafter (Dividenden, Kapitalrückzahlungen, andere Ausschüttungen) sollen vorrangig dem Finanzierungsbereich zugeordnet werden. Sachlich begründete Ausnahmen

---

232 Vgl. Wysocki/Mansch/Stolberg: Anmerkungen zur Stellungahme HFA 1/1995; Wpg 6/95; S. 188.

233 Vgl. Wysocki: Kapitalflußrechnung, 1998; S. 308.

für alle diese Zahlungen sind zulässig - womit der Spielraum von IAS 7 übernommen wird.[234]

Der Mittelzufluß/-abfluß aus laufender Geschäftstätigkeit ist nicht identisch mit den Cash-Flow Ziffern nach der Verlautbarung der DVFA/SG. In letztere fließen nämlich weder die Veränderungen der kurzfristigen Rückstellungen noch die Veränderungen der nicht in der Gewinn- und Verlustrechnung enthaltenen Vorgänge aus laufender Geschäftstätigkeit ein (Abschn. 3.2).

Das (Mindest-)Gliederungsschema für den Investitionsbereich soll die in FAS 95.16, 95.17 sowie IAS 7.16 angeführten Beispielskataloge abdecken (Abschn. 3.1 u 3.2):

Einzahlungen aus Abgängen (z.B. Verkaufserlöse, Tilgungsbeträge) von Gegenständen des Anlagevermögens (Restbuchwerte der Abgänge erhöht um Gewinne und vermindert um Verluste aus dem Anlagenabgang)

- Auszahlungen für Investitionen in das Anlagevermögen

Beim Anlagevermögen handelt es sich um immaterielle Vermögensgegenstände, Sachanlagen und Finanzanlagen. Es sind nicht die Bestandsveränderungen lt. Bilanz maßgeblich, sondern nur die fondswirksamen Einzahlungen.[235]

Da Gewinne und Verluste aus dem Abgang von Gegenständen des Anlagevermögens nicht bei den Zahlungen aus dem laufenden Geschäftsverkehr auszuweisen sind, ist beim Ausweis im Investitionsbereich wie folgt vorzugehen: Die Restbuchwerte der Anlagenabgänge sind um die Gewinne aus dem Abgang zu erhöhen, bzw. um die Verluste aus dem Abgang zu vermindern. Dabei ist jedoch zu beachten, daß die Ermittlung der Einzahlungen anhand der Restbuchwerte und Buchgewinne/-verluste an sich nur eine Hilfsrechnung darstellt. Bei ihrer Anwendung muß daher darauf geachtet werden, ob die Beträge unter Beachtung der Wesentlichkeit tatsächlich zahlungswirksam geworden sind.[236]

---

234 Vgl. IAS-Kommentar, 1997; darin: Wysocki: IAS 7, S. 271, Rn. 43.

235 Vgl. Wysocki: Kapitalflußrechnung, 1998; S. 313.

236 Vgl. IAS-Kommentar, 1997; darin: Wysocki: IAS 7, S. 267, Rn.30f.

Es wird in HFA 1/1995 ausdrücklich darauf hingewiesen, daß die Auszahlungen im Investitionsbereich nicht identisch sein müssen mit den im Anlagespiegel unter „Zugänge" enthaltenen Beträge (Abschn. 3.1). Eine Überleitung von den Veränderungen der einzelnen Bilanzposten zu den Zahlungsvorgängen im Investitionsbereich sei aber stets dadurch möglich, daß von den Gesamtzunahmen lt. Bilanzen die auszahlungsunwirksamen (fondsunwirksamen) oder von den Gesamtabnahmen der betreffenden Bilanzposten die einzahlungsunwirksamen (fondsunwirksamen) Vorgänge in Abzug gebracht werden und eine Bereinigung hinsichtlich derjenigen Vorgänge vorgenommen wird, die bereits im Teilbereich der laufenden Geschäftstätigkeit erfaßt worden oder Bestandteile des Finanzmittelfonds sind.[237]

Die Mittelzuflüsse/-abflüsse aus der Finanzierungstätigkeit sollen mindestens wie folgt gegliedert werden (Abschn. 3.1 u. 3.2.):

  Einzahlungen aus Kapitalerhöhungen und Zuschüssen der Gesellschafter
- Auszahlungen an Gesellschafter (Dividenden, Kapitalrückzahlungen, andere Ausschüttungen),
+ Einzahlungen aus der Begebung von Anleihen und aus der Aufnahme von (Finanz-)Krediten,
- Auszahlungen für die Tilgung von Anleihen und (Finanz-)Krediten.

Zahlungen im Zusammenhang mit Sicherungsgeschäften (Hedging) sollten in dem Teilbereich der Kapitalflußrechnung ausgewiesen werden, zu dem die Zahlungen aus dem abgesicherten Grundgeschäft gehören (Abschn. 3).

Einzahlungen und Auszahlungen sind grundsätzlich unsaldiert auszuweisen. Lediglich bei Posten mit großen Beträgen und kurzer Laufzeit kann aus Praktikabilitätsgründen vom Prinzip des Bruttoausweises abgewichen werden (Abschn. 3.1).

Im Gegensatz zu IAS 7 enthält HFA 1/1995 Mindestgliederungsschemata (Abschn. 3.1 u. 3.2), die integrierter Bestandteil der Stellungnahme und mit den im Anhang von IAS 7 angeführten Gliederungsbeispielen kompatibel sind.[238]

---

237 Vgl. IAS-Kommentar, 1997; darin: Wysocki: IAS 7, S. 267, Rn.31.

238 Vgl. IAS-Kommentar, 1997; darin: Wysocki: IAS 7, S. 272, Rn. 48f.

Für den Bereich der laufenden Geschäftstätigkeit ist alternativ die direkte oder die indirekte Darstellungsweise möglich, ohne jedoch einer (wie in den anglo-amerikanischen Standards) den Vorzug zu geben (Abschn. 3.1 u. 3.2). Die mit der indirekten Darstellungsweise verbundenen Informationsdefizite werden verschiedentlich beklagt und das Argument der schwierigen Durchführbarkeit der direkten Methode als nicht überzeugend kritisiert, da auch bei der indirekten Cash-Flow-Methode die gesamten GuV-Positionen auf ihre Zahlungswirksamkeit hin analysiert werden müssen.[239]

Trotz der Besonderheiten von Kapitalflußrechnungen im Konzern enthält im Vergleich zu den anglo-amerikanischen Standards sowie dem österreichischen Fachgutachten nur die HFA 1/1995 einen spezifischen Abschnitt zur Konzern-Kapitalflußrechnung (Abschn. 4). Dort werden drei Möglichkeiten der Erstellung von Konzern-Kapitalflußrechnungen genannt. Neben der theoretischen Fiktion einer originären Erstellung aus einer Konzernbuchführung und der Erstellung durch Konsolidierung der Einzel-Kapitalflußrechnungen besteht auch die Möglichkeit, die Konzern-Kapitalflußrechnung derivativ aus den Konzernabschlußdaten zu erstellen.

Weiters werden in der Stellungnahme - analog zu IAS 7.38 - unterschiedliche Konsolidierungsmethoden berücksichtigt. Die im Konzernabschluß quotal konsolidierten Gemeinschaftsunternehmen sollten aus Gründen der Einheitlichkeit der Konsolidierung auch quotal in die Konzern-Kapitalflußrechnungen einfließen.[240] Für die *at-equity* bewerteten Unternehmen erübrigt sich jedoch eine Einbeziehung in die Konsolidierung der Einzel-Kapitalflußrechnungen. Da ihre Finanzmittelbestände nicht von dem Beteiligungsansatz abgesetzt sind, können sie schon in der Konzernbilanz nicht zur Abbildung der statischen Liquidität beitragen.[241] Veränderungen des Konsolidierungskreises sind nach HFA 1/1995 - entsprechend IAS 7.42 - stets als Investitions- oder Desinvestitionsvorgänge im Anlagenbereich zu erfassen.

---

239 Vgl. Stahn: Kapitalflußrechnung, DB 9/98; S. 434.

240 Vgl. Wysocki/Mansch/Stolberg: Anmerkungen zur Stellungahme HFA 1/1995; Wpg 6/95; S. 199ff.

241 Vgl. Amen: Kapitalflußrechnung, Wpg 15/95; S. 508.

5.11. Situationsbericht Österreich

5.11.1. Die Entwicklung hin zum Fachgutachten

Ist aus den Bestimmungen des HGB ein Erfordernis zur Aufstellung von Kapitalflußrechnungen ableitbar?[242] §195 HGB bestimmt als Generalnorm im ersten Abschnitt des HGB, also für alle Vollkaufleute geltend:

> "Der Jahresabschluß hat den Grundsätzen ordnungsmäßiger Buchführung zu entsprechen. Er ist klar und übersichtlich aufzustellen und hat dem Kaufmann ein möglichst getreues Bild der Vermögens- und Ertragslage des Unternehmens zu vermitteln."

Gemäß §222 (2) HGB, aus den ergänzenden Vorschriften für Kapitalgesellschaften, d.h. dem zweiten Abschnitt des HGB, hat der Jahresabschluß

> "ein möglichst getreues Bild der Vermögens-, **Finanz-** und Ertragslage des Unternehmens zu vermitteln. Wenn dies aus besonderen Umständen nicht gelingt, sind im Anhang die erforderlichen zusätzlichen Angaben zu machen."

Die für Kapitalgesellschaften geltende Generalnorm geht in zweierlei Punkten erheblich über jene für sonstige Vollkaufleute geltende Norm hinaus:

1. Das geforderte getreue Bild wird auf die Finanzlage ausgeweitet.
2. Während §195 den Jahresabschluß als Informationsinstrument und folglich Managementinstrument für den Kaufmann betont, wendet sich §222 (2) HGB auch (bzw. in erster Linie) an externe Bilanzleser.

Die Bedeutung von Anhang und Lagebericht als Informationsinstrument wird in §§236 und 243 (1) HGB nochmals unterstrichen:

> §236: "Im Anhang sind die Bilanz und die Gewinn- und Verlustrechnung sowie die darauf angewandten Bilanzierungs- und Bewertungsmethoden so zu erläutern, daß ein möglichst getreues Bild der Vermögens-, Finanz- und Ertragslage des Unternehmens vermittelt wird."

---

242 Vgl. Egger/Samer: Der Jahresabschluß nach dem RLG.

> §243 (1): "Im Lagebericht sind der Geschäftsverlauf und die Lage des Unternehmens so darzustellen, daß ein möglichst getreues Bild der Vermögens-, Finanz- und Ertragslage vermittelt wird."

Der Abschlußprüfer wird mit §274 (1) in die Verantwortung zur Vermittlung des "getreuen Bildes" einbezogen, indem der uneingeschränkte Bestätigungsvermerk folgenden Passus enthält:

> "Der Jahresabschluß/Konzernabschluß vermittelt unter Beachtung der Grundsätze ordnungsmäßiger Buchführung ein möglichst getreues Bild der Vermögens-, Finanz- und Ertragslage der Gesellschaft/des Konzerns."

Alle diese Bestimmungen verlangen ebenfalls die Darstellung der Finanzlage. Wie sind also diese Erfordernisse zu sehen? Der Generalnorm des §222 (2) wird in Bezug auf die Darstellung der Finanzlage vor allem mit der Angabe der Fristigkeiten von Forderungen und Verbindlichkeiten gem.§225 (3) u (6) sowie §227 und §237 Z 1 lit a,b entsprochen. Eine Verpflichtung zur Aufstellung einer Kapitalflußrechnung kann weder nach dieser Generalnorm noch nach den Grundsätzen ordungsmäßiger Buchführung abgeleitet werden. Die Aufstellung einer Kapitalflußrechnung ist hinreichend, aber nicht notwendig, um ein möglichst getreues Bild der Finanzlage zu bieten. Darüber hinaus steht in den Erläuterungen zur Regierungsvorlage des Rechnungslegungsgesetzes, daß der

> "nunmehr ausdrücklich geforderte Einblick in die Finanzlage die Bedeutung unterstreicht, die der Liquiditätssituation im Rahmen der Darstellung der wirtschaftlichen Lage beigemessen wird. Die neuen Ausweisvorschriften tragen diesem Umstand unmittelbar Rechnung, sodaß sich daraus im allgemeinen keine Verpflichtung für zusätzliche Angaben ableitet. Es ist daher z.B. nicht erforderlich, Finanzpläne und prospektive Kapitalflußrechnungen aufzustellen."

Auch mit dem EU-GesRÄG 1996 ist diesbezüglich keine Änderung eingetreten. Dies obwohl der Gesetzgeber im Rahmen der Transformation der EG-Bilanzrichtlinien sehr wohl (bereits 1990) die Möglichkeit zur Festschreibung einer verpflichtenden Kapitalflußrechnung hatte, von diesem Wahlrecht aber keinen Gebrauch machte. In der Protokoll-Erklärung 3 anläßlich der Verabschiedung der 4. EG-Richtlinie ist festgehalten, daß die Mitgliedstaaten durch Art. 2 Abs. 6

der 4. EG-Richtlinie ermächtigt sind, eine Kapitalflußrechnung verbindlich vorzuschreiben.[243]

Allerdings hat - wie in der Einleitung bereits ausgeführt - die österreichische Wirtschaftsprüfungspraxis selbst in den letzten Jahren gem. § 274 (1) die Kapitalflußrechnung zu einem Bestandteil des Prüfungsberichts gemacht. Dieser kann aber nicht als Bestandteil der Publizität gelten, da er nur einen beschränkten unternehmensinternen Adressatenkreis hat.

Ähnlich zu den Vorschriften bei der Börsezulassung in Deutschland, enthält auch das österreichische Börsegesetz 1989 - nunmehr in der Fassung der Novelle 1993 - lediglich im weitesten Sinne eine Bestimmung zu Kapitalflußrechnungen.[244] Bereits mit dem Gesetz von 1989 wurde geltendes EG-Börserecht für Österreich vorweggenommen und u.a. die Richtlinie über die Prospekte für die Zulassung zur amtlichen Notierung transformiert.[245]

§74 (1) Börsegesetz normiert, daß der Prospekt den Anlegern ein „Urteil über die Wertpapiere, Vermögens- und Ertragslage des Emittenten und dessen Entwicklungsaussichten sowie über seine rechtliche Stellung" ermöglichen soll. Abs. 2 iVm Anlage A, Kapitel 5, Z 1 fordert die Bilanzen und Gewinn- und Verlustrechnungen der letzten drei Geschäftsjahre (lit. a) sowie eine „Aufstellung über Herkunft und Verwendung der Mittel für die letzten drei Geschäftsjahre" (lit g).

Die Kammer der Wirtschaftstreuhänder hat in der Sitzung vom 13. Oktober 1997 nach mehrjähriger Diskussion und mehreren Entwürfen das Fachgutachten

---

243 Vgl. EG: Erklärungen für das Ratsprotokoll zur Vierten Richtlinie, 1978 u.: EG: Vierte Richtlinie des Rates vom 25. Juli 1978.

244 Die Novelle brachte neben gesetzestechnischen Korrekturen vor allem Änderungen hinsichtlich der Publizitätsvorschriften und der Handelsarten an der Wiener Börse sowie eine Verankerung von Strafbestimmungen zum Insiderhandel.

245 80/390/EWG vom 17.3.80, ABl. L 100 17.4.80, i.d.F. der Richtlinien 87/345/EWG vom 22.6.87 ABl. L 185, 4.7.87, sowie 90/211/EWG vom 23.4.90, ABl. L 112, 3.5.90. Die übrigen Richtlinien waren die Richtlinie über die Zulassung von Wertpapieren zur amtlichen Notierung (79/279/EWG vom 5.3.79, ABl. L 066, 16.3.79, i.d.F. der Richtlinie 82/148/EWG vom 3.3.1982, ABl. L 062, 5.3.82), die Richtlinie über die regelmäßige Information von Gesellschaften, deren Wertpapiere zur amtlichen Notierung zugelassen sind (82/121/EWG vom 15.2.82, Abl. L 048, 20.2.82), und die Richtlinie über die Information bei wesentlichen Beteiligungsänderungen (88/627/EWG vom 12.12.88, ABl. L 348, 17.12.88).

„Die Geldflußrechnung als Ergänzung des Jahresabschlusses" beschlossen (KFS BW2). Damit soll eine Angleichung an die internationale Praxis, insbesondere IAS 7, vorgenommen und eine Vereinheitlichung der in Österreich veröffentlichten Kapitalflußrechnungen angestrebt werden. Ferner soll das Fachgutachten als Grundlage für die Beurteilung veröffentlichter Geldflußrechnungen durch den Abschlußprüfer und für die Darstellung einer Geldflußrechnung im Prüfungsbericht des Abschlußprüfers sowie im Rahmen der Beratungstätigkeit des Wirtschaftstreuhänders dienen.[246] Auf dieses Fachgutachten soll in Folge näher eingegangen werden.

5.11.2. Verpflichtung

Da Kapitalflußrechnungen in Österreich ohnehin nur auf freiwilliger Basis veröffentlicht werden, nennt das Fachgutachten keinen Anwenderkreis. Implizit sind, wie mit dem deutschen Fachgutachten, in erster Linie und als Vorreiter in den nächsten Jahren vor allem börsenotierte Unternehmen angesprochen.

5.11.3 Zweck

Die Geldflußrechnung soll den Mangel beheben, daß die handelsrechtliche Rechnungslegung keine eigenständige zeitraumbezogene Rechnung zur Finanzlage vorsieht. Insbesondere soll eine bessere Beurteilung des Unternehmens ermöglicht werden hinsichtlich

- der Fähigkeit, Zahlungsüberschüsse zu erwirtschaften,
- der Fähigkeit, die Zahlungsverpflichtungen zu erfüllen und das Eigenkapital zu bedienen,
- der Auswirkungen von Investitions- und Finanzierungsvorgängen auf die Finanzlage sowie
- der Gründe für die Divergenz zwischen Jahresergebnis und Netto-Geldfluß aus laufender Geschäftstätigkeit.[247]

---

[246] Vgl. KFS BW2, 1998; S. 3.

[247] Vgl. KFS BW2, 1998; S. 4.

5.11.4. Fonds

Auch dem österreichischen Fachgutachten liegt der Fonds der flüssigen Mittel zugrunde. Dieser umfaßt den Bilanzposten „Kassenbestand, Schecks, Guthaben bei Kreditinstituten“ (§ 224 (2) B IV HGB) zzgl. sonstiger als Liquiditätsreserve gehaltener flüssiger Mittel; das sind (unter Berücksichtigung des Stetigkeitsgrundsatzes) Wertpapiere des Umlaufvermögens, die sofort in Geld umgewandelt werden können und dabei nur einem unwesentlichen Wertschwankungsrisiko unterliegen. Bankguthaben, die nicht innerhalb von drei Monaten flüssig gemacht werden können, dürfen nicht in den Finanzmittelfonds einbezogen werden.[248] Zur Frage, ob bestehende Bankkontokorrenkredite von den Aktivposten des Finanzmittelfonds abgezogen werden dürfen, findet sich im Fachgutachten keine explizite Antwort. Da sich das Fachgutachten an IAS 7 orientiert und Bankkontokorrentkredite eine sehr häufige Finanzierungsform in Österreich sind, ist von der Zulässigkeit einer Saldierung auszugehen.

Im Finanzmittelnachweis werden der Finanzmittelbestand des Fonds am Beginn und am Ende der Rechnungsperiode sowie seine Zusammensetzung dargestellt. Wesentliche unrealisierte Wertänderungen des Finanzmittelbestandes am Ende der Rechnungsperiode sind im Finanzmittelnachweis gesondert darzustellen (Abschn. 5).

Investitions- und Finanzierungsvorgänge, die zwar die Vermögens- und Kapitalstruktur des Unternehmens beeinflussen, aber nicht mit Zahlungen verbunden sind, sollen nicht in die Geldflußrechnung aufgenommen werden. Sie sind gesondert darzustellen und entsprechend zu erläutern. Dazu gehören insbesondere (Abschn. 6)

- die Gewährung von Gesellschaftsrechten gegen Sacheinlagen,
- die Umwandlung von Fremd- in Eigenkapital einschließlich der Wandlung von Schuldverschreibungen,
- die Kapitalerhöhung aus Gesellschaftsmitteln.

In Übereinstimmung mit IAS 7 gehören hierzu auch Investitionen gegen Gewährung von langfristigen Krediten durch den Lieferanten (Abschn. 6).

---

248 Vgl. KFS BW2, 1998; S. 5.

5.11.5. Gliederung und Ausweis

Die Gliederung folgt - mit explizitem Hinweis - der von FAS 95 und IAS 7:

- *operating activities* / laufende Geschäftstätigkeit
- *investing activities* / Investitionstätigkeit
- *financing activities* / Finanzierungstätigkeit

Die Aufstellung der Geldflußrechnung soll in Staffelform unter Beachtung des Bruttoprinzips erfolgen und insbesondere den Grundsätzen der Vollständigkeit, Wesentlichkeit, Klarheit, Übersichtlichkeit, Stetigkeit sowie Nachprüfbarkeit entsprechen (Abschn. 7.1). Der Grundsatz der Nachprüfbarkeit verlangt, daß die auf dem Rechnungswesen und ggf. zusätzlichen Informationen beruhende Daten und die Herleitung der Kapitalflußrechnung so dokumentiert sein müssen, daß ein sachverständiger Dritter die Verfahrensschritte bei der Aufstellung der Kapitalflußrechnung nachvollziehen kann. Der Grundsatz der Wesentlichkeit gilt ebenso wie für Bilanz und Gewinn- und Verlustrechnung. Dementsprechend kann auf den Ausweis von einzelnen Zahlungsvorgängen im Interesse der Klarheit und Wirtschaftlichkeit der Rechnungslegung dann verzichtet werden, wenn diese Vorgänge für die Darstellung der Zahlungsströme nur von untergeordneter Bedeutung sind. Der Grundsatz der Stetigkeit verlangt, daß im Interesse der zeitlichen Vergleichbarkeit von Kapitalflußrechnungen und der durch sie abgebildeten Zahlungsströme insbesondere die Abgrenzung des Finanzmittelfonds als auch die Zuweisung zu den Aktivitätsbereichen über einzelne Geschäftsperioden hinweg vergleichbar sind. Es sollen der laufenden Periode auch die entsprechenden Vergleichszahlen der vorangegangenen Rechnungsperiode hinzugefügt werden.[249]

Die in den anglo-amerikanischen Standards übliche Bezeichnung*cash flow* wird durch „(Netto-)Geldfluß" ersetzt, um Verwechslungen mit anderen in Österreich üblichen Cash-Flow Begriffen zu vermeiden.

Die Geldflüsse aus laufender Geschäftstätigkeit informieren, inwieweit das Unternehmen in der Lage war, Geldmittel zur Aufrechterhaltung der laufenden Geschäftstätigkeit, für Investitionen, zur Kredittilgung und zur Dividendenzahlung ohne Inanspruchnahme von Mitteln aus dem Finanzierungsbereich zu

---

249 Vgl. Wysocki: Kapitalflußrechnung, 1998; S. 304f.

schaffen. Als Erfolgsindikator ist der Zahlungssaldo aus laufender Geschäftstätigkeit jedoch ungeeignet.[250]

Geldflüsse in diesem Bereich resultieren primär aus Geschäftsfällen, die mit der Haupttätigkeit des Unternehmens zusammenhängen und daher letztlich in die Gewinn- und Verlustrechnung eingehen. Dazu gehören[251]

- Einzahlungen aus der betrieblichen Leistungserstellung,
- Einzahlungen aus Beteiligungs-, Zinsen- und Wertpapiererträgen,
- sonstige Einzahlungen, die nicht der Investitions- oder Finanzierungstätigkeit zuzuordnen sind,
- Auszahlungen für die betriebliche Leistungserstellung,
- Auszahlungen für Zinsen und ähnliche Aufwendungen,
- sonstige Auszahlungen, die nicht der Investitions- oder Finanzierungstätigkeit zuzuordnen sind.

Steuerzahlungen sind i.d.R. der laufenden Geschäftstätigkeit zuzuordnen, außer eine Zuordnung zu den Geldflüssen aus der Investitions- bzw. Finanzierungstätigkeit ist sachlich begründet. Ertragsteuerzahlungen sind gesondert auszuweisen.[252]

Geldflüsse aus außerordentlichen Posten (§ 231 (2) Z18 u. 19 HGB) sind, soweit sie nicht der Investitions- oder Finanzierungstätigkeit zuzuordnen sind, in den Bereich der laufenden Geschäftstätigkeit einzubeziehen und getrennt darzustellen.[253]

Die Geldflüsse aus der laufenden Geschäftstätigkeit können direkt oder indirekt ermittelt werden. Es wird im Fachgutachten darauf hingewiesen, daß nach IAS 7 die direkte Methode empfohlen wird (Abschn. 7.2.1). Soweit bei der Erstellung nach der direkten Methode Beträge der Veränderungsbilanz wegen Fehlens der benötigten Einzelheiten nicht zugeordnet werden können, erfolgt eine Gleichsetzung von Erträgen mit Einzahlungen und Aufwendungen mit Auszahlungen (Abschn. 7.2.1a).

---

250 Vgl. KFS BW2, 1998; S. 6.
251 Vgl. KFS BW2, 1998; S. 7.
252 Vgl. KFS BW2, 1998; S. 7.
253 Vgl. KFS BW2, 1998; S. 7.

Für den gesonderten Ausweis der Netto-Geldflüsse aus außerordentlichen Posten und der Ertragsteuerzahlungen ist bei der Überleitung nach der indirekten Methode vom Ergebnis der gewöhnlichen Geschäftstätigkeit auszugehen (Abschn. 7.2.1b, bzw. vgl. Gliederungsschema).

Der Ausweis der Geldflüsse aus dem Bereich der Investitionstätigkeit soll das Ausmaß jener Investitionen aufzeigen, die künftige Erträge und Einzahlungen bewirken sollen. Die Investitionstätigkeit umfaßt sowohl die der Produktion von Gütern und Leistungen dienenden Investitionen (Sachanlagen, immaterielles Anlagevermögen, Aufwendungen für das Ingangsetzen und Erweitern des Betriebes) als auch Finanzinvestitionen, das sind Finanzanlagen und sonstige selbständige (nicht unmittelbar mit Beschaffungs- und Absatzvorgängen verbundene) Finanzinstrumente. Zu letzteren zählen auch Teile des Umlaufvermögens, die weder der laufenden Geschäftstätigkeit zuzurechnen noch Bestandteil des Finanzmittelfonds sind.

Zu den Geldflüssen aus Investitionsaktivitäten gehören:

- Auszahlungen für die Anschaffung/Herstellung von Sachanlagen und immateriellen Vermögensgegenständen (einschließlich aktivierter Eigenleistungen),
- Auszahlungen betreffend das Ingangsetzen und Erweitern des Betriebes,
- Auszahlungen für den Erwerb von Finanzanlagen und für sonstige Finanzinvestitionen (Gewährung von Finanzkrediten, Erwerb von Umlaufpapieren, u.ä.),
- Einzahlungen aus dem Abgang von Sachanlagen und immateriellen Vermögensgegenständen,
- Einzahlungen aus dem Abgang von Finanzanlagen und sonstigen Finanzinvestitionen (Veräußerungserlöse, Tilgungsbeträge, u.ä.).

Die Auszahlungen für das Anlagevermögen ergeben sich als Saldo aus den Zugängen lt. Anlagenspiegel und der Veränderung der Verbindlichkeiten für den Erwerb von Anlagegegenständen. Sind diese Verbindlichkeiten in der Buchhaltung nicht gesondert erfaßt, sollten zumindest wesentliche Beträge ermittelt werden, um die sonst bewirkte Verzerrung zwischen den Bereichen laufende Geschäfts- und Investitionstätigkeit möglichst gering zu halten (Abschn. 7.2.2).

Die aus Desinvestitionen im Anlagevermögen resultierenden Einzahlungen ergeben sich aus den um Gewinn und Verluste aus Anlagenabgängen berichtigten Restbuchwerten der abgegangenen Vermögensgegenstände unter Berücksichtigung der Veränderung von allfälligen Forderungen aus dem Verkauf (Abschn. 7.2.2).

Die Darstellung der Geldflüsse aus der Finanzierungstätigkeit ist im Hinblick auf die Auszahlungsansprüche der Kapitalgeber von Bedeutung. Zu dem Teilbereich der Finanzierungstätigkeit gehören:[254]

- Beschaffung und Rückzahlung von Eigenkapital,
- Bedienung des Eigenkapitals,
- Begebung und Tilgung von Anleihen,
- Aufnahme und Tilgung von sonstigen Finanzkrediten.

Während die Zinszahlungen in den Bereich der laufenden Geschäftstätigkeit gehören, sind die Gewinnausschüttungen, da ihnen ein anderer Verpflichtungsgrad zugrunde liegt, grundsätzlich im Bereich der Finanzierungstätigkeit auszuweisen. In Übereinstimmung mit IAS 7 ist jedoch auch ein gesonderter Ausweis im Bereich der laufenden Geschäftstätigkeit zulässig.

Finanzkredite umfassen kurz- und langfristiges Fremdkapital, soweit dieses nicht der laufenden Geschäftstätigkeit zuzuordnen ist. Dazu gehören Kredite jeder Art von Banken und sonstigen Kreditgebern.[255]

Einzahlungen von Eigenkapital resultieren aus Kapitalerhöhungen, Einforderungen ausstehender Einlagen, gesellschaftsrechtlich bedingten Zuzahlungen, Emissionen von Genußrechten mit Eigenkapitalcharakter, Einlagen mit Eigenkapitalcharakter stiller Gesellschafter uä, soweit diese Vorgänge liquiditätswirksam sind. Rückzahlungen von Eigenkapital ergeben sich aus liquiditätswirksamen Kapitalherabsetzungen, Rückzahlungen von als Eigenkapital bilanzierten Genußrechten, Einlagen stiller Gesellschafter u.ä. (Abschn. 7.2.3).

---

[254] Vgl. KFS BW2, 1998; S. 8.
[255] Vgl. KFS BW2, 1998; S. 9.

Auszahlungen für den Erwerb eigener Aktien sind dann nicht als Eigenkapitalrückzahlungen zu qualifizieren, wenn der Erwerb zum Zwecke der Weitergabe erfolgt (Abschn. 7.2.3).

Die Geldflüsse aus für Sicherungszwecke von bestimmten Positionen abgeschlossenen Kontrakten sind nach den gleichen Kriterien einzustufen wie die Geldflüsse aus den gesicherten Positionen.[256]

Die Geldflußrechnung kann entweder originär durch unmittelbare Erfassung der Zahlungsströme oder derivativ aus den Jahresabschlußdaten erstellt werden. Die originäre Ermittlung wird dabei als grundsätzlich durchführbar eingestuft, doch macht sie eine zusätzliche Systematisierung des Datenflusses der Buchhaltung erforderlich. Für die derivative Erstellung wird u.a. angeführt, daß durch die Verwendung von Daten, die über die allgemein verfügbaren Jahresabschlußinformationen hinausgehen, die Geldflußrechnung einen eigenständigen Informationsgehalt bekommt.[257]

---

256 Vgl. KFS BW2, 1998; S. 7.

257 Vgl. KFS BW2, 1998; S. 5f.

Abb. 9: Mindestgliederung der Geldflußrechnung (direkte Methode, Anlage 1)

1		Umsatzeinzahlungen
2	+	andere Einzahlungen aus der betrieblichen Leistungserstellung
3	-	Auszahlungen für die betriebliche Leistungserstellung
4	+	Einzahlungen aus Beteiligungs-, Zinsen- und Wertpapiererträgen
5	-	Auszahlungen für Zinsen und ähnliche Aufwendungen
6	+	sonstige Einzahlungen, die nicht der Investitions- oder Finanzierungstätigkeit zuzuordnen sind
7	-	sonstige Auszahlungen, die nicht der Investitions- oder Finanzierungstätigkeit zuzuordnen sind
8		Netto-Geldfluß aus der gewöhnlichen Geschäftstätigkeit
9	±	Netto-Geldfluß aus außerordentlichen Posten
10	-	Zahlungen für Ertragsteuern
11		**Netto-Geldfluß aus laufender Geschäftstätigkeit**
12		Einzahlungen aus Anlagenabgang (ohne Finanzanlagen)
13	+	Einzahlungen aus Finanzanlagenabgang und sonstigen Finanzinvestitionen
14	-	Auszahlungen für Anlagenzugang (ohne Finanzanlagen)
15	-	Auszahlungen für Finanzanlagenzugang und sonstige Finanzinvestitionen
16		**Netto-Geldfluß aus der Investitionstätigkeit**
17		Einzahlungen von Eigenkapital
18	-	Rückzahlungen von Eigenkapital
19	-	Auszahlungen aus der Bedienung des Eigenkapitals
20	+	Einzahlungen aus der Begebung von Anleihen und der Aufnahme von Finanzkrediten
21	-	Auszahlungen für die Tilgung von Anleihen und Finanzkrediten
22		**Netto-Geldfluß aus der Finanzierungstätigkeit**
23		**zahlungswirksame Veränderung des Finanzmittelbestandes (Z11+16+22)**
24	±	wechselkursbedingte und sonstige Wertänderungen des Finanzmittelbestandes
25	+	Finanzmittelbestand am Beginn der Periode
26		Finanzmittelbestand am Ende der Periode

Abb. 10: Mindestgliederung der Geldflußrechnung (indirekte Methode, Anlage 2)

1		Ergebnis der gewöhnlichen Geschäftstätigkeit
2		Überleitung auf den Netto-Geldfluß aus der gewöhnlichen Geschäftstätigkeit
a	±	Ab-/Zuschreibungen auf Vermögensgegenstände des Investitionsbereiches
b	±	Gewinn/Verlust aus Abgang von Vermögensgegenständen d. Investitionsbereiches
c	±	sonstige zahlungsunwirksame Aufwendungen/Erträge
d	±	Zunahme/Abnahme der Vorräte, der Forderungen aus LuL sowie anderer Aktiva*
e	±	Zunahme/Abnahme von Rückstellungen*
f	±	Zunahme/Abnahme der Verbindlichkeiten aus LuL sowie anderer Passiva*
3		Netto-Geldfluß aus der gewöhnlichen Geschäftstätigkeit
4	±	Netto-Geldfluß aus außerordentlichen Posten
5	-	Zahlungen für Ertragsteuern
6		**Netto-Geldfluß aus laufender Geschäftstätigkeit**
7		Einzahlungen aus Anlagenabgang (ohne Finanzanlagen)
8	+	Einzahlungen aus Finanzanlagenabgang und sonstigen Finanzinvestitionen
9	-	Auszahlungen für Anlagenzugang (ohne Finanzanlagen)
10	-	Auszahlungen für Finanzanlagenzugang und sonstige Finanzinvestitionen
11		**Netto-Geldfluß aus der Investitionstätigkeit**
12		Einzahlungen von Eigenkapital
13	-	Rückzahlungen von Eigenkapital
14	-	Auszahlungen aus der Bedienung des Eigenkapitals
15	+	Einzahlungen aus der Begebung von Anleihen und der Aufnahme von Finanzkrediten
16	-	Auszahlungen für die Tilgung von Anleihen und Finanzkrediten
17		**Netto-Geldfluß aus der Finanzierungstätigkeit**
18		**zahlungswirksame Veränderung des Finanzmittelbestandes (Z6+11+17)**
19	±	wechselkursbedingte und sonstige Wertänderungen des Finanzmittelbestandes
20	+	Finanzmittelbestand am Beginn der Periode
21		Finanzmittelbestand am Ende der Periode

* Soweit der gewöhnlichen Geschäftstätigkeit zuzuordnen. Eine weitere Untergliederung einzelner Posten, insbesondere nach Vorräten, Lieferforderungen und Lieferverbindlichkeiten, sowie der gesonderte Ausweis der Auflösung von Investitionszuschüssen können zur Informationsverbesserung beitragen.

LuL .... Lieferungen und Leistungen

5.11.6. ÖVFA-Cash-Flow

Die Konzeption der ÖVFA[258] für ein Cash-Flow Statement geht mit den übrigen Standards konform (und weist darauf auch hin), ohne aber auf detaillierte Offenlegungsempfehlungen einzugehen und ohne die Wahlrechte von IAS 7 zuübernehmen.

Wenn auch beide Methoden zugelassen sind, so empfiehlt die ÖVFA für die Berechnung des operativen Cash-Flow aus Gründen der Praktikabilität die indirekte Methode.[259]

Für die Berechnung des ÖVFA-Konzern-Cash-Flow muß die Formel für den Einzelabschluß nur geringfügig erweitert werden, und zwar um Sondereinflußfaktoren, welche aus Akquisitionen, Verkäufen von Tochterunternehmen oder der Veränderung des Konsolidierungskreises resultieren können. Nachfolgend ist das Berechnungsschema für den Einzelabschluß dargestellt.

---

258 Vgl. im folgenden - soweit nicht anders angegeben - ÖVFA: Schriftenreihe 4, 1996.

259 Vgl. Kritik dazu bei Friedl: Kapitalflußrechnung, 1995; S. 144.

Abb. 11: ÖVFA-Cash-Flow für den Einzelabschluß

	Jahresüberschuß/-fehlbetrag
+	Abschreibungen auf das Anlagevermögen
-	Zuschreibungen auf das Anlagevermögen
±	Dotierung/Auflösung langfristiger Rückstellungen
±	Verluste/Gewinne aus dem Verkauf von Anlagevermögen
-	Auflösung nichtrückzahlbarer Investitionszuschüsse
±	Sonstige zahlungsunwirksame Aufwendungen/Erträge
=	**Cash-Flow aus dem Ergebnis**
±	Senkung/Erhöhung von Vorräten inkl. geleisteter Anzahlungen, ARA
±	Erhöhung/Senkung von erhaltenen Anzahlungen, PRA
±	Senkung/Erhöhung von Forderungen LuL, Konzernforderungen LuL u. sonst. Ford.
±	Erhöhung/Senkung von Verbindlichkeiten LuL, Schuldwechsel, Konzernverbindlichkeiten LuL u. sonstigen Verbindlichkeiten
±	Erhöhung/Senkung kurzfristiger Rückstellungen
=	**ÖVFA-Cash-Flow (Cash-Flow aus dem operativen Bereich)**
-	Investitionen in das Anlagevermögen (Geldabfluß für Investitionen, einschließlich aktivierter Eigenleistungen)
+	Abgänge aus dem Anlagevermögen (Geldfluß aus dem Verkauf: Restbuchwerte + Gewinne (- Verluste) aus dem Abgang von Anlagevermögen)
=	**Cash-Flow aus Investitionsaktivitäten**
+	Einzahlungen aus Kapitalerhöhungen (inkl. Agio)
+	Einzahlungen aus Gesellschafterzuschüssen
-	Ausschüttung an Gesellschafter (Gewinnausschüttung, Rückzahlung von Kapital, etc)
+	Einzahlungen aus kurzfristigen Kreditaufnahmen
+	Einzahlungen aus Anleihen, Darlehen und langfristigen Kreditaufnahmen
+	Einzahlungen aus nichtrückzahlbaren Investitionszuschüssen
±	Senkung/Erhöhung Konzernforderungen (soweit nicht aus LuL)
-	Rückzahlung kurzfristiger Kredite
-	Rückzahlung, Tilgung von Anleihen, Darlehen und langfristigen Krediten
±	Erhöhung/Senkung Konzernverbindlichkeiten (soweit nicht aus LuL)
=	**Cash-Flow aus Finanzierungsaktivitäten**
±	Cash-Flow aus dem operativen Bereich
±	Cash-Flow aus Investitionsaktivitäten
±	Cash-Flow aus Finanzierungsaktivitäten
=	**Zahlungswirksame Veränderung der liquiden Mittel**
±	Wechselkursbedingte Wertänderungen der liquiden Mittel
+	Anfangsbestand der liquiden Mittel
=	**Endbestand der liquiden Mittel**

Während sich die Gliederung zum Investitionsbereich lediglich aus Investitionen und Desinvestitionen in das Anlagevermögen zusammensetzt - ein erweiterter Investitionsbegriff wäre im Sinne der internationalen Vergleichbarkeit wünschenswert[260] -, so fällt die Darstellung des Cash-Flow aus Finanzierungsaktivitäten dagegen wesentlich detaillierter aus.

Folgende retrograde Errechnung des operativen Cash-Flow kann z.B. bei der Erstellung von Zwischenberichten (Halbjahresberichten, Quartalsberichten) Verwendung finden, da bei dieser Form der Berechnung die Erstellung einer Zwischenbilanz nicht erforderlich ist.

Abb. 12: Retrograde Ermittlung des operativen Cash-Flow

	Veränderung der liquiden Mittel (Cash-Flow) der Periode
+	Auszahlungen im Finanzbereich der Periode
-	Einzahlungen im Finanzbereich der Periode
=	**Netto-Geldfluß vor Finanzierung und Ausschüttung**
+	Auszahlungen für Investitionen der Periode
-	Einzahlungen aus dem Verkauf von Anlagevermögen der Periode
=	**Operativer Cash-Flow der Periode (ÖVFA-Cash-Flow)**

Zusammenfassend sind allen hier dargestellten Standards und Fachgutachten nachfolgende Grundsätze gemeinsam. Demnach sollen Kapitalflußrechnungen

- als Liquiditätsnachweis die Veränderungen und die Zusammensetzung eines eng definierten Finanzmittelfonds (Zahlungsmittel und Zahlungsmitteläquivalente) während einer Abrechnungsperiode nachweisen;
- Herkunft/Verwendung der liquiden Mittel als Einnahmen (Einzahlungen)/ Ausgaben (Auszahlungen) während der Abrechnungsperiode zeigen;
- sollen mindestens die Zuflüsse/Abflüsse aus den Teilbereichen der laufenden Geschäftstätigkeit, Investitions- und Finanzierungstätigkeit während der Abrechnungsperiode darstellen (Aktivitätsformat, Staffelform);
- sollen nachprüfbar aus dem Rechnungswesen ableitbar sein.
- sollen Informationen liefern, die (zumindest) nicht direkt aus dem Jahresabschluß/Konzernabschluß entnommen werden können.

---

260 Vgl. die Ausführungen zu KFS BW2 weiter oben.

Der wesentliche Unterschied liegt im Verpflichtungsgrad: nach anglo-amerikanischen Standards obligatorischer Ausweis mit Bilanz und Gewinn- und Verlustrechnung, nach österreichischen und deutschen Normen freiwillige Zusatzrechnung.

6. Segmentberichterstattung

6.1. Allgemeines

Der Problemkreis der Segmentberichterstattung widmet sich der Frage, wie der Jahresabschluß bei diversifizierten Unternehmen eine Beurteilung des Erfolgspotentials und der Rendite-Risiko-Struktur des Unternehmens bieten kann. Diversifizierte Unternehmen sind auf unterschiedlichen Märkten mit unterschiedlichen Produkten mit unterschiedlichen Chancen und Risiken tätig. Da mit der Aufstellung des Einzel-/Konzernabschlusses die Daten über alle Produkte und Märkte hinweg aggregiert werden, kann eine geringe oder unzureichende Rentabilität in einigen Bereichen durch andere sehr positiv wirtschaftende Bereiche überdeckt werden. Die Erfolgsaussichten der unterschiedlichen Aktivitäten können nicht mehr beurteilt werden.[261] Eine Informationsvermittlung im Sinne der *true and fair view* der Generalnorm des § 195 bzw. 222 (2) HGB (§ 264 Abs. 2 dHGB bzw. § 297 Abs. 2 dHGB) ist nicht mehr gegeben. Während von Seite der Wissenschaft von einem „Publizitätsgefälle" zugunsten diversifizierter Unternehmen gesprochen wird,[262] befürchten Unternehmensvertreter andererseits, daß von allzu detaillierten Segmentberichterstattungspflichten in erster Linie die Wettbewerber profitieren würden.

Eine der ersten freiwilligen Segmentberichterstattungen im Geschäftsbericht dürfte von Unilever stammen. Der Konzern veröffentlichte bereits 1945 eine Umsatzaufteilung nach 9 Produktlinien und einem Dienstleistungssegment; zwei Jahre später begann er zusätzlich mit der Umsatzaufteilung nach 5 Regionen.[263] Das Bewußtsein für eine differenziertere Berichterstattung wuchs später v.a. mit den *unrelated diversifications* der Unternehmen in den 60er und 70er Jahren. Damit wurde der Problemkreis der Segmentberichterstattung auch in der deutschsprachigen Literatur behandelt. Vor allem aufgrund der internationalen Entwicklungen hat das Thema in den letzten Jahren erneut an Bedeutung gewonnen. Die heutige Diskussion spiegelt die Strukturveränderung im kontinentaleuropäischen Raum wider, die durch verstärkten Beteiligungserwerb, Ausbau von Holdingstrukturen und einem Anstieg internationaler Unternehmensaktivitäten sowohl auf gleicher als auch auf vor- oder nachgelagerten

---

261 Vgl. Pellens: Internationale Rechnungslegung, 1998; S. 289f.

262 Vgl. Haase, K. D.: Segmentpublizität; BFuP 1979, S. 460.

263 Vgl. Zeff: Financial Reporting, 1992; S. 76.

Wirtschaftsstufen gekennzeichnet ist. Diversifikationsaktivitäten durch den Zukauf von Unternehmen bzw. Unternehmensteilen waren jüngst zuletzt im Sommer 1997 deutlich bemerkbar, als der Dow Jones Index die 8000-Punkte-Marke übersprang. Viele Unternehmen setzten ihre ständig steigenden liquiden Mittel für den Rückkauf eigener Aktien, die Erhöhung der Dividenden und eben auch den Kauf anderer Unternehmen ein. Die Aktivität an Fusionen und Übernahmen stieg im Vergleich zu 1996 um 20 Prozent.[264] Neben seiner traditionellen Bedeutung im anglo-amerikanischen Rechnungslegungsbereich gewinnt der Konzernabschluß auch aufgrund dieser Entwicklungen an Bedeutung gegenüber dem Einzelabschluß.

Diversifikationen oder Diversifizierungen bezeichnen Veränderungen oder Neuausrichtung in den Produkt-Markt-Kombinationen eines Unternehmens, mit dem Ziel, entweder Synergiepotentiale zu schaffen oder das Risiko zu mindern, indem unterschiedliche Bereiche mit möglichst wenig gegenseitigen Abhängigkeiten kombiniert werden. Diversifikationen können demzufolge verschiedene Ausprägungen haben:

Horizontale Verbreiterung liegt vor, wenn neue Produkte bzw. Produktgruppen (sektorale Diversifikation) oder Absatzmärkte (regionale Diversifikation) das Leistungsprogramm eines Unternehmens erweitern. *Vertikale Integration* dagegen bedeutet das Eindringen in vor- oder nachgelagerte Produktions- bzw. Absatzstufen.

Bei *verwandter Diversifikation* kommen z.B. starke Gemeinsamkeiten bzgl. der eingesetzten Rohstoffe, der Produktionsverfahren zum Tragen. *Unverwandte Diversifikation* bedeutet das Eindringen in neue Produktbereiche. Der Übergang ist fließend. Konglomerate oder *laterale Diversifikation* ist ein Extremfall der unverwandten Diversifikation, bei der zwischen vorhandenen und neuen Produktbereichen keine Verbindungen bestehen.

Interne Diversifikation bezeichnet die Entwicklung neuer Produkte im eigenen Unternehmen, während die externe Diversifikation über den Zukauf von Unternehmen bzw. Unternehmensteilen geschieht.

---

264 Vgl. Der Standard; 17.07.1997; S. 17. Auch die europäischen Aktienindizes in London, Frankfurt und Wien erreichten neue Rekorde.

Mit der Segmentberichterstattung erfolgt eine nach Bereichen differenzierte oder strukturierte Berichterstattung. Diese Bereiche oder Segmente sind dabei isolierte oder isolierbare Untereinheiten innerhalb einer zusammengefaßten Wirtschaftseinheit (Unternehmen, Konzern). Die Segmentberichterstattung kann dabei von der Offenlegung einzelner Posten bis hin zur (unwahrscheinlichen) Offenlegung ganzer Abschlüsse der Segmente reichen. Für die Berichterstattung ist eine Entscheidung auf zwei Ebenen zu treffen: zum einen die Auswahl des Segmentierungskriteriums (Segmentdefinition), zum anderen die Information, die pro Segment gewährt werden soll.

Für die Bildung von Segmenten (Segmentierung) kommen nachfolgende Segmentierungskriterien in Betracht. Ziel dabei ist, sowohl in sich homogene und untereinander heterogene Risikobereiche als auch für das Unternehmen wirtschaftlich bedeutende - d.h. wesentliche - Segmente zu schaffen.[265] Da die Abgrenzung letztendlich in hohem Maße von unternehmensindividuellen und situationsspezifischen Gegebenheiten abhängt, gibt es keine theoretisch „richtige" Vorgehensweise, sondern es wird immer auch eine Ermessensentscheidung des Managements sein.[266] Mögliche Kriterien sind

- Produkte, Produktgruppen, Geschäftszweige oder Branchen (sektorale Segmentierung)
- geographische Segmentierung (regionale Segmentierung)
- Abnehmer bzw. Kunden (z.B. Weiterverarbeiter oder Endabnehmer, Groß- oder Kleinabnehmer, Privatabnehmer, Industrieabnehmer oder öffentliche Hand)[267]
- juristische Kriterien
  Dies ist eine Möglichkeit bei der Segmentierung von Konzernabschlußposten: Aufgliederung nach Konzernteilen (Teilkonzernen) oder Einzelunternehmen.
- zeitliche Kriterien
  Damit ist eine Aufgliederung nach Restlauf- oder Ursprungslaufzeiten gemeint (vgl. z.B. die Angabe von Restlaufzeiten von Forderungen und Verbindlichkeiten gem. § 225 (3) u. (6) HGB).

---

265 Vgl. Bernards: Segmentberichterstattung. 1994; S. 3f u. 96.

266 Vgl. Haller/Park: Segmentberichterstattung, ZfbF 6/1994; S. 511.

267 Die Segmentierung nach Kunden mag insbesondere für Handelsunternehmen geeignet sein, da dort die Abnehmerstruktur häufig für die Abschätzung der Zukunftsentwicklung entscheidungsrelevanter ist als die Produktstruktur.

Mit der jeweiligen Segmentierungsart sind auch immer spezielle Schwierigkeiten verbunden:

Eine Segmentierung nach juristischen Einheiten wird dort zum Problem, wo ein Konzern eine sehr große Anzahl an Tochtergesellschaften hat, oder die Aufteilung der Aktivitäten unter den einzelnen Tochtergesellschaften eher auf gesellschafts- und steuerrechtlichen Aspekten als auf den unterschiedlichen operativen Bereichen basiert. Damit wird auch dem Anspruch nach Segmenthomogenität bzw. -heterogenität nicht Rechnung getragen. Veränderungen der rechtlichen Verhältnisse würden Änderungen der Segmentberichterstattung nach sich ziehen, obwohl keine Veränderung in den Tätigkeiten stattgefunden haben mag.

Bei einer Segmentierung nach Produktgruppen treten Schwierigkeiten mit einer klaren Abgrenzung auf. Den *standard setting bodies* ist es bis jetzt nicht gelungen, ein über Unternehmensgrenzen hinweg einheitliches Klassifikationsschema zu entwickeln (sofern es ein solches überhaupt geben kann). Damit bleibt es wiederum dem Management überlassen, eine mehr oder weniger beliebige Einteilung zu treffen. Neben dem Unternehmensvergleich mag sich darüber hinaus der Mehrjahresvergleich auch schon bei einem Unternehmen als schwierig gestalten, wenn sich die Produktlinien aufgrund von technologischer Innovation von Jahr zu Jahr ändern.

Auch eine Segmentierung nach Geschäftsbereichen (sektorale Segmentierung) stößt auf ähnliche Schwierigkeiten wie jene nach Produktgruppen. Es ist schwierig, Geschäftsbereiche zu definieren, die über Unternehmensgrenzen hinweg Gültigkeit haben können. Darüber hinaus können Bereiche mit sehr unterschiedlichen Risiken und Rentabilitäten in einen Geschäftsbereich hineindefiniert werden.[268]

Bei einer geographischen Segmentierung (regionale Segmentierung nach den Orten der Ausführung der Unternehmenstätigkeit, insbesondere bei umfangreichen Auslandsinvestitionen oder nach den Absatzmärkten oder nach einer Kombination beider Parameter), z.B. nach Ländern oder Regionen, würde die Berichterstattung bei multinationalen Konzernen rasch ausufern, andererseits ist strittig, inwieweit unterschiedliche wirtschaftliche, politische und rechtliche

---

268 Diese Erfahrung mußte auch das FASB mit FAS 14 machen, vgl. dazu weiter unten.

Umfelder und die damit einhergehenden unterschiedlichen Risiken tatsächlich aggregiert werden können. Grundsätzlich können für die Bestimmung des Absatzmarktes unterschiedliche Orte in Frage kommen, nämlich Sitz des Abnehmers, Ort, an dem die Verfügungsmacht verschafft wird, oder Ort der Verwendung des verkauften Produktes. Sind nun diese Orte nicht identisch, so geht man i.d.R. vom Sitz des Abnehmers aus, da von diesem der größte Einfluß auf das Nachfrageverhalten ausgehen dürfte.[269]

Die Geschäftstätigkeit im Sitzland eines Unternehmens wird i.d.R. als eigenes geographisches Segment betrachtet und als Inland bezeichnet. Befindet sich im Inland nur die Holdingzentrale mit Verwaltungsaktivitäten, sind die Aktivitäten wesentlich mit Tätigkeiten in Nachbarstaaten verbunden oder sind sie von nur untergeordneter Bedeutung, so sollte von der Bildung eines Inlandssegmentes Abstand genommen werden.

Die Differenzierungsmöglichkeiten nach Geschäftsbereichen und Regionen ergeben sich zwangsläufig aus den beiden möglichen Richtungen der Unternehmensdiversifikation, wo ebenfalls zwischen sektoraler und regionaler Diversifikation unterschieden wird.

Konzerninterne Transaktionen werden bei der Erstellung des Konzernabschlusses eliminiert. Strittig ist, inwieweit diese bei der Berichterstattung über die Segmente einfließen sollen und wenn ja, auf welcher Basis. Dies gilt nicht nur für Umsätze zwischen den Segmenten, sondern auch für Ausgaben, Verbindlichkeiten usw., die mehrere Segmente gemeinsam betreffen. Sollen Unternehmensfixkosten in irgendeiner Weise auf Segmente aufgeschlüsselt werden oder sollen sie von der Segmentberichterstattung ausgenommen werden.

Wesentliche Auswirkungen auf den Informationsgehalt hat die Entscheidung für eine einstufige oder eine kombinatorische Segmentierung. „Einstufig“ bedeutet dabei, daß die Berichtsinhalte nach einem oder mehreren Segmentierungskriterien, aber für jedes Kriterium getrennt, dargestellt werden. Im Rahmen der kombinatorischen Segmentierung werden die Inhalte dagegen nach mehreren Segmentierungskriterien gleichzeitig z.B. in Form von Matrizen differenziert - mit der Konsequenz eines größeren Informationsgehaltes.[270]

---

269 Vgl. IAS-Kommentar, 1997; darin: Haller: IAS 14, S. 481, Rn. 35.

270 Vgl. dazu das Beispiel bei Ordelheide/Stubenrath: Segmentberichterstattung, 1998; S. 281f.

Für die Segmentbildung und Zurechnung der Größen wurde bisher zwischen zwei grundsätzlichen Konzepten unterschieden:[271] dem Disaggregationsansatz (Aufteilungsmethode, *disaggregation approach*) und dem Ansatz autonomer Einheiten (Autonomiemethode, *autonomous entity approach*). Bei letzterem Zutritt sind die Segmente so darzustellen, als ob sie rechtlich selbständige, unabhängig operierende Unternehmen und nicht Teile eines diversifizierten Unternehmens seien (Fiktion der wirtschaftlichen Selbständigkeit der Segmente). Synergieeffekte und andere Interdependenzen zwischen den Segmenten sind vollständig zu eliminieren. Damit soll eine größere Aussagekraft hinsichtlich der Beurteilung einzelner Segmente erreicht werden. Gleichzeitig werden aber mit der Notwendigkeit des Zugrundelegens von geschätzten Marktpreisen für intersegmentäre Transaktionen die Ermittlung dieser Werte sowie die Überleitungen auf die aggregierten Größen problematisch.

Auch der *disaggregation approach* geht von der Selbständigkeitsfiktion über die Segmente aus, setzt diese aber nicht so stringent um. Er geht von den aggregierten Größen des Jahresabschlusses aus und nimmt eine Aufgliederung und segmentweise Zusammenfassung der Abschlußdaten vor. Die Disaggregation kann dabei durch eine einfache rein quotale Aufgliederung oder durch eine der Konsolidierung entgegengesetzten Konzeption (Dekonsolidierung) geschehen. Die Segmentberichte enthalten damit ausschließlich vollkonsolidierte Daten; alle buchmäßigen Auswirkungen von intersegmentären Transaktionen sind eliminiert. Und in der reinen Form sind alle Positionen des Gesamtunternehmens, d.h. z.B. auch die Aufwendungen der Zentrale, den Segmenten vollständig zugerechnet.[272]

Ein völlig neuer Zutritt wurde mit der Überarbeitung des US-amerikanischen Standards geschaffen (vgl. dazu weiter unten).

Wie weiter oben erwähnt wurde, ist eine Entscheidung auf zwei Ebenen zu treffen: zum einen die Auswahl des Segmentierungskriteriums (Segmentdefinition), zum anderen die Information, die pro Segment gewährt werden soll. Was letzteren Punkt betrifft, so besteht zumindest auf internationaler Ebene die

271 Vgl. dazu Haller/Park: Segmentberichterstattung, 1994; S. 511ff.

272 Vgl. Ordelheide/Stubenrath: Segmentberichterstattung, 1998; S. 288.

Kerninformation aus dem Segmentumsatz, Segmentergebnis und Segmentvermögen.[273]

Beim Ausweis des Segmentumsatzes ist zu entscheiden, wie mit intersegmentären Umsätzen verfahren wird. Wird von den aggregierten Konzernabschlußdaten ausgegangen, so werden nur die externen Umsatzerlöse ausgewiesen, da die Innenumsatzerlöse nach Konsolidierung ohnehin nicht mehr enthalten sind. Dies hat den Nachteil, daß die Segmentleistung eventuell erheblich niedriger ausgewiesen wird, als sie tatsächlich ist. Darüber hinaus sollten dann auch im Segmentergebnis keine intersegmentären Transaktionen enthalten sein. Um diesen Nachteilen Rechnung zu tragen, wird - zumindest bei den anglo-amerikanischen Standards - ein separater Ausweis der intersegmentären Umsatzerlöse verlangt. Der externe Jahresabschlußadressat erhält damit einen Eindruck vom Ausmaß der wirtschaftlichen Verflechtungen der einzelnen Segmente.

Bei der Angabe des Segmentergebnisses interessiert vor allem dessen Ermittlung, wofür es zwei grundsätzliche Möglichkeiten gibt. Entweder wird eine Ergebnisstufe des aggregierten GuV-Gliederungsschemas herangezogen (z.B. Ergebnis der gewöhnlichen Geschäftstätigkeit, Jahresüberschuß/-fehlbetrag) oder es wird explizit festgelegt, welche Größen bei der Ermittlung des Segmentergebnisses zu berücksichtigen sind. I.d.R. wird das analog zur GuV definierte Betriebsergebnis als am besten geeignet angesehen. Darin ist eben das Finanzergebnis, das ohnehin nicht in direktem Zusammenhang mit der Performance eines Segmentes steht, nicht enthalten. Darüber hinaus lassen sich auf diesem Niveau des GuV-Gliederungsschemas die Erfolgskomponenten noch relativ eindeutig den einzelnen Segmenten zuordnen.

Eine richtige Einschätzung der veröffentlichten Segmentergebnisse ist für die Jahresabschlußadressaten nur mit Kenntnis der dafür eingesetzten Ressourcen möglich. Dafür ist die Angabe einer Vermögensgröße je Segment vorgesehen.

Über die Notwendigkeit von Segmentberichterstattung und deren positive Effekte für Rechnungslegungsadressaten wurden zahlreiche Studien verfaßt.[274]

---

273 Vgl. im folgenden Haller/Park: Segmentberichterstattung; zfbf 6/1994; S. 513ff.

Besonders für Analysten, Investoren und Regierungen sind diese Informationen interessant. Die Prognose von Ergebnissen erzielt eine höhere Trefferqualität auf Basis von Segmentdaten als auf aggregierten Daten. Für Börsianer sind Segmentinformationen u.a. von Relevanz, da ihr Ausweis tendenziell den Beta-Faktor reduziert.[275] Die Segmentierung von Rechnungslegungsdaten ist auch für die Berichterstattung des Managements über seine erbrachte Leistung und dem Umgang mit den eingesetzten Ressourcen gegenüber Unternehmens-partizipanten notwendig (*stewardship or accountability of management*, F.14). Und schließlich haben Regierungen für ihre wirtschaftspolitischen Entscheidungen Interessse an Informationen über Wachstum und Konzentration in einzelnen Wirtschaftszweigen, über Aktivitäten der heimischen Unternehmen im Ausland sowie der ausländischen Unternehmen am Heimmarkt und über die Gestaltung von Verrechnungspreisen. Für UN und OECD ist in diesem Zusammenhang der Einfluß von multinationalen Unternehmen auf die Gastländer von Bedeutung.

Trotzdem wurde und wird über diesen Teil der Rechnungslegung heftig diskutiert. Kritiker führen an, daß ein Unternehmen Wettbewerbsnachteile gegenüber jenen Konkurrenten erleiden würde, die keiner Segmentberichterstattungspflicht unterliegen.[276] Außerdem könnte sich der Zahlenausweis über eng definierte Segmente bei Preisverhandlungen oder öffentlichen Ausschreibungen als nachteilig erweisen.[277] Schließlich sind mit der Segmentberichterstattung auch höhere Kosten (Informationsbeschaffung, Veröffentlichung, Prüfung) verbunden.[278]

Befürworter (neben den oben erwähnten Investoren) halten dem entgegen, daß die mit der Segmentberichterstattung verbundenen Wettbewerbsnachteile, soweit sie überhaupt existieren, eben in Kauf genommen werden, um (einen besseren) Zugang zum Kapitalmarkt zu erhalten, welcher wiederum ein Wett-

---

274 Eine umfangreiche Zusammenfassung dieser Forschungsaktivitäten findet sich bei Bernards: Segmentberichterstattung, 1994, S. 31-78; Haller/Park: Segmentberichterstattung, 1994, S. 499-524; sowie Roberts/Gray: Segmental Reporting, 1995; S. 402-409.

275 Vgl. Roberts/Gray: Segmental Reporting, 1995; S. 408f.

276 Studien zeigen, daß dieses Argument noch immer von Unternehmen vorgebracht wird; vgl. dazu z.B. Edwards/Smith: Segmental Reporting, 1996; S. 169-171.

277 Vgl. dazu FAS 131.109.

278 Zu einer Übersicht der in der Literatur diskutierten Kosten vgl. Bernards: Segmentberichterstattung, 1994; S. 72ff.

bewerbsvorteil für Unternehmen mit Segmentpublizität ist. Darüber hinaus hätten Konkurrenten meist andere Quellen mit sogar detaillierteren Informationen als jenen, welche i.d.R. im Rahmen der Segmentberichterstattung verlangt werden. Mag es auch auf Unternehmensebene opportun sein, gegen weitgehende Offenlegungspflichten (besonders darüber, auf welchen Märkten die Erfolgspotentiale überdurchschnittlich hoch sind) zu stimmen, so profitiert die gesamte Volkswirtschaft von einem evtl. damit verbundenen höheren Ausmaß an Wettbewerb. Anzumerken ist hier aber auch die Tatsache, daß eine funktionsfähige Wettbewerbswirtschaft ein gewisses Ausmaß an privaten Informationen voraussetzt (die bei allen existierenden Standards zur Segmentberichterstattung ohnehin gegeben sind). Denn würden Konkurrenten denselben Einblick in das Rechnungswesen erhalten wie unternehmensinterne Adressaten, dann würde das Rechnungswesen als Informationsquelle verkümmern, genauso wie Produkt- oder Verfahrensinnovationen verkümmern würden, könnten sie nicht durch Patente geschützt werden.[279] Im Zusammenhang mit unterschiedlichen Offenlegungspflichten und damit reklamierten Wettbewerbsvor- oder nachteilen sei schließlich noch angemerkt, daß die Informationen eines diversifizierten Unternehmens über ein bestimmtes Segment nicht detaillierter sind als die, die ein kleines Unternehmen mit nur einem Segment ohnehin anzugeben hat.[280] Der Einwand der mit der Erstellung der Segmentberichterstattung verbundenen hohen Kosten vermag auch nicht länger zu überzeugen, da bei den neuen Standards auf die intern bereits existierende Managementberichterstattung - und damit auf bereits vorhandenes Zahlenmaterial - abgestellt wird. Einzig bei einem hohen Ausmaß an vertikaler Integration mit einem hohen Anteil an Innenumsätzen und gegenseitigen Abhängigkeiten erscheint eine losgelöste Analyse eines Bereiches als nicht zielführend, ja sogar verfälschend.[281]

---

279 Vgl. Ordelheide/Stubenrath: Segmentberichterstattung, 1998; S. 278.

280 Vgl. dazu FAS 131.110.

281 Vgl. Robert/Gray: Segmental Reporting, 1995; S. 409f. Zum Ausmaß und zur Bedeutung dieses Problems in der Praxis liegen bisher keine Untersuchungen vor.

6.2. Situationsbericht USA

6.2.1. Entwicklung

Die USA ist - wie könnte es anders sein - historischer Ursprung für die Segmentberichterstattung.[282] Die dortige lange Tradition und große Bedeutung dieses Informationsinstrumentes beruhen zum einen auf der Ausrichtung der US-Rechnungslegung an den Bedürfnissen der Investoren und zum anderen auf der dortigen Bedeutung des Konzernabschlusses, bei dem das Bedürfnis nach einer Segmentierung per se größer ist als in Kontinentaleuropa.[283]

Mehrere Berufsvereinigungen, wie z.B. das *Accounting Principles Board*, das *Financial Accounting Policy Committee of the Financial Analyst Federation* oder das *Financial Executives Institute*, sprachen nach vorausgehenden Studien unverbindliche *pronouncements* aus.[284] Die SEC erließ am 14. Juli 1969 Vorschriften zur *lines of business information* (Wirtschaftszweige) für die Zulassung zum Börsehandel und weitete diese Verpflichtung ein Jahr später auf das jährlich bei der SEC einzureichende *Form 10-K* aus.[285] Schon damals hatte neben der Umsatzaufgliederung auch eine Angabe der Segmentergebnisse zu erfolgen.[286] Darauf aufbauend empfahl die NYSE 1973 in einem *white paper* die Segmentberichterstattung auch für die Berichte an die Aktionäre zum verbindlichen Bestandteil. Die SEC wiederum nahm die Bestimmungen ein Jahr später in ihren Vorschriften über den *annual shareholder report* auf.[287]

Ebenso im Jahre 1974 veröffentlichte das FASB ein *Exposure Draft* mit dem Titel *Financial Reporting for Segments of a Business Enterprise*, dem Ende 1976 ein für alle mit US-GAAP konforme Abschlüsse verbindlicher Standard gleichen

---

282 Vgl. zu den historischen Ausführungen FASB: FAS Nr. 14, Appendix A.

283 Vgl. Krawitz: Segmentberichterstattung, 1997; S. 570.

284 Z.B. APB Statement No. 2, *Disclosure of Supplemental Financial Information by Diversified Companies*, 1967; vgl. Pellens: Internationale Rechnungslegung, 1998; S. 292.

285 *Securities Act Release No. 4988* u. *Securities Exchange Act Release No. 8650* sowie *No. 9000*; vgl. Roberts/Gray: Segmental Reporting, 1995; S. 396; Pellens: Internationale Rechnungslegung, 1998; S. 292.

286 Vgl. Radebaugh: Disclosures. 1997; S. 19/5.

287 Vgl. Roberts/Gray: Segmental Reporting, 1995; S. 396.

Titels folgte.[288] Er war Vorbild für viele andere Standards, v.a. von Australien, Großbritannien, Kanada und dem des IASC, aber nicht der EU-Richtlinien.[289]

Den Kern von FAS 14 bildete die Berichterstattung nach Tätigkeitsbereichen (*industry segments*), in denen ähnliche Produkte und Dienstleistungen zusammengefaßt wurden, und Regionen (*geographic segments*). Das FASB gab aber keine allgemein gültigen Regeln zur Zusammenfassung von Produkten und Dienstleistungen vor und schrieb auch keine Methode zur Ländergruppierung vor. Das führte bei den *industry segments* zu sehr weiten Abgrenzungen (mit der Konsequenz einer nur geringen Anzahl an Segmenten oder gar nur einem *dominant industry segment*).[290] Auch bei der geographischen Segmentierung konnte aufgrund der großen Manipulationsspielräume keine einheitliche Praxis erreicht werden.[291]

Anfang der 90er Jahre hatte das FASB der Segmentberichterstattung erneut Aufmerksamkeit zu schenken.[292] Studien und Stellungnahmen der Berufsorganisation der Finanzanalysten, der *Association for Investment Management and Research* (AIMR), forderten Verbesserungen der Segmentberichterstattung und das *Special Committee on Financial Reporting* des AICPA kam in seinem

---

288 Die Verlautbarungen zur Segmentberichterstattung finden sich in FAS 14, *Financial Reporting for Segments of a Business Enterprise* , FAS 18, *Financial Reporting for Segments of a Business Enterprise - Interim Financial Statements*, FAS 21, *Suspension of the Reporting of Earnings per Share and Segment Information by Nonpublic Enterprises*, FAS 24, *Reporting Segment Information in Financial Statements That Are Presented in Another Enterprise's Financial Report*, FAS 30, *Disclosure of Information about Major Customers*, und FAS 69, *Disclosures about Oil and Gas Producing Activities*. Vgl. KPMG: US-GAAP, 1996; S. 159.

289 Vgl. Haller/Park: Segmental Reporting. EAR 3/1994; S. 569ff.

290 Vgl. KPMG: US-GAAP, 1996; S. 165.
Unter *industry segment* wurden Produkte bzw. Dienstleistungen oder Gruppen von Produkten bzw. Dienstleistungen subsumiert (14.10a). Zur Abgrenzung wurde zwar beispielhaft auf zwei Klassifikationssysteme, das *Standard Industrial Classification System* und das *Enterprise Standard Industrial Classification System* des *US Office of Management and Budget*, verwiesen (14.91-14.98), deren Anwendbarkeit aber insofern eingeschränkt, als daß standardisierte Abgrenzungsvorgaben den Besonderheiten der Unternehmen wohl nicht immer Rechnung tragen könnten (14.12). Die Zuordnung einzelner Produkte und Dienstleistungen zu Industriezweigen lag damit im Entscheidungsbereich des Managements.

291 Vgl. Ahadiat: Geographic Segment Reporting. The International Journal of Accounting, 2/1995; S. 139-148.

292 Vgl. z.B. FASB Research Report: Reporting Disaggregated Information, February 1993; zit. nach FAS 131.46.

1994 veröffentlichten Bericht, *Improving Business Reporting - A Customer Focus*, zu ähnlichen Verbesserungsempfehlungen.[293] Die wichtigsten sind:[294]

- Offenlegung von Segmentinformationen in der Zwischenberichterstattung,
- größere Anzahl von Segmenten für manche Unternehmen,
- mehr Information über die jeweiligen Segmente,
- Segmentierung gemäß der internen Managementberichterstattung
- Übereinstimmung der Segmentinformationen in den *notes* oder der *MD&A* mit anderen Teilen des Jahresberichtes (z.B. der *business review section* oder dem *chairman's letter*).[295]

Daneben wurde auch festgehalten, daß Investoren und Gläubiger mehr Wert auf die Stetigkeit der Informationen im Zeitablauf als auf Vergleichbarkeit mit anderen Unternehmen legen.[296]

Im Jänner 1996 wurde vom FASB der *Exposure Draft* E 136, *Reporting Disaggregated Information about a Business Enterprise*, veröffentlicht. Aufgrund der engen Zusammenarbeit bereits im Vorfeld wurde zeitgleich und praktisch identisch ein ebensolcher Entwurf auch vom *Accounting Standards Board* (AcSB) des *Canadian Institute of Chartered Accountants* (CICA) vorgelegt. Im Juni 1997 gelangt FAS No. 131, *Disclosures about Segments of an Enterprise and Related Information*, zur Veröffentlichung, welcher für Geschäftsjahre, die nach dem 15. Dezember 1997 beginnen, oder mit einer freiwilligen früheren Anwendung wirksam wird (131.40). FAS 131 ersetzt und ergänzt eine Reihe anderer Standards mit Bestimmungen zur Segmentberichterstattung.[297]

---

293 Vgl. FAS 131.49; bzw. AICPA: Improving Business Reporting - A Customer Focus: Meeting the Information Needs of Investors and Creditors. Dieser *Comprehensive Report* wird nach dem Namen des Vorsitzenden Edmund L. Jenkins auch als *Jenkins-Report* bezeichnet.

294 Vgl. FAS 131.50.

295 Vgl. zu letzterem Punkt die Ausführungen in FAS 131.61.

296 Vgl. AICPA: Improving Business Reporting, 1994, S. 5; zit. nach Risse: Segmentberichterstattung. DB 15/1995; S. 738.

297 Er ersetzt FAS 14, *Financial Reporting for Segments of a Business Enterprise*, FAS 18, *Financial Reporting for Segments of a Business Enterprise - Interim Financial Statements*, FAS 21, *Suspension of the Reporting of Earnings per Share and Segment Information by Nonpublic Enterprises*, FAS 24, *Reporting Segment Information in Financial Statements That Are Presented in Another Enterprise's Financial Report*, und FAS 30, *Disclosure of Information about Major Customers*. Er ergänzt (*amends*) u.a. FAS 94, *Consolidation of All Majority-Owned Subsidiaries*, und APB Opinion No. 28, *Interim Financial Reporting* (131.2 und 131.128-131.136).

6.2.2. Verpflichtung

Der Standard gilt für Publikumsgesellschaften (*public business enterprises*). Diese sind als Unternehmen definiert, deren Wertpapiere (Aktien, Schuldscheine) an einer amerikanischen oder ausländischen Börse gehandelt werden, die gegenüber der SEC berichterstattungspflichtig sind, oder die Jahresabschlüsse zum Zwecke einer bevorstehenden Ausgabe von Wertpapieren vorlegen (131.9). Für Unternehmen innerhalb eines Konzerns kann die Aufgliederung in den Einzelabschlüssen unterbleiben, sofern letztere gemeinsam mit dem Konzernabschluß in einem Bericht veröffentlicht werden (131.9)[298]

6.2.3. Zweck

Mit der Segmentberichterstattung sollen Informationen über die unterschiedlichen wirtschaftlichen Aktivitäten eines Unternehmens und deren jeweilige Umfelder zur Verfügung gestellt werden, damit die Performance des Unternehmens und seine Möglichkeiten, in der Zukunft Liquiditätsüberschüsse zu erwirtschaften, besser beurteilt werden können und das Unternehmen als Gesamtes einer aussagereicheren Analyse zugeführt werden kann (131.3).

6.2.4. Abgrenzung von Segmenten

Für die Segmentierung wird entgegen zum früheren *disaggregation approach* nunmehr auf den *management approach* abgestellt. Die Segmente entsprechen dabei der internen Unternehmensstruktur (nach Divisionen, Abteilungen, Tochtergesellschaften o. ä.), so wie sie auch von den obersten operativen Entscheidungsträgern (*chief operating decision maker*)[299] zur Entscheidungs-

---

298 Damit wird die 1978 mit FAS 24, *Reporting Segment Information in Financial Statements That Are Presented in Another Enterprise's Financial Report*, geschaffene und bisher gültige Erleichterung beibehalten.

299 Mit *chief operating decision maker* ist eine Funktion im Unternehmen bezeichnet, die die Leistung der einzelnen Segmente beurteilt und ihnen Ressourcen zuweist oder streicht. Die Funktion mag von einer Person (*chief executive officer, chief operating officer*) oder von einem

findung und Performancemessung im operativen Bereich herangezogen werden. Die grundsätzliche Einschränkung der Segmentierung auf geographische oder produktorientierte Kriterien wird damit aufgehoben. Bestimmte Größen (z.B. Teile der Unternehmensfixkosten) werden nur auf die Segmente aufgeschlüsselt, sofern dies auch in der internen Managementberichterstattung geschieht. Und schließlich - und dies ist ein wichtiger und nicht unumstrittener Punkt - sind auch genau diejenigen Bilanzierungsgrundsätze, die für die interne Berichterstattung herangezogen werden, für die externe Segmentberichterstattung maßgeblich (131.4 und 131.51).[300] D.h. genau diejenigen Größen bzw. Ermittlungsweisen für Gewinn und Vermögen, die vom Management herangezogen werden, sollen auch für die Segmentberichterstattung maßgeblich sein. Damit entfallen auch vorgegebene Definitionen wie z.B. des *operating profit*, der nun für die Segmentberichterstattung gegen Anforderungen der GAAP verstoßen darf. Und nur wenn die Segmentgrößen bereits für das Management im Hinblick auf die Erstellung des Konzernabschlusses berichtigt werden, dann, und nur dann, sind diese berichtigten Zahlen zu verwenden. Werden Unternehmensgrößen auf Segmente aufgeschlüsselt, so hat dies auf einer *reasonable basis* zu erfolgen (131.29)[301]. Es ist aber von einer Verpflichtung zu Aufschlüsselungen abgesehen worden (131.88). Die Veröffentlichung des Ergebnisses des internen Berichtswesens als Segmentergebnis ist nicht als ein so starkes Publizitätserfordernis bzgl. der unternehmensinternen Zahlenstruktur zu sehen, da in den USA ohnehin nicht eine so starke Diskrepanz zwischen internem und externem Rechnungswesen wie in Kontinentaleuropa besteht.

Die sich aus der internen Organisations- und Führungsstruktur ergebenden Bereiche des Unternehmens werden als *operating segments* bezeichnet und sind laut FAS 131.10 (u. 131.57) folgendermaßen definiert:

Personengremium (z.B. *president + executive vice presidents*) wahrgenommen werden (131.12). Sie wird in weiterer Folge als Unternehmensleitung oder einfach Management bezeichnet.

300 Der *management approach* ist auch Ausdruck eines weiteren Trends, dem im Rahmen der internationalen Harmonisierung der Rechnungslegung in Theorie und Praxis Aufmerksamkeit geschenkt wird: Der Annäherung bzw. Konvergenz von interner und externer Rechnungslegung (*alignment of business reporting with internal reporting*). Vgl. dazu z.B. Coenenberg: Einheitlichkeit oder Differenzierung. DB 42/1995; S. 2077-2083; bzw. Böcking/Benecke: Segmentberichterstattung. Wpg 3/1998; S. 92-107; bzw. Küting: Spannungsfeld. BB 9/98; S. 469-475.

301 Vgl. für Beispiele, was unter einem vernünftigen Schlüssel verstanden wird, und Kritik dazu FAS 131.88. Der Verweis auf eine *reasonable basis* findet sich in den meisten Standards zur Segmentberichterstattung, so auch in IAS 14.

a) Sie nehmen am allgemeinen Wirtschaftsleben teil, erwirtschaften Erträge und verursachen Aufwendungen (auch aus Aktivitäten mit anderen Segmenten).
b) Ihre operativen Ergebnisse werden regelmäßig vom Management durchgesehen, um als Basis für Investitionsentscheidungen und zur Performancemessung zu dienen.
c) Für sie ist ein internes Berichtswesen (*discrete financial information*) verfügbar.

I.d.R. wird es für das jeweilige Segment einen direkt verantwortlichen *segment manager* geben (131.14), wobei auch hier wieder auf die Funktion und nicht auf einen konkreten Manager abgestellt wird. Im Falle einer Matrix-Organisation mit Produktgruppen als auch geographischen Bereichen dienen erstere als *operating segments* (131.15).

Die Segmentierung auf die interne Organisation des Unternehmens abzustellen, soll lt. FASB eine Reihe von Vorteilen mit sich bringen (131.59-60 und 131.9[illegible]): Es wird erwartet, daß Unternehmen detaillierte Informationen anbieten können und dies auch tun. Die interne Struktur zu kennen, hilft Analysten nachzuvollziehen, welche Chancen bzw. Bedrohungen das Management sieht. Der Blick durch die Brille des Managements macht es einfacher, dessen Handlungsweisen und die damit verbundenen Auswirkungen auf zukünftige Liquiditätsüberschüsse vorherzusagen. Da die Segmentinformationen ohnehin für die interne Managementberichterstattung aufbereitet werden, sind die zusätzlichen Kosten für die externe Berichterstattung relativ gering. Und schließlich will man mit einer Segmentierung, die auf der internen Organisationsstruktur basiert, die bisherige oft subjektive und willkürliche Auslegungspraxis von *industry segments* abstellen.

Einschränkend mag aber bezweifelt werden, ob Konzerne ihre Organisationsstruktur tatsächlich nach der Unterschiedlichkeit in Rendite und Risiko ausgerichtet haben. Denkbar sind auch historisch gewachsene Strukturen, produktionstechnische Gründe oder Verknüpfungen mit Führungspersonen des Unternehmens. Damit erscheint wie beim früheren Standard auch mit diesem

Zutritt ein Vergleich von „gleichen" Segmenten verschiedener Unternehmen nur bedingt sinnvoll.[302]

6.2.5. Ermittlung der berichtspflichtigen Segmente

Für die Berichterstattung können mehrere *operating segments* zusammengefaßt werden, sofern diese Aggregation den Zielen des Standards nicht zuwiderläuft, die wirtschaftlichen Charakteristika der Segmente ähnlich sind, und die Segmente auch grundlegende Gemeinsamkeiten hinsichtlich der Art des Produktes bzw. der Dienstleistung, des Produktionsprozesses, der Absatzwege als auch - sofern anwendbar - hinsichtlich des ordnungspolitischen Umfeldes (Banken, Versicherungen, öffentliche Versorgungsunternehmen) kumulativ erfüllen (131.17). Diese Bestimmung trägt der Tatsache Rechnung, daß für einen externen Leser nicht unbedingt die detaillierte Segmentierung für interne Berichtszwecke von Interesse ist und dem Unternehmen dadurch unnötig hohe Publizitätserfordernisse abverlangt würden (131.72).[303]

Ein einzelnes bzw. bereits aggregiertes *operating segment* erfüllt das Wesentlichkeitskriterium und ist damit ein *reportable segment*, sobald ihm 10% des Umsatzes (einschließlich intersegmentärer Umsätze), des Betriebsergebnisses (absoluter Betrag), oder des Vermögens zugerechnet werden (*quantitative thresholds*, 131.18). Informationen können auch über kleinere, keines der drei Wesentlichkeitskriterien erfüllende Segmente separat offengelegt werden (131.18-19). Diese Segmente können zusammengefaßt werden, wobei sie nicht bezüglich aller, sondern nur bezüglich der Mehrheit der oben erwähnten Kriterien (131.17) ähnlich sein müssen (131.19).

---

302 Vgl. zur Diskussion um Vergleichbarkeit FAS 131.62-65; bzw. zu Kritik am *management approach* Fey/Gelhausen: Blick durch die Wirtschaft, 8/8/1996; S. 9. Ganz allgemein gilt, daß die Vergleichbarkeit von Segmentdaten verschiedener Unternehmen, die nur durch eine weitgehende Standardisierung der Segmentabgrenzung und der Ermittlungsmethoden der Segmentdaten erreicht werden könnte, i.d.R. in einem konfligierenden Verhältnis zur geforderten Relevanz und Verläßlichkeit der gewährten Informationen steht, da unternehmensindividuelle Gegebenheiten im Fall der Standardisierung nicht mehr berücksichtigt werden können.

303 Vgl. zur Diskussion um Aggregation und Wesentlichkeit von Segmenten FAS 131.73-78.

Solange der externe Umsatz der so gebildeten Segmente weniger als 75% des Gesamtumsatzes ausmacht, sind weitere *operating segments* zu bilden (eben auch wenn sie die Größenkriterien von 131.18 nicht erfüllen) (131.20). Bleiben Bereiche übrig, so sind diese in einer Restkategorie (*all other*) zu erfassen (131.21). Auch über jene Segmente ist zu berichten, die vorwiegend oder ausschließlich Leistungen an andere Segmente erbringen (wie z.B. bei vertikal integrierten Unternehmen), sofern sie die Größenkriterien erfüllen und auch im internen Berichtswesen vertreten sind (131.79-80). Als praktikabler oberer Richtwert gelten 10 Segmente, über die getrennt berichtet wird (131.24).

6.2.6. Offenlegungspflichten

Offenzulegen sind für jedes Segment (131.25):

a) Die Segmentierungskriterien, die dahinterliegende Organisationsstruktur (u.a. die Zusammenfassung von Segmenten) und die Produkte/ Dienstleistungen, die die Umsatzträger der Segmente ausmachen (131.26).

b) Eine Ergebnisgröße, bei der folgende weitere Größen anzugeben sind, sofern diese auch bei der Ergebnisermittlung für die interne Managementberichterstattung enthalten sind (131.27)

- Umsatzerlöse[304] mit Dritten (*revenues from external customers*)
- intersegmentäre Umsatzerlöse (*revenues from transactions with other operating segments of the same enterprise*)
- Zinserträge (*interest revenue*)
- Zinsaufwendungen (*interest expense*)
- Abschreibungen (auf Anlagevermögen, Wertminderungen und Abschreibungen auf abnutzbare immaterielle Vermögensgegenstände) (*depreciation, depletion, and amortization expense*)
- außergewöhnliche Größen (*unusual items*) nach Abs. 26 der APB Opinion No. 30[305]
- Ergebnisanteil der nach der Equity-Methode einbezogenen Unternehmen (*equity in the net income of investees accounted for by the equity method*)

---

304 besser „Erträge", vgl. die Ausführungen bei IAS 14.

305 *Reporting the Results of Operations - Reporting the Effects of Disposal of a Segment of a Business, and Extraordinary, Unusual and Infrequently Occuring Events and Transactions*

- Ertragsteueraufwand oder -gutschrift (*income tax expense or benefit*)
- außerordentliche Größen (*extraordinary items*)
- andere wesentliche zahlungsunwirksame Größen als die Abschreibungen (*significant noncash items other than depreciation, depletion, and amortization expense*).[306]

Anzugeben ist auch das Vermögen (*assets*, 131.27) und - sofern in der internen Managementberichterstattung enthalten - der Beteiligungswert der nach der Equity-Methode einbezogenen Unternehmen sowie die Investitionen in das langfristige Segmentvermögen (ohne Finanzinstrumente, langfristige Geschäftsbeziehungen von Finanzintermediären, Grundschulden und andere Rechte Dritter, *deferred policy acquisition costs* und aktivische latente Steuern - *total expenditures for additions to long-lived assets other thanfinancial instruments, long-term customer relationships of a financial institution, mortgage and other servicing rights, deferred policy acquisition costs, and deferred tax assets*, 131.28), nicht aber (so wie im Entwurf vorgesehen) die Segmentverbindlichkeiten (131.96).

Darüber hinaus sind Angaben über die Ermittlung des Segmentergebnisses, des Segmentvermögens, über die Verrechnungsprinzipien zwischen berichtspflichtigen Segmenten und über Unterschiede zwischen den Größen in der Segmentberichterstattung und denen im Konzernabschluß zu machen (131.31), sofern diese Unterschiede nicht ohnehin aus den geforderten Überleitungen hervorgehen.

c) Von Segmentumsätzen, -ergebnissen, -vermögen und anderen wesentlichen Segmentgrößen, über die berichtet wird, sind Überleitungen auf die jeweiligen aggregierten Größen anzugeben (131.32).

d) Für die Zwischenberichterstattung ist der Umfang der Ausweispflichten wesentlich geringer (131.33und 131.98-99):[307]

- Umsatzerlöse mit externen Abnehmern

---

306 Diese Größe wurde aufgenommen, um Mittelherkunft und -verwendung der einzelnen Segmente besser einschätzen zu können. Dafür wurde von einer Angabe des Cash-flow aus der Geschäftstätigkeit abgesehen (131.94).

307 Mit FAS 18 gab es bisher eine Freistellung von Segmentangaben bei der Zwischenberichterstattung. FAS 131 ersetzt aber, wie weiter oben angeführt, FAS 18, *Financial Reporting for Segments of a Business Enterprise - Interim Financial Statements.*

- intersegmentäre Umsatzerlöse
- Ergebnisgröße
- Vermögen (bei einer wesentlichen Änderung zum letzten Jahresabschluß)
- Beschreibung etwaiger Unterschiede zum letzten Jahresabschluß hinsichtlich der Segmentierungskriterien bzw. der Ergebnisermittlung
- Überleitung vom Segmentergebnis auf gesamtes Konzernergebnis vor Steuern und außerordentlichen Komponenten

Neben der Berichterstattung zu den einzelnen Segmenten ist schließlich noch hinsichtlich folgender drei Punkte zu berichten, soferne diese nicht ohnehin Bestandteil der berichtspflichtigen Segmente sind (131.36 und 131.101-102):

- Information über die Produkte/Dienstleistungen (131.37 und 131.103)
  Die Umsatzerlöse mit externen Abnehmern sind für die einzelnen Produkte/ Dienstleistungen oder Gruppen von ähnlichen Produkten/Dienstleistungen anzugeben.

- Information über Regionen (131.38 und 131.104-107)
  Die Umsatzerlöse mit externen Abnehmern sowie das Anlagevermögen sind getrennt nach Inland (Sitz des Unternehmens) und Ausland (aggregiert) anzugeben. Sind die Umsatzerlöse bzw. das Anlagevermögen in einzelnen Ländern wesentlich, so sind die betreffenden Größen und Länder gesondert auszuweisen. Es ist anzugeben, auf welche Weise einzelnen Ländern Umsätze zugerechnet werden.

- Information über Großkunden (131.39 und 131.108)[308]
  Wenn 10% oder mehr der Umsatzerlöse mit einem einzelnen externen Kunden getätigt werden, so muß das betroffene Segment und die Umsatzhöhe, nicht jedoch die Identität dieses Kunden angegeben werden. Als einzelner Kunde gilt dabei auch ein Konzern, eine Regierung, u.ä.

Die zusätzliche Berichterstattung gem. 131.36 soll sicherstellen, daß auch ein Unternehmen, welches nicht nach Produktbereichen oder Regionen strukturiert ist, Informationen über diese Bereiche anzugeben hat.[309]

---

308 Damit wird die Bestimmung, die bisher in FAS 30, *Disclosure of Information about Major Customers*, festgeschrieben war, beibehalten.

309 Vgl. dazu die Diskussion anhand FAS 131.66-69.

6.3. Situationsbericht IASC

6.3.1. Entwicklung

Das IASC beschloß im März 1981 IAS 14, *Reporting Financial Information by Segment*, welcher mit Beginn des Jahres 1983 in Kraft trat. Börsenotierte und andere volkswirtschaftlich bedeutende Unternehmen hatten demnach und vergleichbar mit FAS 14 Zahlenangaben über Tätigkeitsbereiche (*industry segments*)[310] und Regionen (*geographic segments*) zu machen. IAS 14 wurde 1994 an die neue Terminologie der IASC-Rechnungslegungspraxis angepaßt.[311] Es erfolgte aber keine inhaltliche Überarbeitung im Rahmen des *Comparability and Improvements Project*. Dennoch wurde bereits 1992 die Überarbeitung von IAS 14 beschlossen. Der mehr als 10 Jahre alte Standard sollte an aktuelle Entwicklungen und die Erkenntnisse anderer nationaler und internationaler *standard-setter* angepaßt werden.[312] Unbestimmte Begriffe des Standards eröffneten große Interpretations- und Gestaltungsspielräume. Der Standard enthielt an vielen Stellen beschreibende Formulierungen, die den Eindruck vermittelten, das IASC würde lediglich die herrschende internationale Publizitätspraxis beschreiben und von verbindlichen Normierungen Abstand nehmen.[313] Neben einem höheren Konkretisierungsgrad sollten auch die Offenlegungspflichten erweitert werden.[314] Ebenso formulierte die IOSCO Anforderungen an einen zu überarbeitenden Standard[315] und vereinbarte mit dem IASC die Segmentberichterstattung als Bestandteil des bis zum Frühjahr 1998 fertigzustellenden *Working Program* des IASC.

Im September 1994 wurde das *Draft Statement of Principles* mit dem Titel *Reporting Financial Information by Segment* vorgelegt; im Mai 1995 wurde das

---

310 *Industry segments* basieren dabei auf Gruppen von verwandten Produkten bzw. Dienstleistungen oder auf Kategorien von Abnehmern.

311 Vgl. IASC: International Accounting Standards 1997; S. 235. Alle Angaben zu IAS 14 vor seiner nun abgeschlossenen Überarbeitung beziehen sich damit auf die *reformatted version*.

312 Vgl. Pacter: Information by Segment, 1994; S. 1. Die USA und Kanada haben eine Überarbeitung auch auf ihre Agenda gesetzt, in Großbritannien, Neuseeland und Japan sind neue Standards erlassen worden, und auch die OECD und UN beschäftigten sich mit der Thematik (vgl. Pellens: Internationale Rechnungslegung, 1. Aufl., 1997, S. 459).

313 Vgl. IAS-Kommentar, 1997; darin: Haller: IAS 14; S. 467, Rn 2.

314 Vgl. Pacter: Information by Segment, 1994; S. 12f.

315 Vgl. Pacter: Information by Segment, 1994; S. 8.

Statement of Principles verabschiedet.[316] Im Dezember 1995 wurde der *Exposure Draft* E 51, *Reporting Financial Information by Segment*, publiziert. Dabei hat das IASC eng mit AcSB und mit dem FASB zusammengearbeitet, um Differenzen zu deren ein Monat später herausgegebenen Entwürfen (vgl. oben) zu minimieren. Die dennoch zu Tage getretenen bedeutenderen Differenzen wurden bis Dezember 1996 weitgehend beseitigt, und im Jänner 1997 stimmte das IASC *Board* der endültigen Fassung zu, verschob die Publikation aber auf August 1997, um die endgültigen Fassungen der beiden übrigen Standards abwarten zu können.[317] Bei ihrem Treffen in Peking, China, im Juli 1997 stimmte das *Board* schließlich der Veröffentlichung der endgültigen Fassung, *Segment Reporting*, zu.[318]

Die nunmehrigen Anforderungen in IAS 14 (*revised*),*Segment Reporting*, gehen materiell weit über den früheren Standard hinaus. Ganz allgemein hat auch der Umfang des neuen Standards erheblich zugenommen: Fand man ursprünglich mit 26 Absätzen das Auslangen, so sind es nunmehr 84 Absätze und drei Anhänge.

6.3.2. Verpflichtung

Die Segmentberichterstattung ist verpflichtend für Unternehmen, deren Eigen- oder Fremdkapitalinstrumente öffentlich gehandelt werden, und für Unternehmen, die im Begriff sind, solche Instrumente auszugeben(14.3).[319] Mit dem Ausdruck *equity or debt securities* sind neben Aktien auch sämtliche Gläubigerrechte verbriefende Urkunden, die öffentlich gehandelt werden, zu verstehen (z.B. Industrieobligationen).[320] Der Anwendungskreis wurde gegenüber dem früheren Standard, nach dem auch andere wirtschaftlich bedeutende Unternehmen über ihre Segmente berichten mußten, eingeschränkt. Zum einen kommt darin die Kapitalmarktorientierung des IASC seit seiner Zusammenarbeit mit der

---

316 Vgl. KPMG: US-GAAP, 1996; S. 23.

317 Vgl. IASC: Annual Review 1996, 1997; S. 8.

318 Vgl. IASC: IASC Update, July 1997; S. 1; bzw. kritischer zu diesem Vorgehen: Barckow/Gräfer: Aktuelle Entwicklungen, DB 24/1997; S. 1191.

319 Dies ist wohl die einzige Erleichterung gegenüber dem früheren Standard, nach dem auch andere wirtschaftlich bedeutende Unternehmen über ihre Segmente berichten mußten.

320 Vgl. IAS-Kommentar, 1997; darin: Haller: IAS 14; S. 469, Rn. 5.

IOSCO zum Ausdruck, zum anderen mögen hier die im *Framework* verankerte Wesentlichkeit (*materiality*) und Nebenbedingung der *balance between benefit and cost* eine maßgeblich Rolle gespielt haben. Darüber hinaus gab es mit der früheren Formulierung „*other economically significant entities*" Interpretationsschwierigkeiten.[321] Im allgemeinen vertritt das IASC die Meinung, seine Standards sollten auch für kleinere Unternehmen Geltung haben - mit Ausnahme von IAS 14 eben und IAS 33, die nur für börsenotierte Unternehmen relevant sind.[322]

Der neue Standard gilt ab Geschäftsjahren, die mit oder nach dem 1. Juli 1998 beginnen (14.84). Mit den Segmentangaben für den Konzern entfällt die Offenlegungspflicht für die gemeinsam veröffentlichten Einzelabschlüsse der Mutter- oder einzelner Tochtergesellschaften (14.6).

Verbessert wurde auch der Ausweisort der Segmentberichterstattung, und zwar mit dem ebenfalls im August veröffentlichten IAS 1, *Presentation of Financial Statements*. Demnach sind im Anhang (*notes*) anzugeben (1.91):

- Informationen über die Grundlagen der Erstellung des Jahresabschlusses und spezifische Bilanzierungs-/Bewertungsmethoden (*accounting policies*), die für bedeutende Transaktionen und Ereignisse gewählt und angewandt wurden,
- Informationen, die von IASs verlangt werden, aber in keinem anderen Jahresabschluß-Bestandteil offengelegt sind, und
- zusätzliche Informationen, die nicht anderswo im Jahresabschluß offengelegt sind (weil sie von IASs auch nicht explizit verlangt werden), aber für eine *fair presentation* notwendig sind.

Für alle in einzelnen IAS vorgesehenen Ausweispflichten, wie z.B. nach IAS 14 für den oben genannten Kreis von Unternehmen, ist nun eindeutig der Anhang vorgeschrieben - und dieser ist in den meisten Ländern prüfungspflichtig.[323] Eine Verlagerung der Segmentberichterstattung in nicht-prüfungspflichtige Teile des Jahresabschlusses ist somit nicht mehr möglich.[324] Segmentberichterstattung

---

321 Die Auffassung allerdings, daß disaggregierte Daten für die Adressaten von Unternehmen ohne börsegehandelte Wertpapiere nicht relevant wären, ist nicht haltbar und wird auch in der Literatur abgelehnt. Vgl. IAS-Kommentar, 1997; darin: Haller: IAS 14, S. 470f, Rn. 7.

322 Vgl. IASC Insight, June 1997, S. 1.

323 In Österreich nach § 268 HGB.

324 Vgl. dazu Achleitner/Pejic: Des Abschlusses neue Kleider, DB 41/1996; S. 2043.

ist damit nicht mehr eine allgemeine Berichterstattung innerhalb des Geschäftsberichtes (so wie es in früheren Untersuchungen für die deutsche und österreichische Ausweispraxis oft festgestellt wurde), sondern eine direkte Ergänzung und Erläuterung von Jahresabschlußbestandteilen.

6.3.3. Zweck

Mit dem Standard sollen Richtlinien für die Berichterstattung über Segmente, abgegrenzt nach unterschiedlichen Produkten bzw. Dienstleistungen und unterschiedlichen Regionen, aufgestellt werden. Damit soll den Jahresabschlußadressaten ein besseres Verständnis über die Performance in der Vergangenheit, eine bessere Einschätzung der Rendite-Risiko-Struktur sowie des Unternehmens im gesamten ermöglicht werden (14.Objective).

6.3.4. Abgrenzung von Segmenten

Die Segmentierung hat nach Produkten bzw. Dienstleistungen (*business segments*) und nach Regionen (*geographic segments*) zu erfolgen. Dabei sind folgende wesentliche Änderungen zum bisherigen Standard zu berücksichtigen

Zum einen wird im neuen Standard nach primären und sekundären Segmentdimensionen (*primary segments*, *secondary segments*) unterschieden, wobei für diese Unterteilung auf „*the dominant source and nature of an enterprise's risks and returns*" abgestellt wird (14.26). Ist für ein Unternehmen demnach die Segmentierung nach Produkten bzw. Dienstleistungen das primäre Berichtsobjekt, so sind zu den geographischen Segmenten als sekundärer Dimension nur noch einige wenige Informationen anzugeben (vgl. weiter unten) - und umgekehrt.

Als andere wesentliche Änderung soll die interne Struktur der Unternehmensführung bzw. der Managementberichterstattung im Regelfall als Basis für die Segmentierung herangezogen werden (*management approach*, 14.27).[325] Die

---

325 Einschränkungen dazu enthält 14.27.

Kriterien für die Unterscheidung von Segmenten wurden weiter spezifiziert. Für die Bildung von *business segments* ist auf Ähnlichkeiten beim Produkt selbst, beim Produktionsprozeß, bei Abnehmern, Vertriebswegen und dem regulatorischen Umfeld (hinsichtlich Banken, Versicherungen, öffentliche Versorgungsunternehmen u.ä.) abzustellen (14.9). Bei den *geographical segments* ist auf die wirtschaftlichen und politischen Rahmenbedingungen, die Beziehungen zwischen den Tätigkeiten in verschiedenen geographischen Regionen, die geographische Nähe zueinander, devisenrechtliche Bestimmungen, Währungsrisiken und andere regionen-spezifische Risiken zu achten (14.9). Die geographische Gliederung kann sich dabei nach der Lage der Produktion bzw. anderer Aktiva oder nach den Absatzmärkten richten (14.13).[326]

Im *Draft Statement of Principles* war für die Bildung von Segmenten noch die Ausrichtung an den Risiken und Chancen (bzw. Risiken und Erträgen in anderen Übersetzungen) der jeweiligen Geschäftsfelder angeführt worden (*risks and rewards approach*); dies wurde in Abstimmung mit Stellungnahmen aus der Praxis und mit den nordamerikanischen Standard-Settern FASB und CICA geändert, zumal die interne Organisation und Berichterstattung i.d.R. ohnehin nach den wesentlichsten Risiken und Chancen, denen sich das Unternehmen ausgesetzt sieht, organisiert sein wird.[327] Durch diese Unterstellung des IASC wurde äußerst diplomatisch eine lange Meinungsverschiedenheit mit FASB und AcSB bereinigt, gleichzeitig ist dies ein Beispiel mehr für den starken Einfluß des FASB auf die Arbeit in der Fleet Street.[328]

6.3.5. Ermittlung der berichtspflichtigen Segmente

Ausgehend von der internen Finanzberichterstattung ist zu prüfen, welches die primäre Segmentierungsdimension ist (vgl. weiter oben) und ob die bestehenden Segmente den Kriterien von Par. 9 für *business segments* bzw. *geographic*

Allerdings befand bereits im bisherigen Standard Par. 13, daß die internen Organisationsstrukturen i.d.R. den Anforderungen des Managements und damit auch der Segmentierung entsprechen würden.

326 Der frühere Standard enthielt keine Regelung dazu.

327 Vgl. Risse: Standardentwurf zur Segmentberichterstattung, DB 15/1996; S. 747; bzw. IASC: Comment Letters „Reporting Financial Information by Segment“, 1996.

328 Vgl. IAS-Kommentar, 1997; darin: Haller: IAS 14; S. 509; Rn 113.

segments entsprechen (14.26). Im Falle einer Matrix-Organisation sind die *business segments* als primäres Berichterstattungsobjekt heranzuziehen (14.27a).

Unterschied zu FAS 131: Ist ein Unternehmen weder nach Produktgruppen noch nach geographischen Kriterien strukturiert, so ist nach FAS 131 eben diese interne Struktur auch für die externe Segmentberichterstattung zu übernehmen und bzgl. Produktgruppen und Regionen lediglich die in Par. 37 und 38 geforderten Angaben zu machen (vgl. weiter oben). IAS 14.32 dagegen hat für diesen Fall ein sog. *safety net* und verlangt für Unternehmenssegmente, die den Kriterien von Par. 9 noch nicht entsprechen, auf die nächste darunter liegende Gliederungsebene abzustellen, die auf Produktgruppen oder Regionen basiert; nötigenfalls ist eine Umstellung bzw. Umgliederung auf *business* und *geographic segments* erforderlich.

Sind Segmente hinsichtlich aller in Par. 9 angeführten Kriterien und hinsichtlich ihrer langfristigen Rendite ähnlich, so gelten sie als *substantially similiar* und können zusammengefaßt werden (14.34).

Ein einzelnes bzw. bereits aggregiertes Segment erfüllt das Wesentlichkeitskriterium und ist damit ein *reportable segment*, sobald der größere Teil (*majority*) seiner Umsatzerlöse von unternehmensexternen Abnehmern stammt und ihm 10% des Umsatzes (einschließlich intersegmentärer Umsätze), des Ergebnisses (absoluter Betrag) oder des Vermögens von allen Segmenten zusammengefaßt zugerechnet werden (14.35). Liegt ein Segment, über das intern berichtet wird, unter allen drei Größenkriterien, so kann dieses als separates Segment offengelegt werden, es kann mit anderen, ebenfalls unter den Größenkriterien liegenden Segmenten zusammengefaßt werden, sofern eine Ähnlichkeit in der Mehrzahl der in Par. 9 angeführten Kriterien besteht, oder es kann separat in der Überleitungsrechnung angeführt werden (14.36).[329]

Unterschied zu FAS 131: Erzielt ein Segment mehr als die Hälfte seiner Umsatzerlöse aus dem Verkehr mit anderen Segmenten desselben Unternehmens, so braucht über dieses Segment grundsätzlich nicht berichtet werden (IAS 14.35 iVm 14.74). Sollten die Umsatzerlöse dieses Segmentes mit externen Abnehmern aber dennoch mehr

[329] Der frühere Standard enthielt keine Regelung dazu.

als 10 % der gesamten externen Umsätze ausmachen, so sind die externen sowie internen Umsätze dieses Segmentes offenzulegen (14.74). Eine freiwillige Berichterstattung für stark vertikal integrierte Unternehmen, z.B. der Erdöl- und Gasindustrie mit Segmenten wie Exploration, Raffination, Verarbeitung und Vertrieb, wird allerdings befürwortet (14.39-14.40). Nach dem US-Standard ist ein solches Segment hingegen gem. Par. 10 ein *operating segment* und gem. den Größenkriterien von Par. 18 berichtspflichtig.

Bleibt der Umsatz mit Dritten aller *reportable segments* unter 75% der gesamten Umsatzerlöse, so sind weitere Segmente zu bilden, bis diese Grenze erreicht ist (14.37). Gegenüber dem US-Standard gibt das IASC keinen Richtwert für die Anzahl der Segmente vor. War früher unter dem Gesichtspunkt der Wahrung der Verständlichkeit (*understandability*, F.25) eine nicht zu umfangreiche Segmentierung gefordert, so wird nun der *relevance* (F.26), die mit zunehmender Segmentanzahl steigt, immer mehr die dominierende Stellung eingeräumt. Diese Entwicklung wird durch die Möglichkeiten der elektronischen Datenverarbeitung und die zunehmende Ausrichtung der Rechnungslegung auf professionelle Bilanzanalysten unterstützt.

Eine Beschränkung der auszuweisenden Segmente ergibt sich hingegen aus dem Grundsatz der *reliability* (F.31), d.h. der Vertrauenswürdigkeit der Datengewährung. Diese nimmt mit steigender Segmentanzahl ab, da die Zurechnungsproblematik gemeinschaftlich genutzter Aktiva bzw. von mehreren Segmenten verursachter Aufwendungen immer größer, d.h. die Zurechnung immer gewillkürter wird. Diese Gefahr dürfte derzeit noch gering sein, denn weltweite Untersuchungen zeigen bei der sektoralen Segmentierung einen Durchschnitt von 3,6 Segmenten und bei der geographischen Segmentierung einen Durchschnitt von 3,8 Segmenten.[330] In Deutschland kommen vergleichsweise 3 bzw. 2 Segmente am häufigsten vor.[331]

---

330 Vgl. Pacter: Information by Segment, 1994; S. 19 u. 56ff.

331 Vgl. Bernards: Segmentberichterstattung, 1994; S. 180.

6.3.6. Offenlegungspflichten

Egal ob primäre oder sekundäre Berichterstattungsebene, es sind für jedes *business segment* die darin inkludierten Produkte bzw. Dienstleistungen und für jedes *geographical segment* die Zusammensetzung der jeweiligen geographischen Regionen anzugeben (14.81).

Offenzulegen sind für die jeweiligen *primary segments* wie im früheren Standard:

- Umsatzerlöse des Segments (*segment revenue*)[332], differenziert nach Umsätzen mit unternehmensexternen Kunden und mit anderen Segmenten (14.51),
- Segmentergebnis (*segment result*, 14.52),
- Segmentvermögen zu Buchwerten (*carrying amount of segment assets*, 14.55),
- Grundlagen der Verrechnungspreisbildung (*inter-segment pricing*, 14.75),

und darüber hinausgehend für jedes Segment:

- Verbindlichkeiten (*liabilities*, 14.56),
- Sach-Investitionen (*total cost incurred during the period to acquire segment assets ....* , 14.57),
- Abschreibungen (auf Anlagevermögen und abnutzbare immaterielle Vermögensgegenstände) (*depreciation and amortization*, 14.58),
- alle anderen wesentlichen zahlungsunwirksamen Aufwendungen als die Abschreibungen (14.61),
- Ergebnisanteil und Beteiligungswert der nach der Equity-Methode einbezogenen Unternehmen (14.64 u. 14.66).

---

332 Auch wenn hier die Übersetzung „Umsatzerlöse“ gewählt wurde, so geht der Begriff „*revenue*“ über die Umsatzerlöse gem. § 232 (1) HGB hinaus und umfaßt auch Nebenumsätze bzw. -erträge. Eine bessere Übersetzung wäre demnach „Erträge“. Bestandserhöhungen sowie andere aktivierte Eigenleistungen im Falle einer Anwendung des Gesamtkostenverfahrens sollten nach h.M. nicht in die Segmenterträge eingehen, und folglich die auf die Erstellung dieser Leistungen entfallenden Aufwendungen auch nicht in die *segment expenses* eingehen. Vgl. IAS-Kommentar, 1997; darin: Haller: IAS 14; S. 492, Rn. 69ff; bzw. zur Definition von *segment revenues*: 14.16.

Für die Ermittlung des Segmentergebnisses werden grundsätzlich Zinsaufwendungen und -erträge, Dividenden sowie Gewinne und Verluste aus der Veräußerung von Finanzanlagevermögen oder der Tilgung von Schulden nicht einbezogen, außer die Geschäftstätigkeit des Segments liegt im wesentlichen im finanziellen Bereich. Ebenso unberücksichtigt bleiben außergewöhnliche Aufwands- und Ertragsposten, Ertragsteuern, der Verlustanteil der nach der Equity-Methode einbezogenen Beteiligungen, Verwaltungs- und andere Fixkosten auf Gesamtunternehmensebene (14.16).[333] Damit orientiert sich die Segmentergebnisgröße am Betriebsergebnis, das nach international einhelliger Auffassung als informationskräftigste Ergebnisgröße betrachtet wird, weil es die segmentspezifische Nettoleistung am besten zum Ausdruck bringt und daher am ehesten als Leistungsindikator geeignet ist. Der Ausschluß des Finanzergebnisses ist insofern naheliegend, da das Finanzergebnis nicht in direktem Zusammenhang mit der *segment performance* steht. Ganz allgemein steigt die Zuordnungsproblematik bei den „unteren" Posten der Gewinn- und Verlustrechnung.[334] Explizit werden die das Gesamtunternehmen betreffenden Aufwendungen von einer anteiligen Zurechnung zu den Segmenten ausgenommen (14.16). So wie in den meisten Standards zur Segmentberichterstattung gilt nun auch im neuen IAS 14, daß für die Inter-Segmenttransaktionen die tatsächlich zur Anwendung gelangenden Grundsätze der Verrechnungspreisgestaltung anzugeben sind (14.75).

Die Angaben für die sekundären Segmente umfassen lediglich (14.69 u. 14.70):
- Umsätze mit externen Abnehmern,
- Vermögen zu Buchwerten,
- Sach-Investitionen.

Auch hier gilt das Wesentlichkeitskriterium von 10%.

Für die Umsatzerlöse, die Ergebnisse, für das Vermögen sowie für die Verbindlichkeiten ist eine Überleitung bzw. Korrektur von den Segmentzahlen auf die aggregierten Zahlen des externen Abschlusses anzugeben (14.67). Die Korrrekturbeträge ergeben sich einerseits aus in der Segmentberichterstattung enthaltenen Doppelrechnungen (z.B. wegen Berücksichtigung der inter-

---

333 Gegenüber dem Standard-Entwurf (Exposure Draft E 51) wurde u.a. der Ausweis von Zinserträgen, Dividenden und Zinsaufwendungen gestrichen. Vgl. http://www.iasc.org.uk/frame/cen3_13.htm (9/7/1997); bzw. allg. IASC: Comment Letters on E51, 1997.

334 Vgl. IAS-Kommentar, 1997; darin: Haller: IAS 14; S. 495f; Rn 79.

segmentären Aktivitäten) sowie andererseits durch die Nichtberücksichtigung der Beträge, die im wesentlichen das Unternehmen als Einheit betreffen und deshalb den einzelnen Segmenten nicht zugerechnet wurden.[335]

Die Darstellung wird in der Regel in tabellarischer Form erfolgen. Es kann eine matrixförmige Darstellung mit der Kombination der Segmentierungsebenen erfolgen (14.29).

> Unterschied zu FAS 131: Nach IAS 14 sind bei der Segmentberichterstattung dieselben Rechnungslegungsmethoden anzuwenden wie für die übrigen Bestandteile des Jahresabschlusses (14.44), da davon ausgegangen wird, daß das Management bereits für den aggregierten Jahresabschluß die angemessensten Rechnungslegungsmethoden anwendet (14.45). Zwar ist damit nicht gemeint, daß einzelne Segmente die Grundsätze so anwenden müßten, als ob sie eigenständige berichtspflichtige Einheiten wären (14.45), dennoch ist eine Abweichung von den Rechnungslegungsgrundsätzen des externen Abschlusses und Übernahme der internen Managementberichterstattung nicht wie im US-Standard vorgesehen bzw. gewünscht, sondern wird unter bestimmten Bedingungen als zusätzliche Information zugelassen (14.46). Ein weiterer Unterschied ist, daß Aktiva einzelnen Segmenten nur dann zuordenbar sind, wenn gleichzeitig auch die durch sie verursachten Erlöse und Aufwendungen dem entsprechenden Segment zugeordnet werden (*symmetry*, 14.47). Segmentverbindlichkeiten sind nur nach dem Standard des IASC anzugeben. Umgekehrt verlangt IAS 14 keine Angabe über *major customers*. Schließlich ergeben sich Unterschiede, da IAS 14 detaillierter und einheitlicher festhält, was im Segmentergebnis enthalten sein soll, während der US-Standard aufdas interne Reporting abstellt. FAS 131 hat damit die konsequentere und kompromißlosere Umsetzung des *management approach*.

Dem für sämtliche Rechnungslegungsinformationen gültigen Vergleichbarkeitsgrundsatz (F.39 ff) zufolge, müssen sowohl die Segmentabgrenzung als auch die Methoden der Ermittlung der Segmentdaten über die Zeit konstant bleiben bzw. bei Änderungen die Vergleichbarkeit mit den Vorjahren wieder hergestellt werden (14.76 ff).

---

335 Vgl. IAS-Kommentar, 1997; darin: Haller: IAS 14; S. 500; Rn 93.

6.4. Situationsbericht EU

In der 4. EG-Richtlinie wird in Abschnitt 8 auf den Inhalt des Anhangs eingegangen und dabei in Art. 43 Abs. 1 Z 8 Angaben gefordert über:

> „.... die Aufgliederung der Nettoumsätze im Sinne des Artikels 28 nach Tätigkeitsbereichen sowie nach geographisch bestimmten Märkten soweit sich, unter Berücksichtigung des Verkaufs von für die normale Geschäftstätigkeit der Gesellschaft typischen Erzeugnissen und der Erbringung von für die normale Geschäftstätigkeit der Gesellschaft typischen Dienstleistungen, die Tätigkeitsbereiche und geographisch bestimmten Märkte untereinander erheblich unterscheiden ....“[336]

Verlangt sind also Segment-Umsatzerlöse aufgegliedert nach Tätigkeitsbereichen und nach geographischen Märkten, wobei dem einfachen Disaggregationsansatz gefolgt wird.

In Art. 44 wird den Mitgliedstaaten allerdings freigestellt, den in Art. 11 bezeichneten Gesellschaften einen verkürzten Anhang zuzugestehen, der die in Art. 43 Abs. 1 Z 5 bis Z 12 geforderten Angaben nicht enthält. In Art. 45 Abs. 2 zweiter Satz wird den Mitgliedstaaten weiters gestattet, den in Art. 27 bezeichneten Gesellschaften („kleine Aktiengesellschaften“), die in Art. 43 Abs 1 Z 8 geforderten Angaben zu unterlassen und dies im Anhang zu vermerken.

Und schließlich dürfen nach Art. 45 Abs. 2 erster Satz Unternehmen gem. Art. 43 Abs 1 Z 2 (Unternehmen, bei denen die berichterstattende Gesellschaft entweder selbst oder indirekt mit mindestens einem Prozentsatz am Kapital beteiligt sind, den die Mitgliedstaaten auf höchstens 20% festsetzen dürfen) auf die Berichtspflicht verzichten, wenn diese geeignet ist, dem berichterstattenden Unternehmen einen erheblichen Nachteil zuzufügen.

Die Vorschriften der EU sind damit sehr grundsätzlicher Natur und räumen darüber hinaus den Mitgliedstaaten Freiräume und Schutzklauseln ein. Sie sind ein gutes Beispiel für die Kompromißlösungen, die bei der Verabschiedung der

---

[336] Für den Konzernabschluß finden sich analoge Vorschriften in Art. 34 Abs. 8 und eine Schutzklausel und Art 35 Abs. 2 der 7. EG-Richtlinie.
Nettoumsatzerlöse sind dabei i.S.d. Art. 28 gemeint, d.h. nach Abzug von Erlösschmälerungen, der Mehrwertsteuer und anderer unmittelbar auf den Umsatz bezogener Steuern.

4. und 7. EG-Richtlinie gemacht werden mußten, denn ursprünglich war neben der Umsatzaufgliederung auch eine Erfolgsgliederung vorgesehen.[337] Großbritannien und Irland sind die einzigen Mitgliedstaaten, deren Segmentberichterstattungsvorschriften bedeutend über die Erfordernisse der Richtlinien hinausgehen. Die übrigen Mitgliedstaaten beschränkten sich auf eine Transformation der Richtlinien-Inhalte.[338]

6.5. Situationsbericht Österreich

Die österreichischen Bestimmungen (gleich inklusive der Schutzklausel) finden sich in § 237 Z 9 HGB. Sie wurden mit dem EU-GesRÄG 1996 an die EU-Richtlinien angepaßt. Gem. § 242 Abs. 1 und § 279 Z 3 HGB brauchen nur große Kapitalgesellschaften die Angaben laut § 237 Z 9 zu machen.[339] Für den Konzernanhang gibt es mit § 266 Z 3 eine analoge Bestimmung zu § 237 Z 9.[340] Entgegen den anglo-amerikanischen Standards befreit in Österreich die Segmentberichterstattung im Konzernabschluß nicht von dem Erfordernis auch im Einzelabschluß.[341]

---

337 Vgl. Haller/Park: Segmental Reporting, EAR, 3/1994; S. 505.
Auf Vorschlag Großbritanniens war in der Fassung vom 8. November 1976 in Artikel 41 Z 9 der 4. EG-Richtlinie eine Vorschrift zur Umsatz- und Erfolgsaufgliederung enthalten, die in der Fassung vom November 1977 auf eine reine Umsatzaufgliederung beschränkt wurde. In der endgültigen Fassung wurde aus Art. 41 Z 9 der nunmehrige Art. 43 Abs. 1 Z 8. Ebenso enthielt die 7. EG-Richtlinie in der Fassung vom 10.5.1976 in Art. 20 Z 7 die Pflicht zur Umsatz- und Erfolgssegmentierung - und wurde ebenso wieder auf eine reine Umsatzaufteilung beschränkt. Vgl. dazu Haase: Segmentpublizität, BFuP 1979; S. 458f.

338 Vgl. Haller/Park: Segmental Reporting, EAR, 3/1994; S. 564.
Holland schrieb ursprünglich die Ergebnisaufgliederung für heimische Unternehmen vor und ging damit über das Richtlinienerfordernis hinaus, zog sie aber aufgrund von befürchteten Wettbewerbsnachteilen später wiederum zurück (vgl. Roberts/Gray: Segmental Reporting, 1995; S. 397).

339 Gemäß § 221 Abs. 3 zweiter Satz gilt eine Kapitalgesellschaft stets als groß, wenn Aktien oder andere von ihr ausgegebene Wertpapiere an einer Börse innerhalb der EU oder des EWR zum amtlichen Handel zugelassen oder in den geregelten Freiverkehr einbezogen sind. Da nur börsenotierte Unternehmen untersucht werden, haben alle Unternehmen dieser Erhebung die Bestimmungen des § 237 Z 9 anzuwenden.

340 Vgl. ausführlicher zu den österreichischen Bestimmungen Jabornegg: Kommentar zum HGB, 1997

341 Vgl. Selchert: Aufgliederung der Umsatzerlöse, Betriebs-Berater 1992; S. 2032; dort für Deutschland, und mit gleicher Gültigkeit für Österreich.

Gem. §237 Z 9 sind im Anhang Angaben zu machen über:

„ .... die Aufgliederung der Umsatzerlöse **nach Tätigkeitsbereichen** sowie **nach geographisch bestimmten Märkten**, soweit sich, unter Berücksichtigung der Organisation des Verkaufs von für die gewöhnliche Geschäftstätigkeit des Unternehmens typischen Erzeugnissen und der für die gewöhnliche Geschäftstätigkeit des Unternehmens typischen Dienstleistungen, die Tätigkeitsbereiche und geographisch bestimmten Märkte untereinander erheblich unterscheiden; die Umsatzerlöse brauchen jedoch nicht aufgegliedert zu werden, soweit die Aufgliederung nach vernünftiger kaufmännischer Beurteilung geeignet ist, dem Unternehmen oder einem Unternehmen, von dem das Unternehmen mindestens den fünften Teil der Anteile besitzt, einen erheblichen Nachteil zuzufügen; die Anwendung dieser Ausnahme ist im Anhang anzugeben."

Damit ist Österreich nun praktisch wortgleich mit der Bestimmung in Deutschland. Dort wurde Art. 43 Abs. 1 Z 8 der 4. EG-Richtlinie mit § 285 Z 4 für den Einzelabschluß und wortgleich, abgesehen vom Subjektbezug, § 314 Abs. 1 Z 3 dHGB für den Konzernabschluß umgesetzt. Eine Verpflichtung besteht nur für große Kapitalgesellschaften im Sinne des § 267 Abs. 3 dHGB. Die größenabhängigen Erleichterungen sind in § 288 dHGB normiert. Schutzbestimmungen sind in § 286 Abs. 2 und in § 314 Abs. 2 dHGB enthalten. Börsenotierte Unternehmen müssen zusätzlich die Bestimmungen der Börsenzulassungs-Verordnung (BörsZulV) beachten. Mit Fertigstellung dieser Untersuchung ist in Deutschland das KonTraG beschlossen worden, das eine verpflichtende über das bisherige Ausmaß hinausgehende Segmentberichterstattung für börsenotierte Unternehmen vorsieht (§ 297 Abs. 1 dHGB).[342] Im übrigen können die für Österreich angeführten Erläuterungen und Kritikpunkte mit gleicher Gültigkeit auch für Deutschland herangezogen werden.

Der Begriff der Umsatzerlöse entspricht der auch für die Gewinn- und Verlustrechnung des Jahresabschlusses verwandten Definition, wonach der Nettoerlös, d.h. nach Abzug von Erlösschmälerungen und Umsatzsteuer aller in einer Periode abgesetzten und für die Geschäftstätigkeit typischen Produkte oder Dienstleistungen eines Unternehmens maßgeblich ist. Da die Umsatzerlöse nur Geschäftsvorfälle mit Dritten umfassen, besteht keine Verpflichtung zur Angabe

342 Vgl. im folgenden KPMG-Mitteilungen, 4/98, Beilage.

intersegmentärer Umsätze.[343] Wurde vor dem EU-GesRÄG lediglich auf eine getrennte Darstellung der In- und Auslandsumsätze abgestellt, so gilt nunmehr die richtlinienkonforme Darstellung nach „geographisch bestimmten Märkten". Ziel ist, die Erträge und Risiken aus unterschiedlichen Absatzgebieten ersichtlich zu machen und Gebiete mit homogener marktbezogener Risikostruktur (z.B. hinsichtlich des Währungsrisikos) zusammenzufassen. Die Segmentierung wird sich an den Gegebenheiten der Absatzmarktseite, i.d.R. der geographischen Abnehmerstruktur, orientieren.[344] Im Falle des Konzernabschlusses kann alternativ auch die Umsatzherkunft i.S.d. jeweiligen Betriebsstandorte herangezogen werden. Hinsichtlich der Größe und Abgrenzung dieser Segmente bestehen keine Beschränkungen oder Vorgaben. Die grundsätzliche Aufgliederung in In- und Ausland reicht nur im Falle einer relativ geringen Bedeutung der Auslandsumsätze aus. Bei ausschließlicher oder vorwiegender Tätigkeit in nur einem Staat empfiehlt sich eine Aufgliederung, sofern auch hier wesentliche Unterschiede hinsichtlich des Risikos etc. bestehen.

Bei der Segmentierung nach Tätigkeitsbereichen sollen abgegrenzte Bereiche der Leistungserstellung gebildet werden, die sich sowohl aufbauorganisatorisch (z.B. in Form von Abteilungen, Sparten, Profit-Centers) als auch unter Risikogesichtspunkten deutlich voneinander unterscheiden. Schwierigkeiten bereitet die hervorhebende bzw. ergänzende Formulierung, daß die Aufgliederung unter Berücksichtigung von Unterschieden in der Verkaufsorganisation zu geschehen hat. Die Frage nämlich, ob im Falle einer einheitlicher Verkaufsorganisation überhaupt eine Aufgliederung zu erfolgen hat, ist strittig, wird aber zu bejahen sein.[345] In der Literatur werden auch betriebsorganisatorische, fertigungs- oder produktorientierte sowie abnehmerbezogene (sofern nicht geographisch unterteilt) Kriterien zugelassen.[346]

Die Aufgliederung ist nur einstufig gefordert, d.h. es besteht keine Verpflichtung zu einer kombinierten Segmentierung nach Tätigkeitsbereichen und Märkten in Form einer Matrix. Die Aufgliederung hat generell wertmäßig zu geschehen;

---

343 Vgl. Krawitz: Segmentberichterstattung. 1997; S. 562ff. Im Bereich des Konzernabschlusses ergibt sich dies auch aus der zugrundeliegenden Einheitstheorie.

344 Vgl. im folgenden Krawitz: Segmentberichterstattung. 1997; S. 562f bzw. die dort angeführten Verweise.

345 Bejahend z.B. Krawitz: Segmentberichterstattung. 1997; S. 565; anderer Ansicht hingegen Ellrott: § 285 HGB, 1995; Rn. 73.

346 Vgl. Krawitz: Segmentberichterstattung. 1997; S. 562f.

Mengenangaben können zusätzlich gemacht werden. Es sind absolute und relative Zahlenangaben zulässig. Die Überleitung muß nachvollziehbar sein; d.h. es muß die Aufsummierung der Segmenterlöse zu dem in der GuV ausgewiesenen Betrag führen.[347]

Die Vorschriften eröffnen den rechnungslegenden Unternehmen große Interpretationsmöglichkeiten durch nicht ausreichend bestimmte Begriffe. Offen ist z.B., ab wann „erhebliche Unterschiede" zwischen den Tätigkeitsbereichen und Absatzgebieten bestehen und damit eine Umsatzsegmentierung überhaupt erforderlich ist. Nicht konkretisiert ist auch der „erhebliche Nachteil" in der Schutzklausel, womit der Handlungsspielraum für das Management zur Vermeidung der Segmentberichterstattung ein sehr großer ist. Der Ermessensspielraum für die Intensität der Aufgliederung und deren Gestaltung wird lediglich durch die Gewährleistung einer interperiodischen Vergleichbarkeit und dem dahinterliegenden Stetigkeitsprinzip eingeschränkt. Darüber hinaus ist eine Aufgliederung des Betriebsergebnisses, des Vermögens, der Investitionen oder Abschreibungen nicht erforderlich; ebensowenig die Angabe über intersegmentäre Umsätze sowie über Verrechnungspreise. Zusammenfassend läßt sich damit festhalten, daß die Vorschriften zur Segmentberichterstattung in den EG-Richtlinien sowie in den betreffenden deutschen[348] und österreichischen Transformationen - neben dem Problem einer zu großzügigen Inanspruchnahme der Schutzklauseln - in äußerstem Maße rudimentär sind.[349] Der Jahresabschlußadressat bekommt, wenn überhaupt, lediglich eine Umsatzaufgliederung geboten.

---

347 Vgl. Ellrott: § 285 HGB, 1995, Rn. 70.

348 In Deutschland wurden die Bestimmungen der EG-Richtlinien zur Segmentberichterstattung mit § 285 Z 4 für den Einzelabschluß und § 314 Abs. 1 Z 3 dHGB für den Konzernabschluß umgesetzt. Eine Verpflichtung besteht nur für große Kapitalgesellschaften im Sinne des § 267 Abs. 3 dHGB. Die größenabhängigen Erleichterungen sind in § 288 dHGB normiert. Schutzbestimmungen sind in § 286 Abs. 2 und in § 314 Abs. 2 dHGB enthalten.

349 Vgl. zu einer Kritik an den deutschen Bestimmungen mit gleicher Gültigkeit für Österreich Pellens: Internationale Rechnungslegung, 1998; S. 298f.

7. Gewinn pro Aktie

7.1. Allgemeines

Die Kennzahl stellt das Jahresergebnis einer Periode zu den ausstehenden Aktien in Beziehung:

$$EPS = \frac{\text{Periodenergebnisgröße}}{\text{Anzahl der ø residualanspruchsberechtigten Aktien}}$$

Der Zähler der Größe wird durch die Rechnungslegungsstandards und der Nenner durch die Anzahl der zu berücksichtigenden Aktien beeinflußt. Sind die Vorschriften dazu nicht einheitlich, so ist auch der berechnete Gewinn pro Aktie ein und desselben Unternehmens unter verschiedenen nationalen Vorschriften unterschiedlich. Ein drastisches Beispiel dazu lieferte Daimler-Benz. Der Jahresüberschuß pro Aktie betrug 1993 nach deutscher Rechnungslegung 12,92 DM, nach US-GAAP wurde aber ein Fehlbetrag pro Aktie von 39,47 DM ausgewiesen bzw. ein Fehlbetrag von 3,95 pro ADS.[350]

EPS sind in mehrerlei Hinsicht von Bedeutung:

- Die Kennzahl Gewinn pro Aktie oder *Earnings per Share* (EPS) zählt im Bereich der Aktienanalyse zu den wichtigsten Kennzahlen. Dies obwohl zahlreiche Studien den Informationsgehalt der Kennzahl in Frage stellen.[351] Insbesondere die Veränderung der EPS im Zeitvergleich und der Vergleich mit anderen Unternehmen wird für die Aktienanalyse herangezogen. So können ausgehend von den tatsächlichen EPS eines abgelaufenen Jahres aus den publizierten Unternehmensdaten und aus makroökonomischen Analysen für das laufende und die folgenden Geschäftsjahre EPS-Schätzungen für börsenotierte Unternehmen abgeleitet werden. In Verbindung mit branchendurchschnittlichen P/E-Ratios werden künftige Aktienentwicklungen prognostiziert und entsprechende Kauf- bzw. Verkaufsempfehlungen mit Auswirkungen auf die jeweiligen Aktienkurse ausgesprochen.[352] Ähnliche Vergleiche können in Zusammenhang mit dem Preis für eine Geldeinheit

350 Vgl. Beike/Schlütz: Finanznachrichten; 1996; S. 134.

351 Vgl. die angeführte Literatur bei Mertens: Earnings per Share, 1995; S. 6ff .

352 Vgl. Harris/Lang/Möller: Aktienbewertung, ZfbF 1995; S. 1022ff.

Gewinn, dem Kurs-Gewinn-Verhältnis (KGV bzw. *Price-Earnings-Ratio*, P/E Ratio), angestellt werden. Die P/E-Ratio dient als Indikator für die Aktienbewertung und Anlageempfehlungen.

- Für das Management sind die EPS eine wichtige Größe, da vor allem in anglo-amerikanischen Unternehmen die Entlohnungssysteme eng mit der Entwicklung der EPS verknüpft sind.

Auch bei einer Angleichung der Ermittlungsvorschriften für EPS bleiben Probleme bei der Vergleichbarkeit.[353] So zeigen Unternehmen mit geringen Dividendenausschüttungen tendenziell ein höheres Wachstum der EPS. Dazu trägt die Reinvestition früherer Gewinne (bei unveränderter Aktienanzahl) bei. Zahlt ein Unternehmen dagegen höhere Dividenden und finanziert zusätzliche Investitionen durch eine Kapitalerhöhung, kommt es bei gleicher Ergebnisentwicklung in diesem Fall zu geringeren EPS aufgrund einer höheren Anzahl an Aktien. Darüber hinaus sind mit den EPS keine Aussagen über Vermögens- bzw. Kapitaleinsatz verbunden; d.h. gleichen Ergebnissen je Aktie kann ein unterschiedlicher Kapitaleinsatz zugrunde liegen.

7.2. Situationsbericht USA

In den USA gab es aufgrund des dortigen Stellenwertes der Kennzahl schon früh relativ detaillierte Vorschriften zur Ermittlung und Veröffentlichung von EPS. Bereits 1958 wurde das *Accounting Research Bulletin* (ARB) no. 49, *Earnings per Share*, mit grundlegenden Hinweisen für eine freiwillige Berechnung veröffentlicht. Dieses wurde durch die Empfehlungen zu Ermittlung und Ausweis in APB Opinion no. 9, *Reporting the Results of Operations*, und 1969 - erstmals verpflichtend - durch APB Opinion no. 15, *Earnings per Share,* ersetzt. APB Opinion no. 15 wurde in weiterer Folge durch die *AICPA Accounting Interpretations 1-102 of Opinion 15*, sowie am bedeutendsten durch FAS 85, *Yield Test for Determining Whether a Convertible Security Is a Common Stock*

353 Vgl. dazu Schader: Ergebnis je Aktie, Österreichisches Bank-Archiv 2+3/1997; S. 153.

Equivalent (1985), ergänzt. APB Opinion No. 15 wurde vor allem wegen der unscharfen Identifizierung der *primary EPS* und seiner Komplexität kritisiert.[354]

Der neue Standard sollte eine einfachere und klarere Vorgangsweise ermöglichen, die einerseits auch für kleinere Unternehmen mit vertretbarem Aufwand anwendbar ist und andererseits für Kapitalmarktteilnehmer die Interpretation der Kennzahl erleichtert. Das Projekt wurde in enger Zusammenarbeit mit dem IASC durchgeführt und ist Teil der FASB-Absicht, in Angelegenheiten der internationalen Rechnungslegung eine aktivere Rolle einzunehmen.[355] Im Jänner 1996 wurde von beiden *standard setters* ein praktisch identischer *Exposure Draft* vorgelegt. SFAS no. 128, *Earnings per Share*, wurde schließlich zeitgleich mit dem Standard des IASC im Februar 1997 veröffentlicht. Er gilt für Geschäftsjahre, die nach dem 15. Dezember 1997 enden, und ersetzt oder ergänzt eine Reihe von anderen, teilweise bereits oben angeführten Vorschriften, die in Zusammenhang mit der früheren Regelung standen.[356]

Inhaltlich ist der Standard im wesentlichen mit jenem des IASC ident und das FASB verweist auch mehrmals explizit auf diese Tatsache.[357] Der einzig bedeutende Unterschied liegt darin, daß FAS 128 neben der Berechnung der EPS auf Basis des Jahresergebnisses nach Steuern (*net income*) auch eine auf Basis des Ergebnisses des operativen Erfolgs (*income from continuing operations*) verlangt (128.36).[358] Demzufolge sei für inhaltliche Erläuterungen auf die nachfolgenden Ausführungen zu IAS 33 verwiesen.

---

354 Vgl. u.a. Blash/Kelliher/Read: FASB and IASC Redeliberate EPS, JoA, February 1996; S. 43; bzw. Pacter/Petrone: EPS Should Be Simplified, The Journal of Corporate Accounting and Finance, Summer 1994; S. 459-460. Für die Berechnung der *primary EPS* als eine von dreien EPS-Kennziffern (*single*, *primary*, *fully diluted*) sollten nur diejenigen potentiellen Aktien berücksichtigt werden, deren Umtausch als „wahrscheinlich" gilt.

355 Vgl. FASB's Plan for International Activities, orig. 1991, January 1995, reprinted February 1997; via Internet unter http://raw.rutgers.edu/raw/fasb/IASC/iascfeb.htm (Jan 98).

356 Vgl. zu der Liste der betroffenen Regelungen: FASB: SFAS No. 128, Appendix D, S. 83.

357 Vgl. zu Unterschieden im Detail (die allesamt diese Arbeit nicht berühren): Petrone, Kimberley R.: Comparative Analysis of IAS 33, Earnings per Share, and US- GAAP including, FASB Statement No. 128, Earnings per Share - Summary; (draft comparative analyses have been prepared by FASB staff for the upcoming second edition of the FASB Report, The IASC-U S. Comparison Project: A Report on the Similarities and Differences between IASC Standards and US-GAAP); via the internet: http://raw.rutgers.edu/raw/fasb/IASC/iasc33.htm (Jan. 98).

358 Davon mußte das IASC wohl oder übel absehen, da noch kein Standard zu unterschiedlichen Ergebnisgrößen verabschiedet wurde. Vgl. Pellens: Internationale Rechnungslegung, 1998; S. 450

7.3. Situationsbericht IAS

7.3.1. Entwicklung

Das IASC begann im März 1990 mit den Arbeiten zur Entwicklung eines eigenen Standards. Diese wurden durch das *Comparability and Improvements Project* unterbrochen und danach wieder aufgenommen. Das DSoP ist im Oktober 1993, das *Statement of Principles* im Juni 1994 vorgelegt worden. Im November 1995 wurde *Exposure Draft* E 52, *Earnings per Share*, beschlossen und im Jänner 1996 veröffentlicht.[359] Dabei wurde mit dem FASB zusammengearbeitet, der auch an einem neuen Standard arbeitet. Nach Abschluß der Diskussion der bis 30. Juni 1996 eingegangenen *Comment Letters*, wurde IAS 33 schließlich im Februar 1997 verabschiedet und trat für Rechnungslegungsperioden ab oder nach dem 1. Jänner 1998 bzw. mit einer freiwilligen früheren Anwendung in Kraft (33.53).

7.3.2. Verpflichtung

Alle Unternehmen, deren Eigenkapitalinstrumente (*ordinary shares or potential ordinary shares*) öffentlich gehandelt werden, müssen eine EPS-Rechnung anfertigen (33.1). Freiwillig veröffentlichte EPS-Kennzahlen anderer Unternehmen müssen auch IAS 33 entsprechen (33.4). Bei gemeinsam veröffentlichten Abschlüssen sind aufgrund der international dominanten Bedeutung des Konzernabschlusses dessen konsolidierte Daten als Berechnungsgrundlage heranzuziehen (33.2).

7.3.3. Zweck

Zielsetzung des Standards ist, Grundsätze für Ermittlung und Ausweis der Ergebnisse pro Anteil vorzuschreiben, um auf dieser Basis inner- und außerbetriebliche Vergleiche zu erleichtern (33.Objective).

---

359 Vgl. KPMG: International Accounting Standards; 1996; S 21f.

Auch wenn das IASC die beschränkte Tauglichkeit mit dem Hinweis auf unterschiedliche Ermittlungen des Gewinns eingesteht, so wird im selben Satz auf die Verbesserung der Rechnungslegung hingewiesen, wenn zumindest beim Nenner eine einheitliche Vorgangsweise erreicht wird.[360]

7.3.4. Berechnungsmethoden

Da bereits die gesamte Zielsetzung der IASC-Rechnungslegung auf eine periodengerechte Erfolgsermittlung ausgerichtet ist, sieht IAS 33 keine Bereinigung der Ergebnisgröße, des Jahresüberschusses nach Steuern der (Konzern)-Gewinn- und Verlustrechnung, für die EPS-Berechnung vor. Für die Ermittlung des Nenners sind sämtliche Finanzinstrumente, die keine Aktien sind, unter bestimmten Bedingungen jedoch in Aktien umgetauscht werden können, auf ihre Einbeziehung in die Aktienanzahl hin zu überprüfen.[361]

In IAS 33.6f wird, ausgehend von den US-amerikanischen Aktiengattungen, zwischen Stamm- und Vorzugsaktien unterschieden. Stammaktien sind Eigenkapitalinstrumente, die allen anderen Finanzierungsinstrumenten nachgeordnet sind (33.7), d.h. Stammaktionäre haben erst dann Ansprüche an das Unternehmen, nachdem alle anderen Anspruchsberechtigten bedient worden sind - dann aber unbeschränkt. Vorzugsaktien dagegen partizipieren vor der Stammaktie am Unternehmenserfolg, haben aber keinen unbeschränkten Anspruch auf die Höhe des unternehmerischen Reinvermögens und damit auf die thesaurierten Gewinne.

Der zentrale Unterschied zwischen dem deutschen/österreichischen und dem US-amerikanischen Vorzugsaktienbegriff liegt also darin, daß der Vorzugsaktionär in den USA nach der Dividendenzahlung i.d.R. keine Ansprüche mehr auf die Gewinne der Gesellschaft hat, während in Deutschland und Österreich grundsätzlich auch ein Residualanspruch auf das Unternehmensvermögen verbrieft ist.

---

360 Vgl. IAS 33, Objective, S. 5.

361 Vgl. IAS-Kommentar, 1997; darin: Pellens/Gassen: IAS 33; S. 1322, Rn. 6.

Für die Berechnung der EPS hat das nun folgende Konsequenzen:[362]

- Haben die Vorzugsaktien, wie in Deutschland und Österreich, einen unbeschränkten Residualanspruch, so sind sie bei der Aktienanzahl der EPS-Ermittlung nach IAS 33 einzubeziehen.[363]

- Haben die Vorzugsaktien, wie in den USA üblich[364], keinen Residualanspruch auf das Reinvermögen, so sind sie im Nenner der EPS-Berechnung nicht einzubeziehen. Die Vorzugsdividende ist in diesem Fall vom Jahresergebnis abzuziehen.

7.3.5. Offenlegungspflichten

IAS 33 trifft eine Unterteilung in unverwässertes (oder grundlegendes) Ergebnis pro Aktie (*basic earnings per share*) und in verwässertes Ergebnis pro Aktie (*diluted earnings per share*). Diese sind als die zwei äußersten Punkte eines Kontinuums zu sehen, das von keiner Verwässerung bis zum *worst case* sämtlicher möglicher Verwässerungen reicht.

Zu einer Verwässerung kann es kommen, wenn vom Unternehmen Finanzierungstitel ausgegeben wurden, die von den Inhabern durch einseitige Willenserklärung in Aktien umgetauscht werden können. Dies - im wesentlichen Wandelschuldverschreibungen (Wandelanleihen, Optionsanleihen) sowie Aktienoptionen - werden als *potentielle Aktien* (*potential shares*) bezeichnet. Zur Prüfung eines evtl. verwässernden Effekts ist von den möglichen Ausgabekursen der potentiellen Aktien auszugehen. Liegen die Ausgabekurse unter dem jeweiligen aktuellen Marktwert, so führt eine größere Anzahl Aktien unter der Prämisse einer konstanten Eigenkapitalrentabilität zu geringeren EPS-Größen.

---

362 Vgl. IAS-Kommentar, 1997; darin: Pellens/Gassen: IAS 33; S. 1322f, Rn. 9.

363 Ebenso sind Genußscheine in die Aktienanzahl einzubeziehen, soferne sie einen variablen Anteil am Erfolg und einen quotalen Anspruch am Liquidationserlös verbriefen.

364 In Deutschland ist diese Gestaltung der Vorzugsaktien nach § 11 Aktiengesetz möglich.

7.3.5.1. Unverwässertes Ergebnis pro Aktie

Die *basic earnings per share* werden berechnet, indem das Jahresergebnis nach Steuern auf die gewichtete Anzahl der ausstehenden Aktien der Periode aufgeteilt wird (33.10). Das Jahresergebnis wird lediglich um die Bestandteile vermindert (erhöht), die den im Nenner erfaßten Aktien nicht zustehen (33.11; z.B. Vorzugsdividenden, Gewinnanteil der Minderheitsgesellschafter in Tochterunternehmen). Im Falle mehrerer Aktiengattungen, wie z.B. Stamm- und Vorzugsaktien, sind unverwässerte EPS für jede Aktiengattung zu veröffentlichen (33.47) und der thesaurierte Gewinn, der allen Aktiengattungen zusteht, aufzuteilen.[365]

Für die Ermittlung des Jahresergebnisses sind die Steuerauswirkungen der Gewinnverwendung zu eliminieren, indem mit einem geeigneten Mischsteuersatz eine fiktive Körperschaftssteuerlast ermittelt wird.

Die ausschließliche Verwendung eines unkorrigierten Jahresergebnisses als Berechnungsgrundlage ist selbst innerhalb des IASC umstritten. Befürwortet wird von vielen Mitgliedern zumindest die Bereinigung um außerordentliche Ergebnisbestandteile sowie um Auswirkungen von Bilanzierungs- bzw. Konsolidierungsänderungen gegenüber dem Vorjahr und eine der US-amerikanischen Vorgangsweise folgende Ermittlung mehrerer EPS-Kennzahlen.[366] Eine freiwillige Ergänzung wird allerdings begrüßt (33.52).

Verändert sich die Anzahl der im Berichtszeitraum ausstehenden Aktien, so sind zusätzlich ausgegebene Aktien vom Ausgabezeitpunkt an bzw. zurückgekaufte Aktien vom Rückkaufdatum an mindernd zu berücksichtigen.[367] Hierbei ist gemäß folgender Formel vorzugehen:

$$\text{Gewichtete Anzahl der Aktien} = \frac{\text{Anzahl Aktien}_1 \text{ x Tage} + \text{Anzahl Aktien}_2 \text{ x Tage}}{365 \text{ Tage}}$$

[365] Vgl. IAS-Kommentar, 1997; darin: Pellens, Gassen: IAS 33, S. 1324, Rn. 14.

[366] Vgl. IAS-Kommentar, 1997; darin: Pellens, Gassen: IAS 33, S. 1325f, Rn. 15ff.

[367] Zu den Vorschriften bzgl. des Zeitpunktes der Einbeziehung der neuen Aktien bzw. der Behandlung von Bezugsrechten vgl. IAS 33.16f.

Wird die Aktienanzahl erhöht (vermindert) ohne einen Zufluß (Abfluß) an finanziellen oder sonstigen Mitteln, so werden diese Anteile derart behandelt, als wären sie schon immer ausgegeben (eingezogen) (33.43). Die Vorperioden sind dementsprechend anzupassen. Werden z.B. im Rahmen eines Aktiensplits auf eine alte Aktie zwei neue ausgegeben, so ist die Zahl der ausstehenden Stammaktien für die EPS-Rechnung zu verdreifachen.

7.3.5.2. Verwässertes Ergebnis pro Aktie

Die verwässerten EPS (*diluted earnings per share*) ermitteln sich aus dem Jahresüberschuß nach Steuern, dividiert durch die Summe der bereits ausgegebenen Aktien zuzüglich aller potentiellen Aktien, die verwässernden Charaker haben (33.24). Folgende Zähler- und Nennerkorrekturen sind für die Ermittlung der verwässerten EPS erforderlich:

- Im Zähler ist das Jahresergebnis der GuV bzw. das Konzernergebnis nach Gewinn-/Verlustanteil der Minderheitsgesellschafter in Tochterunternehmen um Beträge zu korrigieren, die z.B. als Zinsaufwendungen für die verwässernden Aktien oder als Erträge/Aufwendungen aus dem Umtausch verbucht worden sind. Dies hat unter expliziter Berücksichtigung der hieraus resultierenden Steuereffekte und anderer ergebnisabhängiger Zahlungen zu erfolgen (33.25-33.28). Dieses Verfahren wird als *if-converted method* bezeichnet, da es von der Annahme ausgeht, daß die potentiellen Aktien tatsächlich umgetauscht worden sind.[368]

- Im Nenner ist die Anzahl der Aktien um den gewichteten Durchschnitt der verwässernden potentiellen Aktien zu erhöhen. Als Umwandlungszeitpunkt wird dabei der Beginn des Berichtszeitraumes bzw. der frühestmögliche Umwandlungstermin angenommen (33.29). Die Anzahl der Aktien, die für eine verwässernde potentielle Aktie ausgegeben werden, wird auf Basis der günstigsten Bedingungen aus Sicht des Halters der verwässernden potentiellen Aktien ermittelt (33.30).

Ein genehmigtes Kapital ist keine finanzielle Verpflichtung gegenüber Dritten, somit kein Finanzinstrument, und kann folglich nicht als Ausgabe potentieller

368 Vgl. Pellens: Internationale Rechnungslegung, 1998; S. 302f.

Aktien interpretiert werden. Problematisch ist bei dieser Behandlung nur, daß aus der Ausgabe des genehmigten Kapitals eine Verwässerung resultieren kann.[369]

Zur Berechnung des Verwässerungseffektes aus dem Umtausch von Optionsscheinen oder Bezugsrechten ist die *treasury stock method* heranzuziehen, welche vom Rückkauf eigener Aktien ausgeht.[370] Dabei wird zunächst die Summe der potentiellen Aktien festgestellt. Auf Basis des beizulegenden Wertes (*fair value*)[371] wird anschließend die Zahl der *treasury stocks* ermittelt, die aus der Gesamthöhe der Umtauschzahlung am Markt neuerlich erworben werden könnte. Ist die aus beiden Werten ermittelte Differenz null, so entspricht die Umtauschzahlung genau dem beizulegenden Wert der potentiellen Aktien und führt - unter der Annahme, daß mit dem zusätzlichen Eigenkapital ein zusätzlicher EPS-Beitrag erwirtschaftet werden kann - zu keiner verwässernden Wirkung. Da allerdings der Marktpreis i.d.R. über dem Ausübungspreis liegt (sonst würden die Optionen wohl nicht ausgenützt werden), kann die Gesellschaft weniger Aktien erwerben, als durch die Ausübung der Optionen in Umlauf geraten. Es entsteht also ein positiver Differenzbetrag: diese Aktien werden als „unentgeltlich" ausgegeben betrachtet. Die Gesamtanzahl der ausstehenden Aktien erhöht sich und ein verwässernder Effekt tritt ein (33.35).[372]

7.3.5.3. Sonstige Angabepflichten

Unverwässerte und verwässerte EPS-Rechnungen sind in gleichem Erscheinungsbild zusammen mit der Gewinn- und Verlustrechnung (*on the face of*

---

369 Vgl. IAS-Kommentar, 1997; darin: Pellens/Gassen: IAS 33, S. 1330, Rn. 29.

370 Das IASC bezeichnet die Vorgangsweise nicht explizit so, sondern sagt nur, daß sie zum gleichen Ergebnis führt wie die *treasury stock method* (33.36).

371 Unter dem *fair value* ist der Wert zu verstehen, zu dem ein Vermögensgegenstand ausgetauscht wird, unter der Annahme, daß beide Parteien guten Willens sind und zu einem Preis gelangt sind, der auch mit beliebigen anderen Partnern zustanden gekommen wäre (33.9 iVm IAS 32, *Financial Instruments: Disclosure and Presentation* bzw. FAS 122.5 u. FAS 107.5, 107.6., 107.11). Dieser *fair value* wird bei börsenotierten Unternehmen über den Marktwert ermittelt.

372 Vgl. IAS-Kommentar, 1997; darin: Pellens/Gassen: IAS 33, S. 1330, Rn. 30. Zur Vorgangsweise bei mehreren potentiellen Aktien vgl. IAS 33.41.

the income statement) zu publizieren (33.47). Während der US-Standard bei Unternehmen mit einfacher Kapitalstruktur auf eine Angabe der verwässerten Ergebnisse verzichtet (128.36), findet sich diese explizite Einschränkung in IAS 33 nicht.

Die für die Berechnung herangezogenen Erfolgsgrößen müssen angegeben und im Falle eines Abweichens von dem in der (Konzern-)GuV ausgewiesenen Periodenerfolg eine Überleitungsrechnung angefertigt werden (33.49). Für die Erläuterung der Aktienanzahl ist eine Überführung von der aus dem gezeichneten Kapital abzuleitenden Aktienanzahl über die unverwässerte bis hin zur verwässerten Aktienanzahl zu liefern (33.49).

Zusätzlich veröffentlichten Werten je Aktie sind die gleiche Anzahl an Aktien und das gleiche Erscheinungsbild für die unverwässerte und die verwässerte Kennzahl zugrundezulegen (33.51). Dies ist insbesondere für die für Finanzanalysten immer wichtiger werdende Kennzahl Cash-Flow je Aktie von Bedeutung.

Weiters ist über zwischen Bilanzstichtag und Veröffentlichungszeitpunkt liegende Geschäftsvorfälle mit wesentlichem Einfluß auf die (potentielle) Aktienanzahl zu informieren. Hier ist insbesondere über Kapitalerhöhungen, Umtausch von potentiellen Aktien in Aktien, Ausgabe von Optionsscheinen oder Bezugsrechten nach dem Bilanzstichtag zu berichten (33.45).

7.4. Situationsbericht EU

Auf EU-Ebene bzw. in den EG-Richtlinien existieren keine Bestimmungen zum Ausweis eines Gewinns pro Aktie.

7.5. Situationsbericht Deutschland und Österreich

In Deutschland und Österreich sind die Ermittlung und Veröffentlichung von EPS den Unternehmen weder handels- noch kapitalmarktrechtlich vorgeschrieben. Vielmehr ist es traditionell Aufgabe der Finanzanalysten, in Zusammenarbeit mit den börsenotierten Unternehmen Ergebnisse je Aktie zu ermitteln und zu veröffentlichen. Demnach hat die Österreichische Vereinigung für Finanzanalyse und Anlageberatung (ÖVFA) Empfehlungen in ihrer laufend aktualisierten Schriftenreihe herausgegeben. Bis 1993 gab es in der ÖVFA-Schriftenreihe 1-2 lediglich 2 Empfehlungen zur Berechnung des ÖVFA-Ergebnisses. Diese wurden mit ÖVFA-Schriftenreihe 3 im Jahre 1993 erweitert. Die dazu vergleichbare Organisation für den deutschen Raum ist die Deutsche Vereinigung für Finanzanalyse und Anlageberatung e.V. (DVFA), welche bereits seit 1968 mit dem Arbeitsschema zur Ermittlung des „Ergebnisses je Aktie nach DVFA" mehrmals versucht hat, vor allem die Ergebnisgröße der Kennzahl zu standardisieren. Bis 1988 wurden 5 aktualisierte Versionen der Empfehlungen veröffentlicht. Der Arbeitskreis „Externe Unternehmensrechnung" der Schmalenbach-Gesellschaft - Deutsche Gesellschaft für Betriebswirtschaft e.V. (SG) publizierte 1988 eine eigene Empfehlung, nicht zuletzt deshalb, weil ihr die Empfehlungen der DVFA nunmehr nach Verabschiedung des BiRiLiG 1985 als nicht mehr ausreichend erschienen. Mit dem Jahr 1991 konnten sich die DVFA und SG auf eine gemeinsam erstellte Empfehlung zur Ermittlung eines Ergebnisses je Aktie verständigen.[373]

Sowohl die ÖVFA als auch die DVFA/SG veröffentlichten 1996 an die aktuelle Rechtslage angepaßte und erweiterte Auflagen ihrer Empfehlungen.[374] Die ÖVFA Schriftenreihe 4 versucht angesichts der Internationalisierung des Kapitalverkehrs zu aussagekräftigeren Unternehmenskennzahlen zu gelangen. Sie beinhaltet erstmalig eine detaillierte Darstellung von „Werten je Aktie". Darüber hinaus soll mit der Einführung von „Cash-Earnings" der Kritik angloamerikanischer Anleger an der mangelnden Vergleichbarkeit der Ergebnisse (überdurchschnittlich hohe Abschreibungssätze, langfristige Rückstellungen) Rechnung getragen werden. Die DVFA/SG hat aufgrund der bisherigen Erfahrungen eine Überarbeitung des Schemas zur Berechnung des Ergebnisses je Aktie sowie eine transparentere Darstellung der einzelnen Positionen vorgenommen. Das bereinigte Ergebis soll besser geeignet sein,

---

373 Vgl. IAS-Kommentar, 1997; darin: Pellens/Gassen: IAS 33, S. 1321, Rn. 4; bzw. Schader: Ergebnis je Aktie, Österreichisches Bank-Archiv 2+3/1997; S. 149 u. 158.

374 ÖVFA-Schriftenreihe 4; bzw. Busse v. Colbe et al. (Hrsg.): Ergebnis nach DVFA/SG, 1996. Vgl. dazu im folgenden Schader: Ergebnis je Aktie, Österreichisches Bank-Archiv 2+3/1997; S. 149f

- den Ergebnistrend eines Unternehmens im Zeitablauf aufzuzeigen,
- als Ausgangsposition für die Abschätzung der zukünftigen Ergebnisentwicklung zu dienen,
- Unternehmensvergleiche über den wirtschaftlichen Erfolg zu ermöglichen.

Umgekehrt zu den 1997 verabschiedeten anglo-amerikanischen Standards konzentriert sich die Diskussion in Deutschland und Österreich aufgrund der dominanten Zielsetzung des Jahresabschlusses, einen ausschüttbaren und steuerbaren Gewinn zu ermitteln, und wegen der vielfältigen Ansatz- und Bewertungswahlrechte in erster Linie auf die Ermittlung einer aussagekräftigen Ergebnisgröße im Zähler. Darüber hinaus spielt in den USA wegen der starken Zunahme an Finanzinstrumenten mit Eigenkapitalcharakter die Ermittlung der relevanten Aktienanzahl eine große Bedeutung, während in Deutschland und Österreich das Verwässerungsphänomen eher am Rande behandelt wird. Da die österreichischen Empfehlungen mit den deutschen weitgehend konform gehen, sollen in weiterer Folge nur die der ÖVFA dargestellt werden.

Die ÖVFA sieht in ihrer Ergebnisformel Bereinigungen des Jahresüberschusses nach Steuern um außergewöhnliche Sachverhalte, bilanzpolitische Spielräume und steuerliche Aspekte vor; beim Konzernabschluß zusätzlich noch die Berücksichtigung von Minderheitsanteilen.[375] Diee Bereinigungen sind wesentlich, da empirischen Untersuchungen zufolge das ÖVFA-Ergebnis erheblich vom handelsrechtlichen Jahresüberschuß abweicht. So z.B. liegt das ÖVFA-Ergebnis bei 62 im Jahre 1993 von Wagenhofer untersuchten börsenotierten Gesellschaften um durchschnittlich 28% höher als der Gewinn nach HGB.[376]

Im Nenner der ÖVFA-Formel steht die Anzahl der durchschnittlich dividendenberechtigten Aktien. Dies sind Stammaktien, aber auch Vorzugsaktien und Partizipationsscheine (von Banken und Versicherungen) sowie Genußrechtskapital unter bestimmten Bedingungen.[377]

---

375 Vgl. ÖVFA-Schriftenreihe 4, nach erstmaliger Anwendung des EU-GesRÄG; S. 2-19.

376 Vgl. Wagenhofer: International Accounting Standards, 1996; S. 380.

377 Die Bedingungen sind dabei eine jahresergebnisabhängige Ausschüttung, im Falle einer nicht im Jahresergebnis gedeckten Mindestausschüttung eine Aufrechnung gegen künftige Anteile am Jahresüberschuß oder eine entsprechende Schmälerung des Anteils am Liquidationserlös sowie im Liquidationsfall die Nachrangigkeit gegenüber sämtlichen anderen Verbindlichkeiten der Gesellschaft (selbst wenn das Genußrechtskapital gegenüber den Stamm- und Vorzugsaktien bevorrechtet ist). Vgl. ÖVFA-Schriftenreihe 4, S. 53.

Das ÖVFA-Ergebnis je Aktie (bezogen auf ein einheitliches Nominale) ist für Stammaktien und Vorzugsaktien gleich, d.h. es stellt eine Durchschnittsbetrachtung dar, die das erwirtschaftete Ergebnis je eingesetzter Eigenkapitaleinheit angibt - unabhängig von der Art des jeweiligen dividendenberechtigten Eigenkapitaltitels und unabhängig von Dividendenzahlungen.[378]

Gibt es Aktien mit unterschiedlichen Nominalwerten, so erfolgt die Umrechnung auf Aktien mit dem kleinsten Nennwert. Damit wird jener Ergebnisbeitrag berechnet, der von einer Einheitsaktie erwirtschaftet wird. Für die Berechnung von Aktienkennzahlen, in die auch der Aktienkurs eingeht (z.B. das KGV), hat eine Umrechnung des Ergebnisses je Aktie auf den jeweiligen Nominalwert der dem Börsekurs zugrundeliegt.[379]

Hat das Unternehmen Wertpapiere wie Optionen oder Wandelschuldverschreibungen ausgegeben, so wird auch nach ÖVFA empfohlen, ein voll verwässertes Ergebnis pro Aktie zu ermitteln.[380] Das ÖVFA-Ergebnis ist an genehmigte Zins- und Dividendenbeträge, die mit den Wandelanleihen und Optionen in Zusammenhang stehen, anzupassen. Ebenso wie die internationalen Vorbilder empfiehlt auch die ÖVFA zur Berechnung des Verwässerungseffektes die *treasury stock method*.[381]

Was das Publizitätsverhalten im Bereich des Gewinns pro Aktie betrifft, so veröffentlichen viele börsenotierte Unternehmen auf Druck der Finanzanalysten diese Kennzahl, denn geschieht dies nicht, so kann es in Folge aufgrund einer ersatzweisen, vorsichtigen Schätzung zu negativen Aktienmarktreaktionen kommen.[382]

---

378 Vgl. Schader: Ergebnis je Aktie, Österreichisches Bank-Archiv 2+3/1997; S. 154.

379 Vgl. ÖVFA-Schriftenreihe 4, S. 53f.

380 Der Ausdruck der *voll* verwässerten Ergebnisse (*fully diluted earnings*) soll der Tatsache Ausdruck verleihen, daß sämtliche mögliche Verwässerungen als Darstellung des *worst case* berücksichtigt werden. In den neuen Standards des IASC und des FASB verzichtet man auf diesen Zusatz.

381 Vgl. ÖVFA-Schriftenreihe 4, S. 72. Die Beschränkung auf die Behandlung von Optionen und Wandelanleihen als potentielle Verwässerungen hat mit der (beinahe ausschließlichen) praktischen Bedeutung dieser Instrumente auf dem österreichischen Kapitalmarkt zu tun.

382 Vgl. IAS-Kommentar, 1997; darin: Pellens/Gassen: IAS 33, S. 1321, Rn. 4.

Abschließend zu den drei dargestellten Rechnungslegungsbereichen ist hervorzuheben, daß Österreich einen durchaus als unreguliert zu bezeichnenden Status in den betreffenden Bereichen bietet. Mit der zunehmenden Bedeutung der anglo-amerikanischen Rechnungslegung (wie in den Kapiteln zu Beginn dargestellt), den (daraus resultierenden) jüngsten Entwicklungen in Deutschland (KonTraG) und der Ähnlichkeiten in Rechtsbestand und Rechtsentwicklung zwischen Österreich und Deutschland dürfte der heimische Status-Quo nicht mehr lange zu halten sein. Einstweilen jedoch bleibt der Ausweis von Geldflußrechnungen, des Gewinns pro Aktie, aber im wesentlichen auch der zahnlos regulierten Segmentberichte noch auf einer nicht vorgeschriebenen (*mandatory*), sondern freiwilligen Basis (*voluntary disclosures*). Wie weit die Börseunternehmen sich bereits heute an dem anglo-amerikanischen Ausweisniveau orientieren, und warum sie das tun, diesen Fragen stehen im Mittelpunkt des folgenden Kapitels.

8. Ausweisverhalten Österreichs börsenotierter Unternehmen

Im diesem empirischen Teil der Arbeit soll in drei Schritten vorgegangen werden. Zunächst erfolgt die Beschreibung der Datenerhebung. Dann werden die erhobenen Daten selbst mit deskriptiver Statistik präsentiert. Schließlich sollen mit statistischen Verfahren Zusammenhänge von Ausweisverhalten und Unternehmensmerkmalen hinsichtlich ihrer Signifikanz überprüft werden. Zunächst folgen jedoch einige allgemeine Überlegungen zur Methodologie und eine Positionierung der Untersuchung in Zusammenschau mit früheren Forschungsergebnissen.

8.1. Allgemeine Überlegungen zur methodischen Vorgangsweise

Wie bereits angeführt, liegt dieser Forschungsarbeit empirisches Datenmaterial zugrunde. „Empirisch" kommt aus dem Griechischen und bedeutet „auf Erfahrung beruhend." Wie Erfahrungen in Erkenntnisgewinn umgesetzt werden können, dazu gibt es in der wissenschaftstheoretischen Literatur sehr unterschiedliche Auffassungen. Hier wird eine quantitative bzw. hypothesenüberprüfende Ausrichtung verfolgt, deren Hintergrund bzw. Terminologie kurz erläutert werden soll.[383]

Ein zentrales Element der Untersuchung sind *Variablen*. Diese stehen als Symbol für eine Menge von Merkmalsausprägungen. Ordnet man einer Variablen für eine bestimmte Merkmalsausprägung eine Zahl zu, so entsteht eine *Merkmalsmessung*. Die Menge aller Merkmalsmessungen bezeichnet man als *quantitative Daten*. Bei quantitativen Variablen werden *stetige* (kontinuierliche) und *diskrete* (diskontinuierliche) Variablen unterschieden. Bei stetigen Variablen befinden sich in jedem beliebigen Intervall unendlich viele Merkmalsausprägungen, während eine diskrete in einem (begrenzten) Intervall nur endlich viele Ausprägungen hat. Bei diskreten Merkmalen wird zudem unterschieden, ob sie zwei Abstufungen haben (*dichotom*, binär) oder mehrfach gestuft sind

383 Vgl. im folgenden, soweit nicht anders angegeben, Bortz/Döring: Forschungsmethoden, 1995; S. 5ff.

(*polytom*) und ferner, ob die Abstufung natürlich zustande kommt oder künstlich durch Kategorisierung erzeugt wird.

Physikalische Messung besteht nun darin, möglichst genau festzustellen, wie oft die gewählten Merkmalseinheiten in der zu messenden Grundgesamtheit enthalten sind. Geht es dabei nur darum, ob ein bestimmtes Merkmal oder eine bestimmte Eigenschaft vorhanden oder nicht vorhanden ist (dichotome Merkmale), so wird diese Messung als *Identifikation* bezeichnet. Bei einer Einteilung der untersuchten Objekte nach einem mehrstufigen Merkmal spricht man von *Klassifikation*. Eine Skala, die nur Identifikationen oder Klassifikationen zuläßt, bzw. bei der den untersuchten Objekten lediglich bestimmte Bezeichnungen, wie z.B. Zahlen, zugeordnet werden, bezeichnet man als *Nominalskala*.[384]

Zentraler Bestandteil der empirischen Forschung sind Hypothesen (griech.: Unterstellung, Vermutung). Damit eine wissenschaftliche Hypothese vorliegt, müssen folgende drei Kriterien erfüllt sein:

1. Die Hypothese muß eine allgemeingültige, über den Einzelfall hinausgehende Behauptung sein (All-Satz).
2. Die Hypothese muß zumindest implizit die Formalstruktur eines sinnvollen Konditionalsatzes haben („Wenn-Dann-Satz“ bzw. „Je-Desto-Satz“)
3. Der Konditionalsatz muß potentiell falsifizierbar sein, d.h. es müssen Ereignisse denkbar sein, die dem Konditionalsatz widersprechen.

Man bezeichnet die zum Wenn-Teil einer Hypothese gehörende Variable als *unabhängige Variable*, die zum Dann-Teil gehörige als*abhängige Variable*. Die mit einem Wenn-Dann-Satz oder Je-Desto-Satz verbundene wissenschaftliche Hypothese behauptet also einen wie auch immer gearteten Zusammenhang zwischen den beiden angesprochenen Variablen; Veränderungen der einen (abhängigen) Variablen sollen mit dem Einfluß einer anderen (unabhängigen) Variablen erklärt werden.

Wenn nun eine abhängige Variable nur multikausal erklärbar ist, so gilt es, den relativen Erklärungswert mehrerer unabhängiger Variablen zu bestimmen. Die relativen Bedeutungen der unabhängigen Variablen für die abhängige Variable sowie die Beziehungen der unabhängigen Variablen untereinander ergeben ein erklärendes Netzwerk für die Variabilität einer abhängigen Variablen: es entsteht

---

384 Vgl. Bortz: Empirische Forschung, 1984; S. 45, bzw. die dort angeführte Literatur.

eine *Theorie*. Die Richtigkeit einer solchen Theorie kann durch empirische Forschung niemals endgültig bewiesen werden. Allerdings passiert wissenschaftlicher Fortschritt durch systematische Eliminierung falscher Theorien mittels empirischer Falsifikation - so die Grundidee des auf Karl Popper zurückgehenden kritischen Rationalismus.[385] Eine Theorie kann niemals wahr sein, da auch niemals mit Sicherheit die Existenz eines sie falsifizierenden Ereignisses ausgeschlossen werden kann. Eine Theorie kann lediglich als *vorläufig bestätigt* gelten.

Wissenschaftliche Hypothesen im Bereich der Sozialforschung sind *Wahrscheinlichkeitsaussagen* (*probabilistische Aussagen*), die sich durch konträre Einzelfälle prinzipiell nicht widerlegen (falsifizieren) lassen. Ebensowenig lassen sich Hypothesen mit verallgemeinernden Aussagen über eine Stichprobe als Ausschnitt einer Gesamtpopulation verifizieren. Der Ausweg in dieser Situation bestand für die Wissenschaftstheoretiker in der willkürlichen Festlegung von Prüfkriterien, womit die gewünschte Falsifizierbarkeit erzeugt wird. Das wichtigste Prüfkriterium dabei ist die statistische Signifikanz, die mittels *Signifikanztests* bzw. *Null-Hypothesen-Tests* für verschiedene *Signifikanzniveaus* (*Signifikanzschwellen*) ermittelt wird.

Die Zusammenführung der Forschungslogik des kritischen Rationalismus bzw. Falsifikationismus mit den statistischen Signifikanztests als Methode der Hypothesenprüfung ist das Verdienst von Fisher (1925, also bereits Jahre vor der Veröffentlichung von Poppers *Logik der Forschung*).[386] Die heute gängige statistische Hypothesenprüfung steht grundsätzlich in der Tradition von Fisher, aber übernimmt auch Elemente aus der Theorie von Neyman/Pearson (1928, z.B. die Idee einer *Alternativhypothese*) und wird deswegen zuweilen als *Hybrid-Modell* oder als *Testen von Nullhypothesen nach Neyman/Pearson* be-

---

385 Vgl. Popper, Karl: Logik der Forschung, Erstdruck Tübingen, 1934; bzw. 9. Aufl., Tübingen, 1989.

386 Fisher, R. A.: Theory of Statistical Estimation, bzw. Statistical Methods for Research Workers, beide 1925. Andere, in der Praxis weniger verbreitete Varianten der Signifikanzprüfung sind der Signifikanztest nach Neyman, J.; Pearson, E.: On the Use and Interpretation of Certain Test Criteria for Purposes of Statistical Inference, Part I and II, 1928, der Sequentialtest nach Wald, A.: Sequential Analysis. New York, 1947, und die Bayes'sche Statistik (Edwards, W.; Lindmann, H.; Savage, L. J.: „Bayes Statistical Inference for Pychological Research." Psychological Review 1963; S. 193-242.)

zeichnet.[387] Das Modell ist im deutschsprachigen Raum seit den 50er/60er Jahren populär geworden.

Ausgangspunkt einer statistischen Hypothesenprüfung ist eine Theorie bzw. ersatzweise eine gut begründete Überzeugung, aus der inhaltliche Hypothesen abgeleitet und in statistische Hypothesenpaare umformuliert werden. Diese Paare bestehen aus einer *Nullhypothese* (H_0) und einer *Alternativhypothese* (H_1). Die Alternativhypothese drückt dabei i.d.R. die Forschungshypothese aus, während die Nullhypothese dem genau widerspricht. Die Nullhypothese drückt damit inhaltlich immer aus, daß es keine Unterschiede, keine Zusammenhänge, keine Veränderungen und keine besonderen Effekte in der zu untersuchenden Grundgesamtheit gibt. H_0 und H_1 sind in der Weise zu formulieren, daß alle möglichen Ausgänge der Untersuchung abgedeckt sind. Dieses komplementäre Verhältnis stellt sicher, daß bei Zurückweisung der H_0 - mangels anderer Möglichkeiten - eben auf die Gültigkeit der H_1 geschlossen werden kann. Dabei wird von oben erwähnten strengen Signifikanzschwellen ausgegangen: Nur wenn die Irrtumswahrscheinlichkeit unter 5% (signifikant) oder noch strenger unter 1% (sehr signifikant) liegt, ist die Annahme der Alternativhypothese akzeptabel.

8.2. Frühere Untersuchungen, Forschungstradition

Im Rahmen der Publizitätspolitik trifft das Unternehmen eine grundsätzliche Entscheidung für ein eher publizitätsfreudiges oder ein eher publizitätsscheues Auftreten (z.B. Mindestpublizität). Die Publizitätspolitik ist damit ein Teilbereich der Bilanzpolitik, neben Ansatz-, Bewertungs-, Gewinnausweis-, Ausschüttungs- (Dividenden-), Gliederungs- und Darstellungs-, sowie Stichtagspolitik.[388] Als synoymer Begriff wird hier *Ausweisverhalten* verwendet.

---

387 Neyman, J.; Pearson, E.: On the Use and Interpretation of Certain Test Criteria for Purposes of Statistical Inference, Part I and II, 1928.

388 Bilanzpolitik bezeichnet die bewußte Gestaltung von Jahresabschlüssen bzw. Geschäftsberichten durch Ausnutzung von Freiheiten innerhalb der Gesetzgebung und der allgemein gültigen Bilanzierungsgrundsätze. Eine passendere Bezeichnung wäre damit „Rechnungslegungspolitik" oder „Rechenschaftslegungspolitik." Vgl. dazu Seicht: Bilanzpolitik und Steuertaktik, 1998; S. 21f

Die Untersuchungen zum Ausweisverhalten von Unternehmen stehen in der Tradition der als *positive accounting theory* bezeichneten Forschungsrichtung, welche in den 70er Jahren in den USA entstanden ist. Während normative Forschungsstränge eine präskriptive Ausrichtung hatten (was soll geschehen?), wollte die positive Forschungsrichtung gestützt auf empirisches Datenmaterial Unterschiede des in Praxis feststellbaren Publizitätsverhalten erheben, beschreiben und erklären bzw. zukünftiges Verhalten prognostizieren (was geschieht/wird geschehen?).[389]

Die *positive accounting research* war der *mainstream*-Forschungsbereich der USA in den 80er Jahren und hat auch heute noch ihren Stellenwert. Bereits die 70er Jahre brachten ein zunehmendes Interesse an empirischen Forschungsmethoden, insbesondere in der Kapitalmarktforschung. Dabei wurde auf Zusammenhänge zwischen Rechnungslegungsinformationen und den Aktienkursen abgestellt. Wegbereiter für diese Strömung war die Messung von Börsenreaktionen durch Ball/Brown (1968).[390] Die Anhänger dieser Richtung wollten eruieren, wie der Kapitalmarkt, ausgedrückt durch die Aktienkurse, auf verschiedene Rechnungslegungsinformationen reagiert. Im Forschungsdesign fanden dabei Konzepte wie das *capital asset pricing model* oder die *efficient market hypothesis* Verwendung. Während das Interesse zu Beginn der 70er Jahre noch bei den wirtschaftlichen Konsequenzen von bestimmten Rechnungslegungspraktiken lag, wurde der Forschungsbereich in den 80er Jahren ausgedehnt, um u.a. mit Hilfe der *agency theory* Rechnungslegungsentscheidungen des Managements zu erklären und zu einer Theorie der Regulierung der Rechnungslegung zu kommen.[391] Vor allem die Entwicklung im Bereich der Computertechnologie, der Aufbau von großen Aktienkurs-Datenbanken und das Entstehen vieler Hochschulinstitute für Rechnungslegung in den USA mit volkswirtschaftlichem und/oder quantitativem Hintergrund trugen zur Popularität der empirischen Forschung in den 70er und 80er Jahren bei. Die führende Publikation in der empirischen Rechnungslegungsforschung war das *Journal of*

389 Vgl. Ryans/Scapens/Theobald: Research Method and Methodology, 1992; S. 53f.

390 Ball/Brown: Empirical evaluation. Journal of Accounting Research, 1968.

391 Vgl. dazu Arbeiten von Watts und Zimmermann, wie z.B. Watts/Zimmermann: Positive Theory. The Accounting Review, 1978; bzw. Watts/Zimmermann: Positive Accounting Theory. Englewood Cliffs, 1986.

Accounting Research, die führenden Universitäten jene von Chicago und Rochester.[392]

Zu den Weiterentwicklungen der *positive accounting theory*, welche hier zumindest am Rande auch angesprochen werden sollen, gehören neben der bereits erwähnten *agency theory*, die *political process theory* und die *signalling theory*.[393] Sie alle beschäftigen sich mit der Frage, wie die Entscheidung von Unternehmen zwischen Offenlegung und Nicht-Offenlegung theoretisch begründet werden kann.

Das Ausweisverhalten von Unternehmen und dessen Determinanten war Gegenstand zahlreicher empirischer Untersuchungen, u.a. von Cerf, 1961; Copland/ Fredericks, 1968; Singhvi/Desai, 1971; Choi, 1973; Chandra, 1974; Buzby, 1975; Stanga, 1976; Barrett, 1976; Firth, 1979; Leftwich/Watts/Zimmermann, 1981; Chow/Wong-Boren, 1987; Wallace, 1988; Cooke, 1989; Cooke, 1992; Tonkin, 1989; Gray/Roberts, 1989; Wagenhofer, 1990; Bradbury, 1992; McKinnon/Dalimunthe, 1993; Wallace/Naser/Mora, 1994; Raffournier, 1995; Bauer/Schader, 1996; Inchausti, 1997; Mihailesco (1998). Da sich die Studien i.d.R. auf *voluntary disclosures* beziehen, um die dahinterliegenden*managerial decisions* zu beleuchten, dürfte ein Teil aus früheren Jahren mit noch schwach ausformulierter Rechnungslegung und die Ergebnisse des anderen Teils später aus Ländern mit noch geringer Regelungsdichte stammen.[394]

8.3. Die Auswahl der Unternehmen

Es wurden die sowohl zu Jahresende 1996 als auch 1997 im Amtlichen Handel der Wiener Börse notierenden Unternehmen herangezogen. Nicht in der Grundgesamtheit sind deshalb Austria Tabak (Neueinführung 5.11.97), SW Umwelttechnik Stoiser & Wolschner (Neueinführung 19.11.97) und Perlmooser Zementwerke (Notizlöschung 14.11.97).

---

392 Vgl. Ryan/Scapens/Theobald: Research Method and Methodology, 1992; S. 76f. Kritik gegen die Positivisten formulierten insbesondere Christenson (1983), Lowe/Puxty/Laughlin (1983) sowie Tinker/Marino/Neimark (1982).

393 Vgl. Inchausti: Influence of Company Characteristics. EAR 1/1997; S. 45.

394 Vgl. Raffournier: Disclosure, EAR 2/1995; S. 262.

Um eine homogenere Grundgesamtheit zu erhalten, blieben weiters Banken, Versicherungen, Immobilientitel sowie reine Finanzholdinggesellschaften ausgeklammert. Für die Klassifizierung als reine Holdinggesellschaft wurde vom weitgehenden Fehlen von Sachanlagevermögen und Vorräten sowie von einem überwiegenden Anteil der Beteiligungserträge an den Gesamterträgen ausgegangen. Dies betraf die Titel Brauerei Schwechat, Burgenland Holding, Leykam Mürztaler und Unternehmens Invest.

Bei Unternehmensgruppen mit sowohl Mutter- als auch einer oder mehrerer Tochtergesellschaften an der Börse wurde für die Entscheidung einer Aufnahme in die zu untersuchende Grundgesamtheit vor allem von der Unterschiedlichkeit ihres Ausweisverhaltens ausgegangen. So z.B. wurde die zum Porr-Konzern gehörige UBM Realitätenentwicklung ausgeklammert, da das Unternehmen die gleiche Art von „Geldstromrechnung“ ausweist und auch sonst Ähnlichkeiten zum Geschäftsbericht der Muttergesellschaft zeigt, und dies zu einer Doppelzählung führen würde. Die erklärenden Variablen bei der Firma UBM sind dann aber nicht mehr bestimmte Unternehmenscharakteristika, sondern der Einfluß der Muttergesellschaft. Bei der Constantia Industriegruppe, bestehend aus den beiden Börseunternehmen Constantia Iso-Holding und Constantia Verpackungen sowie der nicht-notierten Austria Metall, wurde nur Constantia Verpackungen untersucht. Weiters wurde die Brau-Union weggelassen und die BBAG einbezogen. Umgekehrt wurden statt der Auricon Beteiligungs AG, die ihre Konzernführung im Geschäftsbericht selbst als „koordinierte Dezentralisation“ beschreibt, deren ebenfalls börsenotierte Töchter Austria Email, Binder & Co, sowie Jenbacher Werke mit jeweils der Art nach eigenständigen Geschäftsberichten zur Erhöhung der Grundgesamtheit einbezogen.

Nach diesem Ausleseprozeß verbleiben 62 Unternehmen. Zur Sammlung ihrer Geschäftsberichte wurde Anfang April 1998 eine telefonische Anfrage an alle betreffenden Unternehmen gemacht, mit der Bitte um Zusendung der jüngsten Geschäftsberichte. Im September 1997 wurde schon eine Reihe von Geschäftsberichten für das Geschäftsjahr 1996 von der ÖVFA zur Verfügung gestellt. Soweit zum Zeitpunkt der Anfrage noch kein Geschäftsbericht für 1997 vorlag, wurde subsidiär jener von 1996 herangezogen. Allerdings wurden die Geschäftsberichte von Agra Tagger, IFE, Leipnik-Lundenburger, Teerag-Asdag nicht rechtzeitig bzw. gar nicht zugesandt. Sie konnten damit nicht in die Untersuchung einbezogen werden.

Einen Spezialfall stellt die EVN AG dar, die neben dem HGB-Abschluß einen Abschluß nach IAS erstellt und ausschließlich[395] via letzterem mit den österreichischen Kapitalmarktteilnehmern kommuniziert. Die Offenlegungen darin sind umfassend, allerdings werden für die Untersuchung nur die in HGB-Abschlüssen über das gesetzliche Minimum hinausgehenden Informationen für die Untersuchung einbezogen. Der parallele Abschluß nach HGB könnte aber von der Überlegung dominiert sein, daß die Angaben dort auf einem Minimum gehalten werden, weil ohnehin ausschließlich via dem IAS-Abschluß mit der interessierten Öffentlichkeit kommuniziert wird. Damit eignet sich der HGB-Abschluß eines solchen Unternehmens nicht für die vorliegende Untersuchung.

Es verbleiben somit 57 Unternehmen und ebensoviele Geschäftsberichte für die empirische Untersuchung. Die einbezogenen Unternehmen und die jeweils einzbezogenen Geschäftsjahre sind in Anhang A1 dargestellt.

Die Geschäftsberichte von Mutterunternehmen enthielten meist den Einzel- und Konzernabschluß. Für die Untersuchung wurde zunächst der Konzernabschluß und - für eine weitergehende Prüfung - der gesamte Bericht herangezogen. Dem Geschäftsbericht beigelegte CD-ROMs wurden nicht in die Untersuchung einbezogen. Für die Erhebung des Börsesegments, des Vorliegens einer Auslandsnotierung und des Anteils der Aktien im Streubesitz wurde das *Jahrbuch der Wiener Börse 1997* herangezogen.[396]

Der Klassifizierung zu den beiden betrachteten Börsesegmenten liegt der Stichtag 31.12.1997 zugrunde (Anhang A.1). Einige Unternehmen sind allerdings erst innerhalb der betrachteten Periode in den Fließhandel aufgenommen worden (Austrian Airlines, Auricon Beteiligungs-AG, Bau Holding, bauMax, BWT, Semperit, Steyr-Daimler-Puch, Strabag Österreich).[397]

Es stellt sich die Frage, inwieweit die betreffenden Unternehmen (vor allem jene 35 mit Abschluß zum 31.12.1996) die 1997 verabschiedeten Standards bzw. das österreichische Fachgutachten zur Geldflußrechnung schon in den Jahresabschlüssen berücksichtigen konnten. Dies ist kein Problem beim Gewinn pro Aktie. Die diesbezüglichen Standards wurden bereits im Februar 1997 publiziert

---

395 Außer es wird explizit der Abschluß nach österreichischem Handelsrecht verlangt.

396 ÖVFA: Wiener Börse - Jahrbuch 1997.

397 Vgl. ÖVFA: Wiener Börse - Jahrbuch 1997.

und sehen eine frühere freiwillige Anwendung vor. Auch die internationalen Standards zu Cash-Flow Statements liegen bereits lange vor, und die Kammer der Wirtschaftstreuhänder hat vor Oktober 1997 bereits eine Reihe von Entwürfen erarbeitet, die als Richtlinie auch schon zum Bilanzstichtag Ende 1996 dienen konnten. Im Bereich der Segmentberichterstattung wurde IAS 14 zwar erst im August 1997 publiziert, die grundsätzlichen Anforderungen, die hier auch in weiterer Folge überprüft werden sollen und die in Richtung mehr Segmente und mehr Informationen zu diesen Segmenten weisen, waren aber bereits zuvor bekannt. D.h. die in weiterer Folge untersuchten Ausweiskriterien konnten bereits allesamt zum 31.12.1996 erfüllt werden, da sie zu diesem Zeitpunkt entweder bekannt oder absehbar oder auch in den davor gültigen Standards enthalten waren (vgl. zur Kriterienliste weiter unten).

Als Informationsinstrument dienen die Geschäftsberichte der ausgewählten Unternehmen. Geschäftsberichte gehören zu den wichtigsten Medien, mit denen Unternehmen mit der Außenwelt kommunizieren. Interesseobjekt darin ist aufgrund der ihm international zukommenden Bedeutung der Konzernabschluß. Neben anderen Unternehmen weist z.B. Böhler-Uddeholm nur mehr den Konzernabschluß in ihrem Geschäftsbericht aus und macht darauf aufmerksam, daß der Einzelabschluß separat angefordert werden kann. Nur subsidiär wird bei Nicht-Vorliegen einer Information im Konzernabschluß (und aller ihn betreffenden Informationen im gesamten Geschäftsbericht) zusätzlich der Einzelabschluß (sofern im Geschäftsbericht enthalten) durchsucht. Da nur die Angaben nach HGB in die Untersuchung einbezogen werden, sind die zusätzlichen Informationen, die in den Überleitungen zu US-GAAP (bei OMV und Wolford) oder IAS anzuführen sind, nicht zu berücksichtigen.

Anhand dieser Geschäftsberichte und der darin enthaltenen Konzernabschlüsse wird analysiert, inwieweit den Empfehlungen bzw. Normen zur Geldflußrechnung, zur Segmentberichterstattung und zur Darstellung des Gewinns pro Aktie entsprochen wird, indem geprüft wird, wieviele der nachfolgend dargestellten erarbeiteten Kriterien im Geschäftsbericht auffindbar sind. Da - wie bereits weiter oben erwähnt - bis auf die relativ schwach verankerte Verpflichtung zur Segmentierung der Umsatzerlöse keine Anforderungen in der österreichischen Rechnungslegung enthalten sind, eignen sich österreichische Unternehmen sehr gut zur Analyse des freiwilligen Ausweisverhaltens (*voluntary disclosures*), da im wesentlichen alle hier interessierenden Angaben als freiwillig offengelegt angesehen werden können. Die Untersuchung ist eine Querschnittsanalyse. Eine Längsschnittanalyse, d.h. ein intertemporaler Vergleich, kann grob mit dem Datenmaterial früherer Untersuchungen angestellt werden.

8.4. Deskriptive Statistik

8.4.1. Erarbeitung eines *disclosure index*

Die Methoden der empirischen Datenerhebung haben die Funktion, Ausschnitte der Realität für eine Untersuchung möglichst genau zu beschreiben oder abzubilden. Im Vordergrund steht bei den sog. quantitativen Methoden die Frage, wie die zu erhebenden Merkmale operationalisiert bzw. quantifiziert werden sollen. Aus dem Bereich des Zählens interessieren in weiterer Folge zwei Teilaspekte. Zum einen beschäftigt sich die empirische Untersuchung mit Merkmalen, deren Operationalisierung die Registrierung und Zusammenfassung mehrerer Teilmerkmale erfordert. Die Zusammenfassung der Meßwerte mehrerer Indikatorvariablen zu einem Meßwert für ein komplexes Merkmal wird als *Index* bezeichnet.[398] Zum anderen müssen, um überhaupt zu Merkmalen zu gelangen, dieselbigen aus den der Untersuchung zugrunde liegenden Textquellen gewonnen werden. Das Verfahren dazu wird als *quantitative Inhaltsanalyse* bezeichnet.

Die quantitative Inhaltsanalyse (Textanalyse, *content analysis*) hat ihren Ursprung in anderen Disziplinen und wurde als sozialwissenschaftliche Methode erst in den 20er und 30er Jahren ausgearbeitet. Ein erstes Lehrbuch dazu stammt von Berelson (1952).[399] Weiters befaßten sich damit Gerbner et al. (1969), Holsti (1969), Deichsel/Holzscheck (1976), Lisch/Kriz (1978), Krippendorff (1980), Filstead (1981), Früh (1981), Merten (1983), Rustemeyer (1992) und Laatz (1993); Kritik zum Verfahren findet sich bei Krakauer (1972) und Ritsert (1972). Ziel der Textanalyse ist, Textmaterial hinsichtlich bestimmter Aspekte zu quantifizieren und zu ausgewählten, übergeordneten Kategorien, die

398 Vgl. Bortz/Döring: Forschungsmethoden, 1995; S. 133.

399 Berelson, B.: Content Analysis in Communication Research. New York, 1952; vgl. im folgenden Bortz/Döring: Forschungsmethoden, 1995; S. 138.

Operationalisierungen der interessierenden Merkmale darstellen, zuzuordnen. Die Ergebnisse einer solchen Analyse bestehen aus Häufigkeitsdaten, die mit entsprechenden inferenzstatistischen Verfahren (Chi-Quadrat-Techniken, Konfigurationsfrequenzanalyse etc.) verarbeitet werden können.

Kern der quantitativen Inhaltsanalyse ist zweifelsohne das Kategoriensystem, das vorgibt, welche Eigenschaften tatsächlich „gemessen" werden. In dieser Untersuchung wird dabei eine Mischform zwischen deduktivem und induktivem Vorgehen gewählt. Die Auswertung des so gewonnenen Datenmaterials geschieht in Häufigkeitsanalysen, einer Indexbildung und in Kontingenzanalysen (vgl. dazu weiter unten).

Um Umfang und Qualität der *voluntary disclosures* zu operationalisieren, soll zunächst eine Liste von Punkten erstellt werden, welche in den einzelnen Bereichen bei möglichst weitgehender Übereinstimmung mit den anglo-amerikanischen Vorbildern vorhanden sein sollten (vgl. Tab. 14). Der deduktiven Gewinnung dieser Punkte diente die Gegenüberstellung der Standards in den vorigen Kapiteln. Die Liste der Kriterien bezieht sich damit auf die sowohl von FASB als auch IASC formulierten Anforderungen. Wird im Zuge der Auswertungen festgestellt, daß bestimmten Kategorien keine Aufmerksamkeit geschenkt oder zu grob definiert wurden, so soll (induktiv) eine Verfeinerung des Kategoriensystems stattfinden.

Bei den weiter oben erwähnten Untersuchungen zum Ausweisverhalten von Unternehmen haben *disclosure indices* eine lange Tradition. Aber trotz ihrem grundsätzlich gleichen Forschungsansinnen unterscheiden sich die bisherigen Studien in mehrerlei Hinsicht. So z.B. stellen einige davon (wie auch die vorliegende) lediglich auf freiwillige Informationen ab, während andere sowohl freiwillige als auch verpflichtende Informationen in ihren Indizes inkludieren. Ebenso unterscheidet sich die Anzahl der in den Indizes verarbeiteten Kriterien. Schließlich stellen manche auf die Entwicklung des Ausweisverhaltens über einen Zeitraum hinweg ab, während andere unterschiedliche Länder einbeziehen.[400]

---

[400] Vgl. zur Differenzierung dieser Studien Inchausti: Influence of Company Characteristics." EAR 1/1997; S. 47f.

Ebenso unterschiedlich sind die Meinungen ob des Einsatzers einer Gewichtung für die Kriterien-Liste. In der Literatur wird oft versucht, unterschiedlichen Kriterien eine unterschiedliche Bedeutung zukommen zu lassen, indem man die Einschätzung von Jahresabschlußadressaten erfragt (Gewichtsbestimmung durch Experten-Rating).[401] Die Gewichtung drückt damit die Meinung der befragten *user* aus (normative Indexbildung). Der Zutritt hat allerdings wesentliche Beschränkungen: Zunächst mag eine Verzerrung insofern auftreten, als für einen bestimmten Respondenten ja keine ökonomischen Konsequenzen mit der Art seiner Gewichtung verbunden sind; d.h. realiter eine davon verschiedene Wichtigkeit einzelner Daten existieren kann. Darüber hinaus wird in Frage gestellt, daß Entscheidungsträger über ihr eigenes Informationsverwertungsverhalten auf einer Meta-Ebene Bescheid wüßten.[402] Schließlich erhält man mit diesem Zutritt immer nur die Einschätzung der jeweils befragten Jahresabschlußadressaten, die aber i.d.R. nicht dem breiten Nutzerkreis von Jahresabschlußinformationen entsprechen dürfte. Eine gewisse Willkürlichkeit ist damit implizit in jeder Gewichtung enthalten.[403] Der ursprünglichen Idee, nämlich sich mit einer Gewichtung näher an die „Realität" anzunähern, dürfte jedenfalls kein ausgeprägterer Erfolg beschieden sein, da auch Studien, die sich sowohl auf ungewichtete als auch auf gewichtete Indizes stützen, ganz ähnliche Schlußfolgerungen von beiden ziehen.[404]

Hier wird aufgrund dieser Beschränkungen und der einfacheren Handhabbarkeit mit einer ungewichteten Liste fortgesetzt. In den bisherigen, vor allem auch jüngeren Untersuchungen wurden ungewichtete Indices sehr zahlreich befürwortet.[405] Indirekt - und dessen ist sich der Autor bewußt - sind aber sehr wohl auch in der nachfolgenden Liste Gewichtungen enthalten, da FASB und IASC bei der Erarbeitung ihrer Standards die Stellungnahmen und Wünsche der im *due process* beteiligten Parteien (insb. auch der Finanzanalysten) unterschiedlich berücksichtigt und ihnen so ein unterschiedliches Gewicht verliehen haben.

---

401 So z.B. Buzby: Disclosure. Journal of Accounting Research, Spring 1975; S. 16-37; Firth: Disclosure. Accounting and Business Research, Autumn 1979, S. 273-280.

402 Vgl. z.B. Dhaliwal: Disclosure. Accounting and Business Research, Autumn 1980, S. 387.

403 Vgl. Barrett: Disclosure. Journal of Accounting Research, Spring 1976; S. 12.

404 Vgl. z.B. Chow/Wong-Boren: Voluntary Financial Disclosures. The Accounting Review 3/1987; S. 537.

405 Vgl. Robbins/Austin, 1986; Chow/Wong-Boren, 1987; Cooke, 1989; Wallace/Naser/Mora, 1994; Hossain/Tan/Adams, 1994; Raffournier, 1995; Inchausti, 1997.

Die Messung der Kriterien geschieht dichotom. Dabei wird einem Kriterium die Zahl 1 zugeteilt, sofern das Kriterium im Geschäftsbericht ausgewiesen wird, und die Zahl 0 zugeteilt, sofern das Kriterium nicht ausgewiesen wird. Die Kriterien können entsprechend der drei zu untersuchenden Bereiche in drei Gruppen unterteilt werden. In einem Bereich können dann je nach Ausmaß der Berichterstattung zwischen 0 und 8 Punkten erzielt werden, wobei bei 0 Punkten gänzlich auf eine Berichterstattung über den betreffenden Bereich verzichtet wird und bei 8 Punkten die mit der Kriterienliste formulierten Anforderungen zur Gänze erfüllt werden. Die Untersuchung der betreffenden Bereiche mit mehreren Kriterien soll das unterschiedliche quantitative und qualitative Niveau der Berichterstattung meßbar machen. Die Tatsache, daß erhebliche Unterschiede im Ausmaß und der Qualität der Berichterstattung bestehen, geht aus früheren Untersuchungen zu Publizität der an der Wiener Börse notierenden Unternehmen hervor.[406]

Mit diesem dichotomen Verfahren gilt es allerdings in jenen Fällen eine Regelung zu finden, wo ein Kriterium für ein Unternehmen gar nicht relevant ist, und das Unternehmen daher mit der Zuweisung einer 0 ungerechtfertigt bestraft werden würde. Denkbare Fälle sind z.B. ein Unternehmen, das keine geographische Segmentberichterstattung hat, weil es eben nur im Inland tätig ist, oder ein Unternehmen, das kein verwässertes Ergebnis pro Aktie ausweist, weil es nur eine einfache Kapitalstruktur hat. Die Zuweisung von 1 oder 0 kann also nur für jene Kriterien gelten, die für das jeweilige Unternehmen auch relevant sind. Andernfalls würden große Unternehmen tendenziell höhere Werte erreichen. Die Relevanz von Kriterien muß aus dem gesamten Informationsinhalt des Geschäftsberichtes für jedes einzelne Unternehmen erschlossen werden. Ein Verfahren dieser Art wurde in früheren Untersuchungen von Buzby (1975), Wallace (1988), Cooke (1989, 1992), Raffournier (1995), Inchausti (1997) und Mihailesco (1998) eingesetzt.

Der *voluntary disclosure score* (V) eines Unternehmens kann damit wie folgt beschrieben werden:

$$V = \sum_{i=1}^{m} d_i$$

---

406 Vgl. Kap. 8.4.2.1.

mit
$d = 1$, sofern das Kriterium d_i offengelegt wird,
$d = 0$, sofern das Kriterium d_i nicht offengelegt wird,
$m \leq n = 24$ Kriterien (8 für jeden Bereich).

Um zu *voluntary disclosure indices* zu gelangen, die das relative Niveau des Ausweisverhaltens messen, ist der Score eines Unternehmens in Relation zu seinem maximal möglichen Score zu setzen. Dieser Maximum-Score (M) stellt die Summe aller für dieses Unternehmen relevanten Kriterien dar, kann dementsprechend variieren, und berechnet sich wie folgt:

$$M = \sum_{i=1}^{n} d_i$$

mit
d_i = Kriterium, das für das Unternehmen relevant ist und dessen Offenlegung erwartet wird
n = Anzahl der für das Unternehmen relevanten Kriterien, die offenzulegen wären (in unserem Fall $n \leq 24$).

Der *voluntary disclosure index* (VDI) ist dann

$$VDI = \frac{V}{M}$$

mit $0 \leq VDI \leq 1$.

Ein VDI von 1 besagt in unserer Index-Gestaltung, daß dieses Unternehmen das höchstmögliche von uns gemessene Ausweisverhalten zeigt.

Nachfolgende Tab. 13 stellt die Liste an Kriterien dar, die aus der Gegenüberstellung der Rechnungslegungbestimmungen in den Kapiteln 5 bis 7 erarbeitet worden sind.

Tab. 13: Kriterien-Liste

Teilbereiche, Kriterien	V	M
A. Geldflußrechnung		
1. Fonds: Zahlungsmittel und Zahlungsmitteläquivalente		
2. Aktivitätsformat und Staffelform		
3. Fondsänderungsnachweis		
4. Überleitung Fonds zu Bilanzpositionen		
5. Dividenden-, Zinsen- und Ertragsteuerzahlungen		
6. sonstige Angaben		
7. Ausweisort: zusammen mit Bilanz und GuV		
8. Angabe von Vorjahreswerten		
B. Segmentberichterstattung		
1. Umsatzerlöse nach Tätigkeitsbereichen		
2. Umsatzerlöse nach Regionen		
3. intersegmentäre Umsätze u. Verrechnungspreisgestaltung		
4. Segmentergebnis		
5. Segmentvermögen		
6. Überleitungen angegebener Größen zu Bilanz/GuV		
7. Ausweisort: Anhang oder Lagebericht		
8. Angabe von Vorjahreswerten		
C. Gewinn pro Aktie		
1. unverwässertes Ergebnis		
2. verwässertes Ergebnis		
3. Aktienanzahl		
4. Herleitung Aktienanzahl		
5. Gewinngröße		
6. Bereinigung Gewinngröße		
7. Ausweisort: Gewinn- und Verlustrechnung		
8. Angabe von Vorjahreswerten		

Die rechte äußere Spalte (M) in Tabelle 13 drückt aus, ob das betreffende Kriterium für das jeweilige Unternehmen anwendbar (relevant) ist. Die mittlere Spalte (V) gibt an, ob die betreffende Information auch tatsächlich ausgewiesen wird.

Finden sich zu einem Teilbereich gar keine Angaben, so werden i.d.R. vereinfachend alle 8 Kriterien des betreffenden Teilbereichs als relevant markiert, da der resultierende Teilscore auf jeden Fall 0 ist (vgl. Anhang A.2.1.ff). Wenn z.B. ein Unternehmen keine Kapitalflußrechnung ausweist, kann die Frage, ob die Überleitung von den Fondspositionen zu den Bilanzpositionen für dieses Unternehmen relevant ist, nicht mehr sinnvoll gestellt werden.

Nachfolgend soll im Detail die Kriterienliste und ihre Anwendung besprochen werden. Vorauszuschicken ist an dieser Stelle, daß es nicht Ziel der empirischen Untersuchung ist, die Einhaltung der gesamten Bestimmungen der jeweiligen IAS zu prüfen. Dies ist als externer Leser auch gar nicht möglich. Vielmehr werden Punkte herausgegriffen, an denen die zu den IAS verschiedenen, weil nicht existenten Anforderungen an das Ausweisverhalten und eine unterschiedliche Handhabung in der Praxis sehr deutlich werden.

Kapitalflußrechnung

Für die nähere Untersuchung dieses Teilbereichs muß zunächst ein Kapitalflußrechnungsschema vorliegen. Die Angabe von im Theorieteil als „Vorstufen zur Kapitalflußrechnung" bezeichneten Rechenwerken führt bei einfachen Cash-Flow Rechnungen zu 0 Punkten für den gesamten Teilbereich und bei Bewegungsbilanzen nur zu Punkten, soweit Kriterien aus 5-8 erfüllt werden.

1. Fonds Zahlungsmittel und Zahlungsmitteläquivalente: Neben Zahlungsmittel (Posten gem. §224 (2) B IV HGB: Kassenbestand, Schecks, Guthaben bei Kreditinstituten) werden auch die Wertpapiere des Umlaufvermögens (§224 (2) B III 2: Sonstige Wertpapiere und Anteile) akzeptiert, selbst wenn zu letzterem Posten keine näheren Angaben gemacht werden und damit die Kriterien hinsichtlich geringer Restlaufzeit und unwesentlichem Wertänderungsrisiko nicht überprüft werden können. Darüber hinaus ist eine Saldierung mit Bankkontokorrentkrediten zulässig (auch wenn dies nur IAS 7,

nicht aber FAS 95 vorsieht). Ein Einbezug auch von Wertpapieren des Anlagevermögens oder anderen als obigen Teilen des Umlaufvermögens führt zu einer Nullwertung für dieses Kriterium.

2. Aktivitätsformat und Staffelform: Damit wird die Unterteilung in laufende Geschäftstätigkeit, Investitionstätigkeit und Finanzierungstätigkeit überprüft. Die Angaben sind in Staffelform mit Zwischensummen auszuweisen. Die Zuteilung der Geldflüsse zu den einzelnen Bereichen wird nicht überprüft, da eine solche Überprüfung nicht als sonderlich ergiebig eingeschätzt wird. Zum einen ist dies nämlich einem externen Leser nicht durchgängig möglich, zum anderen besteht in den meisten Fällen ein *common sense*, wo diese auszuweisen sind (so wird man z.B. wohl kaum ein Unternehmen finden, welches Abschreibungen oder Veränderungen von Vorräten nicht im Bereich der laufenden Geschäftstätigkeit ausweist). Schließlich gibt es für ein Reihe von Punkten eine Wahlmöglichkeit, sodaß selbst bei unterschiedlicher Handhabung alle Unternehmen, die innerhalb dieser Wahlmöglichkeiten liegen, eine Wertung erhalten, und das Kriterium damit keine Trennschärfe besitzt.

3. Fondsänderungsnachweis: Dieser sollte den Finanzmittelbestand des Fonds am Beginn und am Ende der Rechnungsperiode ausweisen. Darüber hinaus wird für praktisch alle Unternehmen der gesonderte Ausweis der unrealisierten (wechselkursbedingten und sonstigen) Wertänderungen des Finanzmittelbestandes als erforderlich angenommen (vgl. Anhang A.2.1). Fehlen diese und finden sich dazu auch keine Erläuterungen, so wird der Fondsänderungsnachweis als unvollständig und folglich mit 0 gewertet.

4. Überleitung Fonds zu Bilanzpositionen: Ist der Zusammenhang von dem der Kapitalflußrechnung zugrunde liegenden Fonds zu den Bilanzpositionen klar ersichtlich, da entweder nur *cash* oder *cash* und die Wertpapiere des Umlaufvermögens einbezogen werden, so wird dieses Kriterium, wenn das Unternehmen keine Überleitung angibt, als nicht relevant und als nicht vorhanden markiert. Umgekehrt wird bei Angabe einer Überleitung, obwohl vom Leser selbst durchführbar, das Kriterium als relevant und vorhanden markiert. Dies ergibt für das Unternehmen eine bessere Beurteilung als die Markierung nicht vorhanden/nicht relevant.

5. Gesonderter Ausweis von Dividenden-, Zinsen- und Ertragsteuerzahlungen: Diese sind, soweit nicht in der Kapitalflußrechnung selbst, im Anhang offenzulegen. Es müssen alle drei Kategorien vorhanden sein, um bei diesem Kriterium zu punkten.

6. Sonstige Angaben: Hierunter fallen, sofern relevant, Angaben über die Teile der Wertpapiere des Umlaufvermögens, die in den Fonds einbezogen werden, über Besonderheiten bei der Zuordnung zu den drei Aktivitätsbereichen, über zahlungsunwirksame Investitions- und Finanzierungsvorgänge und andere erläuterungsbedürftige Sachverhalte. I.d.R. wird hier vom Erfordernis zusätzlicher Informationen ausgegangen, d.h. das Kriterium als relevant markiert (vgl. Anhang A.2.1).

7. Ausweis zusammen mit Bilanz und GuV: Die Kapitalflußrechnung ist im Sinne einer dritten Jahresrechnung unmittelbar bei Bilanz und GuV auszuweisen. Erfolgt der Ausweis gleich auf der ersten Seite des daran anschließenden Anhangs (so z.B. Mayr-Melnhof), bringt auch dies einen Punkt in der Wertung. Angaben irgendwo im Anhang oder im Lagebericht bringen keine Wertung bei diesem Kriterium.

8. Angabe von Vorjahreswerten: Hier, wie bei den übrigen beiden Teilbereichen, müssen mindestens die Zahlen eines Vergleichsjahres angegeben werden, um eine Wertung zu erhalten.

Segmentberichterstattung

1. Umsatzerlöse nach Tätigkeitsbereichen: Hier führt eine Aufschlüsselung auf mindestens zwei aussagekräftige Segmente entweder im Anhang, im Lagebericht oder direkt in der Gewinn- und Verlustrechnung entweder in absoluten oder in Prozentzahlen zu einer Wertung. Zwei aussagekräftige Segmente liegen dann nicht vor, wenn z.B. im Anhang ein großes Hauptsegment und ein Segment „übrige Umsatzerlöse“ ausgewiesen werden, im Lagebericht aber über mehrere Teilbereiche des Hauptsegments (ohne Zahlenangaben) erzählt wird.

Ein wesentliches Kriterium der überarbeiteten anglo-amerikanischen Standards zur Segmentberichterstattung, der *management approach* für die Segmentierung, kann hier nicht berücksichtigt werden. Abgesehen von der Schwierigkeit, als externer Leser zu überprüfen, ob ein Unternehmen wirklich gemäß der internen Berichtsstruktur seine Segmentberichterstattung verfaßt, liegt die Vermutung nahe, daß durchwegs eine einfache Aufteilung der Umsätze im Sinne des *disaggregation approach* durchgeführt wird. In diesen Fällen erübrigt sich i.d.R. auch das Kriterium einer Überleitung von Segmentgrößen auf Größen der Bilanz und Gewinn- und Verlustrechnung, und es wird folglich als nicht relevant markiert.

2. Umsatzerlöse nach Regionen: Hier führt eine Aufschlüsselung auf mindestens drei aussagekräftige Regionen entweder im Anhang oder im Lagebericht entweder in absoluten oder in Prozentzahlen zu einer Wertung. Eine Segmentierung lediglich nach In- und Ausland wurde hier als 0 gewertet, da dies das gesetzlich erforderte Minimum nach HGB (noch vor EU-GesRÄG) darstellt und kein freiwilliges Ausweisverhalten beschreibt. Mit Anwendung der Änderungen durch das EU-GesRÄG bringt die Formulierung „nach geographisch bestimmten Märkten" das Erfordernis bei wesentlichem Auslandsanteil die Umsätze nach Regionen aufzuteilen, sodaß hier eigentlich nicht mehr von freiwilligem Ausweisverhalten gesprochen werden kann. Allerdings sollte sich eine etwaige Verzerrung des Bildes in Grenzen halten, da die Mehrzahl der Geschäftsberichte noch aus dem Jahr 1996 stammt und es für ein Unternehmen auch nach den neuen Bestimmungen durchaus möglich wäre, die Segmentberichterstattung sehr gering zu halten oder gänzlich darauf zu verzichten. Bei einem Auslandsanteil (Exporterlöse + Auslandsumsatz) von weniger als 10% wird das Kriterium als nicht relevant gewertet.

3. Intersegmentäre Umsätze und Verrechnungspreisgestaltung: Die Umsätze zwischen den Segmenten zusammen mit den Prinzipien für die Verrechnungspreisgestaltung führen zu einem Bewertungspunkt. Dabei wird grundsätzlich von der Existenz von intersegmentären Umsätzen ausgegangen.

4. Segmentergebnis: Für die Angabe einer Ergebnisgröße (Betriebserfolg, EBIT, o.ä.) wird ein Punkt vergeben.

5. Segmentvermögen: Die Angabe der dem Segment zuordenbaren Aktiva führt zu einem Punkt. Angaben von Investitionen, Verbindlichkeiten, Mitarbeiter etc. pro Segment werden für die Punktwertung nicht berücksichtigt.

6. Überleitungen angegebener Größen zu Positionen der Bilanz und der GuV: Da die Aufsummierung der Segmenterlöse zu dem in der GuV ausgewiesenen Betrag führen muß, und wie unter Punkt 1 beschrieben, die Überleitung bei der herkömmlichen Aufteilung von aggregierten Größen auf Segmente nicht relevant ist, dürfte diesem Kriterium keine besondere Trennschärfe innewohnen.

7. Ausweisort - Anhang oder Lagebericht: Beides wurde mit gleicher Gültigkeit und einander ergänzend in die Bewertung einbezogen.

8. Angabe von Vorjahreswerten - wie bei Kapitalflußrechnung.

Gewinn pro Aktie

1. Angabe des unverwässerten Gewinns pro Aktie: Weist ein Unternehmen keinen Gewinn pro Aktie aus, dann wird weder die Angabe der Aktienanzahl im Anhang bei der Erläuterung des Eigenkapitals noch die Angabe z.B. von ÖVFA-Ergebnisgrößen honoriert, weil keine unmittelbare Absicht, die Kennzahl zu veröffentlichen, aus den vorliegenden Informationen erkennbar ist.

2. Angabe des verwässerten Gewinns pro Aktie: Dieses Kriterium wird aufgrund der einfachen Kapitalstruktur der meisten Unternehmen in den wenigsten Fällen ein relevantes Kriterium sein. Das Vorliegen einer komplizierteren Kapitalstruktur kann aus dem Anhang erschlossen werden, da gem. §240 HGB z.B. Angaben zu bestehenden Wandelschuldverschreibungen zu machen sind.

3. Angabe der für die Berechnung herangezogenen Aktienanzahl: Wird der Gewinn pro Aktie zu Beginn des Geschäftsberichts bei einer überblicksmäßigen Sammlung von Kennzahlen oder im Lagebericht ausgewiesen, so muß auch dort die Angabe der Aktienanzahl erfolgen oder zumindest eine Fußnote gemacht werden, wo diese Angaben im Anhang zu finden sind.

Andernfalls wird das Kriterium Angabe der Aktienanzahl als 0 gewertet. Die gemäß §240 HGB zu machenden Angaben bzgl. Aktienanzahl, Aktienkategorien, etc. im Anhang zählen nicht automatisch als Erfüllung des Kriteriums.

4. Herleitung der für die Berechnung herangezogenen Aktienanzahl: Vor allem bei mehreren Aktiengattungen mit unterschiedlichem Nominale wäre eine Aufstellung über die zur Berechnung eingesetzte Aktienanzahl wünschenswert. Dennoch wurde das Kriterium i.d.R. als nicht relevant markiert, wenn dieser Rechenschritt aufgrund der Angaben im Anhang für den Leser selbst ohne Schwierigkeiten durchführbar ist.

5. Angabe der für die Berechnung herangezogenen Gewinngröße: Die Angabe der im Zähler der Kennzahl einzusetzenden Gewinngröße führt zu einem Punkt.

6. Ableitung der herangezogenen Gewinngröße von in der Gewinn- und Verlustrechnung ausgewiesenen Erfolgsgrößen: Wird nicht eine Erfolgsgröße direkt aus der GuV herausgegriffen, sondern z.B. der ÖVFA-Gewinn herangezogen, so wäre eine Überleitung gemäß anglo-amerikanischer Ausweiserfordernisse anzugeben. Fehlt eine solche, ist daher für dieses Kriterium 0 Punkte zu vergeben.

7. Ausweisort - Gewinn- und Verlustrechnung: Für den Ausweis direkt unter der Gewinn- und Verlustrechnung gibt es einen Punkt.

8. Angabe von Vorjahreswerten - wie bei Kapitalflußrechnung.

8.4.2. Darstellung der empirischen Ergebnisse

Mit der Überpüfung obiger Kriterienliste anhand der 57 einbezogenen Geschäftsberichte erhält man die in Tabelle 14 zusammengefaßten Ergebnisse.

Tab. 14: Darstellung der Ergebnisse der *disclosure indices*

	A	B	C	Gesamt
Mittelwert	0,3068	0,4411	0,2899	0,3432
Median	0,3750	0,4286	0,3333	0,3333
Standardabweichung	0,3041	0,2159	0,2642	0,2177
Maximum	1,0000	1,0000	0,8000	0,9000

Vgl. zur ausführlichen Darstellung Anhang A.2.[407]
A .... Kapitalflußrechnung, B .... Segmentberichterstattung, C .... Gewinn pro Aktie

Durchschnittlich 34% der jeweils relevanten Punkte werden von den Unternehmen erfüllt. Damit bleibt das Ausweisverhalten doch deutlich hinter den in der Kriterienliste steckenden Ausschnitt aus anglo-amerikanischen Anforderungen zurück. Darüber hinaus ist aus der weiter unten erfolgenden differenzierten Betrachtung ersichtlich, daß diese Punkte überwiegend bei den „harmlosen" Kriterien (z.B. der Angabe von Vorjahreszahlen) erbracht werden. Die hohen erreichten Maximalwerte deuten darauf hin, daß die Anforderungen auch für den österreichischen Kontext durchaus realistisch sind.

Weiters ist für die Interpretation der Ergebnisse zu berücksichtigen, daß parallele Abschlüsse nach IAS oder US-GAAP bzw. die in Geschäftsberichten enthaltenen Überleitungen und ergänzenden Angaben zu IAS oder US-GAAP nicht berücksichtigt wurden. Dies würde die Grundgesamtheit um eine kleine Gruppe statistischer Ausreißer mit sehr hohem Ausweisniveau erweitern.

[407] Der Mittelwert (*mean*) gibt die durchschnittliche Lage der Merkmalsausprägungen an. Der Median (Zentralwert, *medium*) dagegen ist gerade der Wert, der in der Mitte der geordneten Merkmalswerte liegt, d.h. daß oberhalb und unterhalb des Medians gleich viele Merkmalsausprägungen liegen müssen. Der Wert ist damit unempfindlich gegen sog. statistische Ausreißer. Standardabweichung (*standard deviation*) ist definiert als die Quadratwurzel aus dem arithmetischen Mittel der Abstandsquadrate aller Merkmalswerte und dem Mittelwert.

Angemerkt sei, daß rein auf Basis obiger Zahlen nicht auf ein höheres Ausweisverhalten im Bereich der Segmentberichterstattung geschlossen werden kann. Vielmehr dürften die für diesen Bereich zum Einsatz gelangten Kriterien teilweise leichter zu erfüllen gewesen zu sein (z.B. der Ausweis im Anhang*oder* im Lagebericht). Vergleiche dazu die Darstellung der Ergebnisse aus den einzelnen Teilbereichen weiter unten.

Für die Hypothesenprüfung und das dort zum Einsatz gelangende statistische Verfahren soll aufgrund des Index und der Verteilung der einbezogenen Unternehmen eine Klassenbildung (ohne extremer Verteilung) erfolgen. In weiterer Folge wird daher ein Indexwert von weniger als 40% als „geringes Ausweisverhalten“ und Indexwerte von 40% und darüber als „hohes Ausweisverhalten“ klassifiziert. Mit letzterem Wert liegt ein Unternehmen über dem Mittelwert und dem Median und punktet i.d.R. in allen drei Teilbereichen. 19 der 57 Unternehmen erfüllen diese Bedingung.

8.4.2.1. Ausschnitte aus früheren Studien

Vor der Beschreibung des vorgefundenen Ausweisverhaltens soll auf die Ergebnisse früherer deskriptiver Bestandsaufnahmen verwiesen werden.

Eine Untersuchung hinsichtlich dem Ausweis von Kapitalflußrechnungen für 79 Unternehmen, die Ende 1994 an der Wiener Börse notierten (ebenfalls mit Ausnahme von Banken, Versicherungen und reinen Finanzholdinggesellschaften) wurde von Bauer/Schader (1996) durchgeführt.[408] Nur 16 (20,25%) Unternehmen wiesen damals bereits eine Kapitalflußrechnung nach dem international gebräuchlichen Aktivitätsformat mit Ausgliederung eines Fonds aus.[409]

Weitergehende Untersuchungen des Publizitätsverhalten stellten 1996 Eberhartinger/Fraberger/Hirschler bei 94 börsenotierten österreichischen Unternehmen an.[410] Bereits 34% der Unternehmen führen nach ihrer Untersuchung ein Cash-Flow Statement nach dem Muster von SFAS 95 bzw. IAS 7 an.

408 Vgl. Bauer/Schader: Finanzlage. JFB 2/96; S. 89-99.
409 Vgl. Bauer/Schader: Finanzlage. JFB 2/96; S. 91.
410 Vgl. Eberhartinger/Fraberger/Hirschler: Publizitätsverhalten, 1997, S. 251-269.

Studien ähnlicher Art stammen aus der Schweiz[411] und und Deutschland.[412]

Zur Segmentberichterstattung hat Bernards[413] 1994 für Deutschland eine Analyse bei 152 Unternehmen, welche der Pflicht nach § 285 Nr. 4 dHGB unterliegen, durchgeführt und erhielt ein wie folgt differenziertes Bild:

Tab. 15: Ergebnisse Bernards (1994), Segmentierung der Umsatzerlöse

keine Angaben	10	6,6 %
nur nach Tätigkeitsbereichen	26	17,1 %
nur nach geographischen Märkten	22	14,5 %
nach beiden Kriterien	92	60,5 %
kombinatorische Segmentierung	2	1,3 %
Summe	152	100%

Quelle: Bernards: Segmentberichterstattung, 1994, S. 177.

Neben Bernards stammen frühere Untersuchungen auf diesem Gebiet von Haase (1974), Emmanuel/Gray (1977), Schulte/Krüger (1976), Baumann (1987), Rennie/Emmanuel (1992), Küting/Hayn (1996), Gedlicka (1996) für Österreich, und Pellens (1998).[414]

Für den Bereich des Gewinns pro Aktie kommen Eberhartinger/Fraberger/Hirschler in ihrer weiter oben bereits angeführten Untersuchung zu 38,3%, die einen Gewinn/Verlust je Aktie angeben, wobei die zugrundegelegten Gewinngrößen jedoch variieren (Bilanzgewinn, ÖVFA-Gewinn, Jahresüberschuß).[415]

---

411 Vgl. Weilenmann/Oehler: Kapitalflußrechnungen. Der Schweizer Treuhänder, 12/78; S. 2-8; Boemle/Drill: Mittelflußrechnungen. Der Schweizer Treuhänder. 7-8/1991; S. 363-366; Boemle: Mittelflußrechnung. Der Schweizer Treuhänder. 3/94; S. 137-144; Boemle/Carsten: Mittelflußrechnungen. Der Schweizer Treuhänder 9/97; S. 799-808.

412 Vgl. Stahn: Kapitalflußrechnung. BB 39/97; S. 1991-1997.

413 Vgl. Bernards: Segmentberichterstattung, 1994.

414 Vgl. Emmanuel/Gray: Segmental Disclosure Requirements, 1977; Haase: Segment-Bilanzen, 1974; S. 37ff; Schulte/Krüger: Segment of the Business, 1976; S. 187ff; Baumann: Segment-Berichterstattung, 1987; S. 19ff; Emmanuel/Rennie: Disclosure, 1992; S. 151ff; Küting/Hayn: Übergang, 1996; S. 262; Pellens: Internationale Rechnungslegung, 1998; S. 463f; Gedlicka: Segmentberichterstattung, 1996; S. 85ff.

415 Vgl. Eberhartinger/Fraberger/Hirschler: Publizitätsverhalten, 1997, S. 266.

8.4.2.2. Ergebnisse zur Kapitalflußrechnung

Von den 57 Unternehmen weisen 31 (54,39%) Unternehmen eine Kapitalflußrechnung aus, 2 (3,51%) eine nach Mittelverwendung und Mittelherkunft gegliederte Bewegungsbilanz ohne Ausgliederung eines Fonds. Die restlichen 24 (42,11%) Unternehmen weisen entweder gar keine Information oder lediglich vereinzelte Cash-Flow Zahlen bzw. Bestandteile eines umfassenden Cash-Flow Statements aus. Da der Konzernabschluß und dessen „Vollständigkeit" von Interesse ist, wurde ein Unternehmen, das zwar im Einzelabschluß eine Kapitalflußrechnung ausweist, dies aber für den Konzernabschluß unterläßt, mit 0 Punkten bewertet.

Tab. 16: Häufigkeiten der einzelnen Fonds

Flüssige Mittel (B IV)	6	18,18%
Flüssige Mittel + Teile der Wertpapiere UV	2	6,06%
Flüssige Mittel + Wertpapiere UV	19	57,58%
Flüssige Mittel + Wertpapiere UV + Wertpapiere AV	2	6,06%
nicht nachvollziehbarer Fonds	2	6,06%
keine Ausgliederung eines Fonds	2	6,06%
Summe	33	100%

Die Angaben in Klammer beziehen sich auf (§ 224 (2) HGB).

6 der untersuchten Unternehmen wählen den ganz engen Fonds bestehend aus der Bilanzposition „Kassa, Schecks, Guthaben bei Kreditinstituten". 2 Unternehmen machen sich die Mühe, die Wertpapiere des Umlaufvermögens für die Fondsbildung aufzuteilen, und weitere 19 Unternehmen ziehen die gesamten Wertpapiere des Umlaufvermögens in den Fonds ein. Damit haben mehr als 80% der Unternehmen mit Kapitalflußrechnungen einen auf Zahlungsmittel und Zahlungsmitteläquivalenten basierenden Fonds gewählt, der in Bezug auf die einbezogenen Wertpapiere i.d.R. auch den Kriterien hinsichtlich geringer Restlaufzeit und unwesentlichem Wertänderungsrisiko entsprechen dürfte. Damit kann die Diskussion um die Wahl des richtigen Fonds auch für Österreich als abgeschlossen betrachtet werden.

Die zwei Unternehmen, die auch die gesamten Wertpapiere des Anlagevermögens im Fonds eingeschlossen haben, machen darüber keine näheren Angaben und entziehen sich damit einer genaueren Beurteilung.

Bei den nicht nachvollziehbaren Fonds wird zwar auch auf die flüssigen Mittel verwiesen, aber ohne eine Überleitung bleibt hier die genaue Zusammensetzung des Fonds einem externen Leser verschlossen. Möglicherweise wurde hier von der Möglichkeit der Saldierung mit Kontokorrentkrediten Gebrauch gemacht (Fonds netto verfügbare flüssige Mittel), die bei sonst keinem Unternehmen festgestellt werden konnte.

Alle 31 Unternehmen (also abzgl. jener 2 mit den Bewegungsbilanzen) folgten der Untergliederung in die Teilbereiche nach laufender Geschäftstätigkeit, nach Investitions- und Finanzierungstätigkeit sowie der Aufstellung in Staffelform. Einen zufriedenstellenden Fondsänderungsnachweis erbrachten nur 12 Unternehmen. Dies ist darauf zurückzuführen, daß entweder nur die Veränderung des Finanzmittelbestandes, aber nicht deren Anfangs- und Endbestand, angegeben wurde oder die unrealisierten (wechselkursbedingten und sonstigen) Wertänderungen des Finanzmittelbestandes nicht ausgewiesen wurden, von deren Existenz annahmegemäß ausgegangen wurde. Zumindest eine erläuternde Erklärung wäre im Fall von Unwesentlichkeit wünschenswert.

Eine Überleitung von den Finanzmittelgrößen auf Bilanzgrößen erstellten gar nur 2 Unternehmen. Allerdings war eine solche Überleitung aufgrund der Dominanz der engen Fonds auch nur bei 4 Unternehmen relevant, was aber nicht heißen soll, daß eine Überleitung in den anderen Fällen nicht angegeben werden könnte. Sie erspart dem interessierten Leser auf jeden Fall Rechenarbeit.

Relevant für alle Unternehmen dagegen wäre der gesonderte Ausweis von Ertragsteuer-, Zinsen- und Dividendenzahlungen. Lediglich ein Unternehmen (OMV) kam diesem Erfordernis nach.

Alle Unternehmen verwenden für die Ermittlung des Nettogeldflusses aus laufender Geschäftstätigkeit die indirekte Methode.

Mehr als die Hälfte der Unternehmen weist ihre Kapitalflußrechnung ganz im Sinne einer dritten Jahresrechnung gemeinsam mit Bilanz und Gewinn- und

Verlustrechnung oder gleich auf der ersten Seite des daran anschließenden Anhangs aus. Beliebt sind auch der Ausweis im Lagebericht (Prüfungspflicht gem. § 269 (1) HGB) oder als Anlage nach dem Anhang.

Tab. 17: Ausweisorte und deren Häufigkeiten

bei Bilanz und Gewinn- und Verlustrechnung	15	45,45%
im Lagebericht	9	27,27%
auf erster Seite des Anhangs	2	6,06%
in einer Anlage nach dem Anhang	4	12,12%
vor Beginn des Konzernabschlusses	1	3,03%
vor Beginn des Lageberichts	1	3,03%
im Anhang	1	3,03%
Summe	33	100%

Was die Bezeichnung der Rechenwerke betrifft, so ist noch eine große Begriffsvielfalt zu finden, wie aus Tabelle 18 ersichtlich ist.

Am häufigsten werden „Kapitalflußrechnung" und der englische Terminus „Cash-Flow Statement" benützt. Ohne Berücksichtigung der Zusätze verwenden sogar 79% der untersuchten Unternehmen einen dieser beiden Ausdrücke. Die genauere deutsche Bezeichnung „Geldflußrechnung", die auch das Fachgutachten verwendet, wird immerhin bereits von 2 Unternehmen eingesetzt. Eines davon verweist bei seiner Geldflußrechnung explizit auf das als Vorlage dienende Fachgutachten. Dabei muß wieder angemerkt werden, daß viele der Abschlüsse noch aus dem Jahr 1996 und damit der Zeit vor dem Fachgutachten stammen. Inwieweit sich diese Bezeichnung durchsetzen wird, bleibt abzuwarten. Interessant sind auch die beiden Zusätze „in Anlehnung an IAS 7", was natürlich weniger als eine Übereinstimmung ausdrückt, wo aber auch der direkte Einfluß der anglo-amerikanischen Standards (ohne Umweg über die Transformation eines österreichischen Gutachtens) klar zum Ausdruck kommt. Die Bezeichnung „Bewegungsbilanz" wurde entsprechend der Definition im Kapitel 5.3 vergeben.

Mit der Angabe von Erläuterungen zu einzelnen Posten der Kapitalflußrechnung oder sonstigen Zusatzinformationen sind die Unternehmen noch äußerst sparsam. Lediglich 5 (15,15%) der 33 Unternehmen, für die alle dieses Kriterium als relevant gesehen wurde, erfüllten diese Anforderung.

Die Angabe von Vorjahreswerten machte hier wie auch bei den anderen beiden Bereichen wohl am wenigsten Schwierigkeiten. 30 (90,91%) der 33 Unternehmen entsprachen dieser Anforderung.

Tab. 18: Bezeichnungen der Rechenwerke und deren Häufigkeiten

Kapitalflußrechnung	15	45,45%
Cash-Flow Statement	5	15,15%
Geldflußrechnung	2	6,06%
Kapitalflußrechnung nach ÖVFA	2	6,06%
Cash-Flow nach ÖVFA-Methode	1	3,03%
Kapitalflußrechnung und Cash-Flow	1	3,03%
Cash-Flow	1	3,03%
Cash-Flow Rechnung	1	3,03%
Geldstromrechnung	1	3,03%
Kapitalflußrechnung/Ergebnisquellenrechnung	1	3,03%
Cash-Flow Statement in Anlehnung an IAS 7	1	3,03%
Kapitalflußrechnung in Anlehnung an FAS 95	1	3,03%
Bewegungsbilanz	1	3,03%
Summe	33	100%

8.4.2.3. Ergebnisse zur Segmentberichterstattung

Die Segmentierung der Umsatzerlöse zeigt Tabelle 19. Den Tätigkeitsbereichen können Produkte, Produktgruppen, Sparten oder ähnliches zugrunde liegen. Insgesamt finden sich in 42 (73,68%) der 57 Geschäftsberichte Umsatzinformationen zu nach diesen Kriterien gebildeten Segmenten. Die Regionen sind je nach Wichtigkeit einzelne Länder oder ein aus mehreren Ländern zusammengesetztes geographisches Gebiet. Insgesamt machen 32 (62,75%) eine über die reine Inlands-/Auslandsaufteilung hinausgehende geographische Segmentierung ihrer Umsatzerlöse. Für 51 Unternehmen der Grundgesamtheit wäre eine solche Aufteilung relevant. Anzumerken ist bei beiden Kategorien von Segmenten, daß oft nur eine prozentuelle Aufteilung in der überaus beliebten Form von Kreistorten-Diagrammen (*Pie-Charts*) angeboten wird.

2 der 15 Unternehmen, die sowohl nach Tätigkeitsbereichen als auch nach In- und Ausland segmentieren, tun dies in kombinatorischer Matrix-Form. Damit erfährt der Leser nicht nur auf Gesamtunternehmensebene, sondern zu jedem Tätigkeitsbereich den dazugehörigen Inlands- und Auslandsanteil.

Tab. 19: Segmentierung der Umsatzerlöse

nach Tätigkeitsbereichen als auch nach Regionen	24	42,11%
nach Tätigkeitsbereichen als auch nach In-/Ausland	15	26,32%
nur nach Tätigkeitsbereichen	2	3,51%
nur nach Regionen	5	8,77%
nur nach In-/Ausland	5	8,77%
nur nach Inland/Binnenmarkt/Drittland	2	3,51%
nach anderen als obigen Kriterien	3	5,26%
gar keine Aufgliederung	1	1,75%
Summe	57	100%

Mit einer Segmentierung nach Regionen ist in der Tabelle eine Umsatzaufteilung gemeint, die über In-/Ausland oder Inland/Binnenmarkt/Drittland hinausgeht.

Die Zahl der ausgewiesenen Tätigkeitsbereiche bewegt sich zwischen 2 und 9, wobei aber die Mehrheit der Unternehmen maximal 5 ausweist. Bei den geographischen Segmenten schwankt die Zahl zwischen 3 und 10, wobei diese Segmentierung - unter Berücksichtigung auch der einfachen Inlands-/Auslandsaufteilung - häufiger veröffentlicht wird. Für die groben geographischen Angaben (z.B. „Ausland", „Drittländer") wäre wünschenswert zu wissen, welche Länder bzw. welche nach Risikoaspekten heterogene Regionen diese Termini beinhalten.

Die 3 Unternehmen, die ihre Umsätze nach anderen als den herkömmlichen Kriterien aufteilen, ziehen dafür in einem Fall Vertriebsbereiche und Artikelgruppen, und in einem anderen Kundensegmente und die Unterteilung in In-/Ausland heran. Ein Unternehmen schließlich weist nur den Auslandsumsatz aus und verweigert die Segmentierung nach Geschäftsbereichen mit dem Verweis auf die Schutzklausel in § 237 Z 9 HGB.

Bei den über die Umsatzaufteilung hinausgehenden Angaben sind die österreichischen Unternehmen noch äußerst sparsam. Lediglich in einem Geschäftsbericht sind Angaben zu den Umsätzen zwischen den Segmenten und die dafür maßgeblichen Verrechnungspreisgestaltungen zu finden. Immerhin 9 Unternehmen geben eine Segmenterfolgsgröße an. 3 Unternehmen führen die den Segmenten zuteilbaren Aktiva an. Allerdings findet man sowohl bei der Erfolgsgröße als auch den Aktiva kaum erläuternde Angaben zu deren Ermittlung bzw. Aufteilungsprinzipien.

Eine Überleitung von den Segmentgrößen zu den Größen von Bilanz- und Gewinn- und Verlustrechnung ist nur bei 2 Unternehmen zu finden. Da aber, wie bereits weiter oben erwähnt, ohnehin meist eine reine Umsatzaufteilung vorgenommen wird, wo die Summe der Segmentumsätze wieder zum Gesamtumsatz führt, ist eine solche Überleitung nicht so relevant wie in den angloamerikanischen Standards. Konkret würde eine solche Ergänzung nur bei 8 Unternehmen zu einer substantiellen Informationsverbesserung führen. Damit hat dieses Kriterium, obwohl ein wichtiges Element in den angloamerikanischen Standards, für die vorliegende Untersuchung nur eine geringe Trennschärfe geliefert.

Umgekehrt ist die Angabe von Vorjahreszahlen für alle Unternehmen relevant und immerhin 39 (68,42%) Unternehmen entsprechen dieser Anforderung.

Praktisch alle Unternehmen setzen Anhang und Lagebericht für ihre Segmentberichterstattung ein. Bei Unternehmen mit eher geringen Angaben beschränkt sich ein Ausweis i.d.R. auf den Anhang. Andere Unternehmen weisen oft eine Mindestgliederung im Anhang und eine weitergehende Unterteilung und Beschreibung dieser Segmente im Lagebericht aus. Bei ganz wenigen Unternehmen finden sich ausführliche Tabellen im Anhang.

Tab. 20: Ausweisort der Segmentberichterstattung

im Anhang als auch im Lagebericht	36	63,16%
nur im Anhang	19	33,33%
nur im Lagebericht	1	1,75%
sonstwo	0	0,00%
kein Ausweisort	1	1,75%
Summe	57	100%

Die Zweiteilung der Informationen auf Anhang und Lagebericht führt im Endeffekt oft aber auch zu einem aus der Sicht des Jahresabschlußadressaten unerwünschten Ergebnis. Die Segmentierung im hinteren und im vorderen Teil des Geschäftsberichtes stimmt nicht überein. Dabei kann es ein höheres, niedrigeres, oder einfach unterschiedliches Aggregationsniveau geben, wobei die Unterschiede für den externen Leser nicht bzw. in einfacher gelagerten Fällen nur mit eigener (Rechen-)Mühe nachvollziehbar sind. Zumindest in 6 Fällen trifft dies zu. An dieser Stelle sei daran erinnert, daß unter anderem diese Unterschiedlichkeit ein Kritikpunkt an der Rechnungslegungspraxis nach dem früheren FAS 14 war, und im Jenkins-Report[416] explizit eine Verbesserung dieser Situation gewünscht wurde.

Ein Indiz für die nur zögerliche Auseinandersetzung mit diesem Ausweisbereich mag auch daran erkennbar sein, daß nur ein Unternehmen sein diesbezügliches Rechenwerk als „Segmentberichterstattung" bezeichnet.

8.4.2.4. Ergebnisse zum Gewinn pro Aktie

Das Ausweisverhalten zum Gewinn pro Aktie liefert ein differenziertes Bild (Tab. 21). Lediglich 6 (10,53%) der untersuchten Unternehmen bieten neben der eigentlichen Kennzahl die für die Berechnung herangezogene Erfolgsgröße und Aktienanzahl als Information an. Alle 3 Größen sind gemeinsam oder mit ent-

[416] AICPA: Improving Business Reporting - A Customer Focus: Meeting the Information Needs of Investors and Creditors; (*Jenkins-Report*).

sprechenden Verweisen anzuführen. Knapp an die Hälfte (49,12%) gibt zwar einen Gewinn pro Aktie an, läßt dabei aber eine der beiden Größen (Erfolgsgröße, Aktienanzahl) oder alle beide weg. Immerhin 23 (40,35%) Unternehmen geben gar keinen Gewinn pro Aktie an. Wohl können bei diesen Unternehmen an den Stellen, wo die übrigen Unternehmen ihren Gewinn pro Aktie angeben, die Aktienanzahl oder Gewinngrößen angegeben sein, trotzdem sind diese Unternehmen in nachfolgender dritter Kategorie angeführt, da keine unmittelbare Absicht einer Offenlegung erkennbar ist.

Tab. 21: Häufigkeiten der Angaben zum Gewinn pro Aktie

Kennzahl + Gewinngröße + Aktienanzahl	6	10,53%
Kennzahl alleine oder Kennzahl + eine der 2 Größen	28	49,12%
keine Angaben	23	40,35%
Summe	57	100%

Das voll verwässerte Ergebnis wird nur von einem Unternehmen angegeben (in Tab. 21 in der zweiten Kategorie angegeben). Umgekehrt verabsäumt das betreffende Unternehmen aber, den unverwässerten Gewinn pro Aktie anzugeben. In zumindest 4 Fällen würde der Ausweis sowohl eines unverwässerten als auch eines verwässerten Gewinns pro Aktie nach anglo-amerikanischen Regeln verlangt werden. Die relativ geringe Anzahl erklärt sich durch die noch geringe Verbreitung von „potentiellen Aktien.“ Überdies bestätigt dieses Ergebnis (einstweilen noch) die ÖVFA, sich in ihrer Arbeit mehr auf die Korrektur des Gewinns als auf Regeln zur Herleitung der richtigen Aktienanzahl zu konzentrieren.

Tab. 22: Gewinngrößen für den Gewinn pro Aktie

ÖVFA-Gewinn	30	88,24%
Erfolgsgröße aus GuV nach HGB	3	8,82%
sowohl ÖVFA-Gewinn als auch Erfolgsgröße aus GuV	1	2,94%
Summe	34	100%

Als Erfolgsgröße wird mit großer Mehrheit (88,24%) der ÖVFA-Gewinn herangezogen. 3 Unternehmen lassen ihre Gewinn-Kennzahlen auf Erfolgsgrößen der Gewinn- und Verlustrechnung basieren (Ergebnis der gewöhnlichen Geschäftstätigkeit, Jahresüberschuß und Konzerngewinn). 1 Unternehmen gibt 2 verschiedene Gewinne pro Aktie an.

Immerhin 27 (79,41%) der 34 Unternehmen, die einen Gewinn pro Aktie ausweisen, geben auch explizit die für die Berechnung herangezogene Gewinngröße an. Eine Herleitung dieser Gewinngröße, obwohl in 31 Fällen lt. obiger Tabelle relevant, bietet kein einziges Unternehmen. Auch wenn überwiegend der ÖVFA-Gewinn zur Berechnung herangezogen wird, und dabei ein einheitliches sowie bekanntes Schema für die Korrekturen eingesetzt wird, wäre dennoch relevant zu wissen, welche Posten die Korrekturen betreffen, umso mehr in jenen Fällen, in denen der ÖVFA-Gewinn wesentlich von den handelsrechtlichen Erfolgsgrößen abweicht.

Nur 8 (23,53%) der 34 Unternehmen geben die Aktienanzahl zusammen mit dem Gewinn pro Aktie an oder verweisen zumindest, wo sie zu finden ist. Eine Herleitung der für die Berechnung der Kennzahl herangezogenen Aktienanzahl ist nur in einem von 22 Fällen, wo dies relevant wäre, zu finden.

Was den Ausweisort der Kennzahl betrifft, so bevorzugen mehr als die Hälfte (55,88%) die Übersicht an Kennzahlen und Eckdaten gleich zu Beginn des Geschäftsberichtes. Daneben finden sich der Lagebericht und sowohl der Kennzahlenüberblick zu Beginn als auch der Lagebericht als doppelte Ausweisorte. 5 (14,71%) Unternehmen nutzen als Ausweisort eine Zusatzkarte (2), das Vorwort des Vorstands (1), die erste Seite des Konzernabschlusses (1), oder die Seite vor dem Lagebericht (1). Darüber hinaus finden sich einige wenige doppelte Ausweise, die in nachfolgender Aufstellung nicht enthalten sind (z.B. Lagebericht und Zusatzkärtchen). Den Ausweis *on the face of the income statement*, der von den anglo-amerikanischen Standards gefordert wird, macht noch kein Unternehmen. Dies ist aber einschränkend vor dem Hintergrund zu sehen, daß die Mehrheit der Unternehmen den ÖVFA-Gewinn für die Berechnung der Kennzahl heranzieht, der von den in der handelsrechtlichen Gewinn- und Verlustrechnung ausgewiesenen Erfolgsgrößen abweicht, und zudem bei einem solchen Ausweisort sich die Prüfungspflicht auch auf die Angaben zum Gewinn pro Aktie erstrecken würde.

Tab. 23: Ausweisort des Gewinns pro Aktie

ganz vorne im Geschäftsbericht bei Kennzahlen	19	55,88%
im Lagebericht	5	14,71%
sowohl vorne bei Kennzahlen als auch im Lagebericht	5	14,71%
an anderen Stellen	5	14,71%
Summe	34	100%

31 (91,18%) Unternehmen geben zumindest eine Vorjahreszahl an (Krit. 8).

Zusammenfassend läßt sich festhalten, daß die börsenotierten Unternehmen - und das zeigt auch der Vergleich zu den eingangs angeführten früheren Untersuchungen - sich in ihrem Ausweisverhalten verbessern. Zu dieser Bewußtseinsbildung tragen Studien wie diese, aber auch die zahlreichen Börsepreise bei, welche Geschäftsberichte und die Arbeit der Investors-Relations Abteilungen der Unternehmen auszeichnen. Für ein Gleichziehen mit dem Ausweisverhalten anglo-amerikanischer Prägung liegt allerdings noch ein gutes Stück des Weges vor den meisten Unternehmen. Dies dürfte für eine Mehrheit der Unternehmen nur gemeinsam mit einem „kulturellen“ Wandel passieren: Nur mit einer steigenden Anzahl an Aktionären in der österreichischen Bevölkerung, einer höheren Attraktivität des Kapitalmarktes, einer Abkehr von der traditionellen Bankenfinanzierung werden börsenotierte Unternehmen in ihrem Ausweisverhalten und ihrer Transparenz konkurrieren: Denn Transparenz reduziert Unsicherheit unter den (potentiellen) Aktionären. Dies erhöht die Nachfrage nach den betreffenden Titeln. Eine hohe Nachfrage bedeutet steigende Aktienkurse. Und hohe Aktienkurse wirken sich in geringeren Kapitalkosten für das Unternehmen aus.

8.5. Hypothesenentwicklung

Die zentrale Hypothese, die getestet werden soll, lautet: Es besteht ein Zusammenhang zwischen bestimmten unternehmensspezifischen Merkmalen und dem Niveau des freiwilligen Ausweisverhaltens in österreichischen Geschäftsberichten.

In der Literatur finden sich eine Reihe von Erklärungsansätzen, warum Unternehmen mehr Informationen offenlegen, als gesetzlich gefordert. Manche Autoren argumentieren mit geringeren *agency costs* (Jensen/Meckling, 1976; Chow; Wong-Boren, 1987), andere mit geringeren Kapitalkosten (Choi, 1973; Diamond/Verrecchia, 1991; Lev, 1992), und wieder andere schließlich mit höheren Aktienkursen (Fishman/Hagerty, 1989). Zum *state of the field* haben weiters Akerlof (1970), Skinner (1994) und Zarzeski (1996) beigetragen.

In unserem Fall gehen wir zusammenfassend davon aus, daß Umfang und Qualität des Ausweisverhaltens der Unternehmen von mehreren Determinanten beeinflußt werden und damit die abhängigen Variablen sind. Zu den unabhängigen Variablen gehören zwei grundsätzliche Faktoren: Einerseits die gesetzlichen Vorschriften (in unserem Fall vernachlässigbar) und andererseits eine Reihe von Kriterien, die in früheren Untersuchungen aus Theorien, i.d.R. der *positive accounting theory* und ihren Weiterentwicklungen, abgeleitet wurden. Die wichtigsten davon werden nachfolgend diskutiert.

Unternehmensgröße

Es wird ein positiver Zusammenhang zwischen der Unternehmensgröße und dem *disclosure level* angenommen. Große Unternehmen haben ein hohes Ausmaß an Informationen für interne Zwecke, daher werden die Kosten für Sammlung und Aufbereitung für externe Berichterstattungszwecke als relativ gering eingeschätzt. Da überdies der Geschäftsbericht die Hauptinformationsquelle schlechthin bei kleineren Unternehmen darstellt, werden diese eher weniger zu einer weitgehenden Offenlegung bereit sein, durch die Wettbewerbsnachteile befürchtet werden. Weiters wird davon ausgegangen, daß große Unternehmen anfälliger für politische Kosten sind, und daher durch ihr Ausmaß an Transparenz öffentlicher Kritik oder staatlichen Interventionen vorbeugen bzw. ein positives Unternehmensimage aufbauen wollen.[417] Manche Autoren argu-

417 Dieser Zusammenhang wird aber auch bezweifelt und Größe als eher unbrauchbare Einflußgröße angesehen. Vorgeschlagen wird daher, Rentabilitäten heranzuziehen, denn historische Beispiele könnten belegen, daß der Ausweis von hohen Gewinnen zu Interventionen von öffentlicher Seite führt. Unternehmen mit hoher Rentabilität müßten daher aus Furcht vor diesen Interventionen

mentieren mit *proprietary costs*,[418] die in einer inversen Relation zur Unternehmensgröße stehen. Manager kleinerer Unternehmen würden demnach viel eher Wettbewerbsnachteile in weitgehenden Informationen sehen.[419] Börsenotierte Unternehmen wollen darüber hinaus mit dem Ausweisverhalten eine starke Nachfrage nach ihren Aktien generieren bzw. aufrechterhalten. Die Jahresberichte dieser Unternehmen werden von Finanzanalysten durchleuchtet. Dabei könnten nicht vorhandene Informationen leicht als*bad news* interpretiert werden und die daraus abgeleiteten vorsichtigen Analysten-Empfehlungen dem Unternehmenswert schaden.[420] Praktisch alle Studien bestätigen den Einfluß von Unternehmensgröße auf das Ausweisverhalten (vgl. Tab. 24). Einähnlicher und besonders starker Einfluß ist auf eine Subkategorie des Ausweisverhaltens, die Segmentberichterstattung, festzustellen.[421] Die erste Hypothese lautet daher:

H1: Große Unternehmen zeigen ein höheres Ausweisverhalten.

Für die Messung der Größe wird die Summe der Aktiva und alternativ die Umsatzhöhe herangezogen; eine andere mögliche Größen wäre die Marktkapitalisierung. Die Klassenbildung trennte Unternehmen in jene mit Aktiva von weniger als 5 Mrd. öS und jene darüber. Ebenso wurde die 5 Mrd. öS Marke als Trennlinie für die Bildung zweier Umsatzklassen herangezogen.

Börsenotierung

Hier wird argumentiert, daß börsenotierte Unternehmen mehr offenlegen als nicht-notierte Unternehmen. Neben den Mindestanforderungen für eine Börse-

---

führt. Unternehmen mit hoher Rentabilität müßten daher aus Furcht vor diesen Interventionen eine eher restriktive Informationspolitik verfolgen und ihre beneidenswerte Situation kaschieren. Vgl. dazu Owusu-Ansah: Comment. EAR, 3/1997; S. 488f, und a.a.O. die Entgegnung von Raffournier.

418 Unter *proprietary costs of disclosure* werden „the future loss of earnings or cash flows due to the release of private information" verstanden. Vgl. Verrecchia: Discretionary disclosure. Journal of Accounting and Economics, December 1983; S. 179ff. Er gab damit in seinen Arbeiten die Annahme auf, daß Offenlegungen frei von allen Kosten seien.

419 Vgl. u.a. Dye: Accounting choice. Journal of Accounting Research, 1985.

420 Vgl. Barry/Brown: Information. Journal of Portfolio Management, Winter 1986; Schipper: Analysts forecast. Accounting Horizons, December 1991.

notierung ist hier die Motivation in der Investorenpflege und den in der Folge niedrigeren Kapitalkosten zu sehen. Auch hier bestätigt die überwiegende Anzahl der Studien die Annahme.

Da in der vorliegenden Arbeit nur börsenotierte Unternehmen untersucht werden, kann obiger Zusammenhang nicht überprüft werden. Jedoch soll in Anlehnung an frühere Studien untersucht werden, ob Unternehmen, die auch an einer ausländischen Börse notieren, ein höheres Ausweisverhalten zeigen. Darüber hinaus soll das Börsesegment der österreichischen Notierung als Unterscheidungskriterium herangezogen und überprüft werden, ob sich die Unternehmen im Fließhandel signifikant vom Ausweisverhalten imübrigen Amtlichen Handel unterscheiden.

> *H2: Die auch im Ausland / im Fließhandel notierenden Unternehmen zeigen ein höheres Ausweisverhalten.*

Zur Operationalisierung wird einem Unternehmen der Wert 1 zugewiesen, wenn das Unternehmen zumindest auch an einer ausländischen Börse notiert ist (bzw. zumindest eine Gattung Aktien des Unternehmens im Fließhandel notiert) und der Wert 0 für ein Listing nur in Wien (bzw. nur im übrigen Amtlichen Handel).

Rentabilität

Hier greifen zwei entgegengesetzte Argumentationen: In guten Zeiten werden Manager informationsbereiter sein; dies soll ihre Position festigen und sich positiv auf ihr Gehalt auswirken. Darüber hinaus werden eine Unterbewertung der Aktien und höhere Kapitalkosten vermieden. In schlechten Zeiten dagegen werden die Manager geneigt sein, Ursachen für sinkende Gewinne oder Verluste zu kaschieren.

Andererseits könnte man aber auch mit potentiellen *proprietary costs* argumentieren, die durch weitgehende Offenlegung bei hoher Rentabilität auf dem Arbeitsmarkt und Produktmarkt entstehen würden. Überdurchschnittliche Rentabilität würde Forderungen der Gewerkschaft nach Lohnerhöhungen bzw.

---

421 Vgl. Salamon/Dhaliwal: Company size. Journal of Business Finance and Accounting, 1980. McKinnon/Dalimunthe: Disclosure. Accounting and Finance, May 1993.

eine größere Bereitschaft des Management zu Lohnzugeständnissen nach sich ziehen.[422] Mit Arbeitnehmervertretern im Aufsichtsrat, die Zugang zu Segmentberichten und Kapitalflußrechnungen haben, und eben diese Informationen nützen können, ist eine derartige Argumentation aber für den deutschen/österreichischen Kontext nicht schlüssig nachvollziehbar. Auf der Absatzseite mag der Ausweis einer hohen Rentabilität neue Markteintritte induzieren. Dabei ist das Ausmaß der freiwilligen Informationen aber auch von bestehenden Eintrittsbarrieren und dem spezifischen Wettbewerbstyp abhängig.[423]

Übereinstimmend mit dieser unterschiedlichen theoretischen Betrachtung sind auch die bisherigen Ergebnisse für die erklärende Variable Rentabilität nicht einheitlich. Hier wird ersterer Argumentation der Vorzug gegeben und daher folgende Hypothese formuliert.

> *H3: Unternehmen mit hoher Rentabilität zeigen ein höheres Ausweisverhalten.*

Die Rentabilität soll in 3 Varianten gemessen werden, mit dem Verhältnis des Ergebnisses der gewöhnlichen Geschäftstätigkeit (EGT) zum Gesamtkapital (= Summe Aktiva), zum Eigenkapital sowie zum Umsatz des Unternehmen. Die Klassenbildung trennt bei der Gesamtkapitalrentabilität[424] sowie bei der Umsatzrentabilität bei 5%, bei der Eigenkapitalrentabilität bei 15%.

Eigentümerstreuung (*ownership diffusion*)

Besonders hier, aber auch im Zusammenhang mit der Unternehmensgröße und anderen Variablen, werden Argumente aus der *agency theory* abgeleitet.[425] Ihr zufolge würden durch die Trennung zwischen Eigentümer und Manager *agency costs*[426] verursacht, die mit zunehmender externer Finanzierung, Unternehmens-

---

[422] Vgl. Scott: Disclosure. Accounting Review, 1/1994.

[423] Vgl. Wagenhofer: Disclosure. Journal of Accounting and Economics, 1990.

[424] Es ist dabei eine aus Vereinfachungsgründen modifizierte Gesamtkapitalrentabilität, da gegenüber der herkömmlichen Berechnungsweise die Hinzurechnung der Fremdkapitalzinsen im Zähler nicht berücksichtigt wird.

[425] Vgl. Jensen/Meckling: Theory of the firm. Journal of Financial Economics, October 1976.

[426] *Agency costs* beziehen sich auf das Im-Gleichgewicht-Halten der vertraglichen Verhältnisse zwischen Prinzipalen und Agenten; das sind *monitoring expenditures* auf der Seite der

größe und Aktionärsstreuung steigen. Um den Aktionären eine ihren Interessen entsprechende Unternehmenssteuerung zu versichern, um die Möglichkeit eines Vermögenstransfer von externen Kapitalgebern zu Managern gering zu halten, wird das Management mit steigendem Ausmaß obiger Variablen daher gewillt sein, Informationen bereitzustellen. Je breiter also die Aktionärsbasis gestreut ist, desto höher wird der *disclosure level* sein. Ähnlich wird hier argumentiert, daß große Aktionäre nicht auf den Geschäftsbericht als Informationsquelle angewiesen sind, sondern personell im Vorstand oder Aufsichtsrat vertreten sind, und damit in weitgehenden Berichterstattungen eher einen Verlust ihres Informationsvorsprungs sehen und diese daher nicht befürworten würden.[427]

Diese Argumentation konnte noch kaum auf Basis der Informationen in Geschäftsberichten überprüft werden. Ein Heranziehen der Aktionärsanzahl ist eher dazu geeignet, wieder einen Zusammenhang zur Unternehmensgröße zu überprüfen.[428] Trotzdem soll auch hier folgende Hypothese formuliert werden:

> *H3: Unternehmen mit einem hohen Anteil an Aktien im Streubesitz zeigen ein höheres Ausweisverhalten.*

Ein „hoher Anteil“ wird für die Klassenbildung mit einem Streuanteil von mindestens 40% operationalisiert. In früheren Studien wurde als möglicher Zutritt für die Operationalisierung z.B. der Anteil der Top-10 Aktionäre an den gesamten ausgegebenen Aktien herangezogen.[429]

Externe Finanzierung

Die in Jahresberichten zur Verfügung gestellten Informationen sollen auch die Beziehungen zu Gläubigern unterstützen. Auch hier wird (vgl. oben) mit der *agency theory* argumentiert. Demnach sollten Unternehmen mit einem hohen Ausmaß an externer Finanzierung auch mehr an Jahresabschlußinformationen

---

Prinzipalen und *bonding expenditures* auf der Seite der Agenten. Die Rechnungslegung kann den Prinzipalen helfen, die Aktivitäten der Agenten zu beobachten, und umgekehrt kann sie den Agenten helfen, ihre Konformität mit den Zielen der Prinzipalen darzulegen.

427 Vgl. Diamond: Optimal release of information. Journal of Finance, September 1985.

428 Vgl. zu dieser Vorgehensweise Singhvi/Desai: Corporate Financial Disclosure. Accounting Review, 1/1971; S. 129-138.

429 Hossain/Tan/Adams: Disclosure. International Journal of Accounting, 1994; S. 342.

veröffentlichen. Die Situation mag sich allerdings für Deutschland und Österreich nicht in vergleichbarer Weise darstellen. Ein sehr kleiner Markt für Fremdkapital im Vergleich zu den USA ermöglicht andere Formen der Kommunikation mit Banken oder Inhabern von Anleihen als über den Geschäftsbericht. Die bisherigen Untersuchungen konnten keinen eindeutigen Zusammenhang feststellen, was zum Teil auch an der allgemeinen, nur annähernden Messung der externen Finanzierung durch den Verschuldungsgrad liegen dürfte.

> *H5: Unternehmen mit einem hohen Ausmaß an externer Finanzierung zeigen ein höheres Ausweisverhalten.*

Zur Operationalisierung muß auch hier in Ermangelung eines besseren Datenmaterials auf das in der Bilanz ausgewiesene Verhältnis von Verbindlichkeiten zur Summe der Passiva abgestellt werden. Die Klassentrennung erfolgt bei der 50%-Marke.

Wirtschaftsprüfer

Dem Argument hier zufolge haben große, sehr renommierte Wirtschaftsprüfungsgesellschaften einen Einfluß auf das Ausweisverhalten. Unternehmen, die daher von einem der „Big Six" (oder nach Fusionen entsprechend weniger *big players*) geprüft werden, sollten mehr Informationen offenlegen, da diese Wirtschaftsprüfungsgesellschaften einen hohen Ruf zu verteidigen haben und daher nicht mit einem minderen Ausweisverhalten in Verbindung gebracht werden wollen.[430] Darüber hinaus mögen die international tätigen Wirtschaftsprüfungsgesellschaften einen Trend zu internationaler Rechnungslegung fördern, da ihnen dies einen Wettbewerbsvorteil gegenüber nationalen Prüfungsgesellschaften verschaffen würde.[431] Allerdings sind die Ergebnisse bisheriger Studien dazu uneinheitlich.

> *H6: Von Vertretern der „Big Six" geprüfte Unternehmen zeigen ein hohes Ausweisverhalten.*

430 Vgl. Watts/Zimmermann: Positive Accounting Theory, 1986.

431 Vgl. Bauer/Schader: Finanzlage. JFB 2/96; S. 95.

Zur Operationalisierung erhält ein Unternehmen hier den Wert 1, sofern der Bestätigungsvermerk von einem Vertreter der Big Six (Arthur Andersen, Coopers & Lybrand, Deloitte & Touche, Ernst & Young, KPMG, Price Waterhouse) stammt, andernfalls den Wert 0.

Internationalität

Dieser Argumentation liegen die Theorieteile dieser Arbeit zugrunde. Je internationaler ein Unternehmen agiert, desto höher dürften auch seine *disclosures* sein. Insbesondere Geldflußrechnungen und Segmentberichterstattung markieren deutliche Unterschiede im Ausmaß der Offenlegungen zwischen anglo-amerikanischer und kontinentaleuropäischer Rechnungslegung. Unternehmen, die diese Informationen bereits freiwillig offerieren, werden als besonders „international" bzw. „kapitalmarktorientiert" wahrgenommen.[432] Die bisherigen empirischen Untersuchungen bestätigen diese Annahme.

> *H7: Unternehmen mit einem hohen Ausmaß an internationalen Aktivitäten zeigen ein hohes Ausweisverhalten.*

Das Ausmaß an internationaler Aktivität soll vereinfachend durch den Anteil der Exporterlöse (Exporterlöse als auch Auslandsumsatz) an den Gesamterlösen gemessen werden. Was die Klassenbildung betrifft, so wird ein Auslandsanteil von mindestens 50% als hoch klassifiziert.

Branchentyp

Hier wäre eine Unterscheidung z.B. nach Konglomeraten, Industrie, Dienstleistung und Handel möglich. Ein Teil des Erklärungsgehaltes dieser Variablen dürfte aber wieder auf andere, insbesondere ein unterschiedliches Ausmaß an internationaler Aktivität zurückzuführen sein. Daher wird in diesem Bereich auf die Formulierung einer eigenen Hypothese verzichtet. Wie aus nachfolgender Tabelle ersichtlich ist, fanden frühere Untersuchungen in diesem Bereich keine eindeutigen Zusammenhänge.

---

432 Vgl. Niehus: Internationalisierung. DB 19/1995; S. 938.

Tab. 24: Überblick über frühere Untersuchungen zum Ausweisverhalten

Verfasser (Jahr)	Land	stat. Analyse	Signifikanz (mind. 5%)	keine Signifikanz
Shingvi/Desai (1971)	USA	univariat	Größe Anzahl Aktionäre Börsenotierung WP aus Big Eight Rentabilität	
		multivariat	Börsenotierung	Streuung Aktionäre WP aus Big Eight Rentabilität
Buzby (1975)	USA		Größe	Börsenotierung
Firth (1975)	GB		Größe Börsenotierung	WP aus Big Six
Chow/Wong-Boren (1987)	Mexiko	multivariat	Größe	Verschuldung
Cooke (1989)	Schweden	univariat	Börsenotierung Internationalität	
		multivariat	Börsenotierung Internationalität	
Cooke (1992)	Japan	multivariat	Größe Branchentyp Internationalität	
Patton/Zelenka (1993)		univariat	Größe Rentabilität Verschuldung Börsenotierung WP aus Big Six	Branchentyp
		multivariat	WP aus Big Six	Branchentyp Börsenotierung Rentabilität Verschuldung

Hossain/Tan/Adams (1994)	Malaysien	univariat	Größe Streuung Aktionäre Auslandsnotierung WP aus Big Six	Verschuldung
		multivariat	Größe Streuung Aktionäre Auslandsnotierung	Verschuldung WP aus Big Six
Bernards (1994)	Deutsch-land	univariat	Größe Branchentyp	Internationalität Verschuldung
Raffournier (1995)	Schweiz	univariat	Größe Internationalität WP aus Big Six	Rentabilität Branchentyp Streuung Aktionäre Verschuldung
		multivariat	Größe Internationalität	WP aus Big Six Rentabilität Branchentyp
Bauer/Schader (1996)	Österreich	univariat	Größe	WP aus Big Six
Inchausti (1997)	Spanien	multivariat	Größe Mehrfachnotierung	WP aus Big Six Rentabilität Verschuldung Branchentyp
Mihailesco (1998)	Frankreich	univariat	Börsenotierung Auslandsnotierung	Streuung Aktionäre Verschuldung Rentabilität
		multivariat	Börsenotierung Auslandsnotierung	Streuung Aktionäre Verschuldung Rentabilität

Anmerkung: In der Tabelle wurden nur die für vorliegende Arbeit relevanten Variablen dargestellt.

Untersuchungen, die wohl zum Teil in der Tabelle enthalten sind, sich aber speziell auf Kapitalflußrechnungen und Segmentberichterstattung beschränkt haben, stammen von Bernards (1994) und Bauer/Schader (1996). Diese Untersuchungen enthalten auch sehr detaillierte deskriptive Beschreibungen. Rein deskriptive Untersuchungen stammen u.a. von Boemle (1991, 1994, 1997), Haller/ Jakoby (1995); Stahn (1997); Eberhartinger/Fraberger/Hirschler (1997).

Den bereits vorhandenen Untersuchungen zu *voluntary disclosures* eine weitere hinzuzufügen, macht in mehrerlei Hinsicht Sinn: Die Entwicklungen rund um die Harmonisierung der internationalen Rechnungslegung haben eine derartige Dynamik bekommen, daß diese Phase durch mehrere Studien im Zeitablauf analysiert werden sollte, um dadurch die Intensität der Verlagerung zu anglo-amerikanischem Ausweisverhalten sichtbar zu machen. Auch Replikationen von früheren Untersuchungen wären aus diesem Grunde denkbar.[433] Darüber hinaus beschäftigt sich die Arbeit mit jüngst verabschiedeten Standards bzw. Fachgutachten, die in früheren Analysen noch nicht berücksichtigt werden konnten. Schließlich behandeln die Studien, die mit *disclosure indices* arbeiten, i.d.R. eine ganze Reihe von Punkten, welche ausgewiesen werden könnten. Kriterien zu Geldflußrechnungen, Segmentberichterstattung und zum Gewinn pro Aktie sind damit nur einige der untersuchten Punkte. Damit wird aber implizit angenommen, daß die Determinanten für ein bestimmtes Ausweisniveau quer über alle im Index verarbeiteten Kriterien einheitlich sind. Eine auf einzelne oder einige wenige Bestandteile des Jahresberichtes und deren Determinanten abgestellte Analyse unterbleibt somit. Die vorliegende Arbeit soll u.a. dazu beitragen, diese Lücke zu füllen.

8.6. Hypothesenprüfung mittels Kontingenzanalysen

Weiter oben wurde die Auswertung des empirischen Datenmaterials präzisiert: Häufigkeitsanalysen, Indexbildung, und - das noch fehlende Instrument - Kontingenzanalysen.

Kontigenzanalysen (*contingency tables*) betrachten nicht die Häufigkeit eines einzelnen, sondern das gemeinsame Auftreten bestimmter Merkmale. Die Zählergebnisse werden dabei in sog. Kreuztabellen (Kontingenztafeln, Zweiwegtafeln, Vierfeldertafeln) eingetragen und auf signifikante Zusammenhänge geprüft (*test of association*).[434]

---

433 Vgl. zum Stellenwert von Replikationen Bortz: Empirische Forschung, 1984; S. 13.

434 Vgl. im folgenden insbesondere Benninghaus: Datenanalyse, 1996; S. 204ff, u. Sachs: Statistik, 1997; S. 592.

Dabei wird zunächst die empirisch festgestellte Besetzung der Zellen mit einer Besetzung verglichen, die man erwarten würde, wenn keine Beziehung zwischen den Variablen bestünde, d.h. wenn die Variablen voneinander unabhängig wären. Die Häufigkeiten der erwarteten Tabelle sollten jeweils ≥ 5 sein, andernfalls sind Gruppen zusammenzufassen bzw. Gruppengrenzen zu verändern. Auf dem Vergleich der Häufigkeiten der sog. Kontingenztabelle (b_j) mit den Häufigkeiten der sog. Indifferenztabelle (e_j) beruhen die herkömmlichen chi-quadrat-basierten Maßzahlen, die sich für Daten aller Meßniveaus berechnen lassen. Die Maßzahl Chi-Quadrat ($\chi 2$) berechnet sich nach folgender Formel:[435]

$$\chi 2 = \Sigma (b_j - e_j)^2 / e_j$$

Im Falle von Vierfelder-Tabellen, wie sie eben dieser Untersuchung zugrunde liegen, kann Chi-Quadrat alternativ auch unter Verzicht auf die Ermittlung der erwarteten Häufigkeiten nach der folgenden Formel berechnet werden:

$$\chi 2 = \frac{N(ad - bc)^2}{(a+b)(c+d)(a+c)(b+d)}$$

a, b, c und d stellen dabei die Häufigkeiten in den einzelnen Tabellenfeldern dar, N ist die Anzahl der Fälle.

Je größer die Differenz zwischen den beiden Tabellen, desto größer ist die Abweichung von der statistischen Unabhängigkeit und der Grad der Assoziation zwischen den Variablen.

Da Chi-Quadrat allerdings direkt mit N variiert, d.h. eine Verdoppelung der Zellenhäufigkeiten bei gleicher proportionaler Verteilung in den Tabellenfeldern zu einer Verdoppelung von Chi-Quadrat führt, kann es nicht sinnvoll als Kennwert der Beziehung zwischen den Variablen fungieren. Dieser Mangel kann behoben werden, indem ein auf Chi-Quadrat basierendes Assoziationsmaß die Anzahl der Fälle (N) berücksichtigt. Ein solches Maß ist der Phi-Koeffizient. Dieser wird wie folgt berechnet:

435 Vgl. dazu die Arbeitstabellen im Anhang B.1.1 ff.

$$\phi = \sqrt{\frac{\chi 2}{N}}$$

Der Phi-Koeffizient ist für 2x2-Tabellen (und nur für diese) ein sensibles Assoziationsmaß. Er nimmt den Wert 0 an, wenn die beobachteten Häufigkeiten mit den unter der Bedingung der statistischen Unabhängigkeit erwarteten Häufigkeiten übereinstimmen. Phi erreicht den Wert 1, wenn Chi-Quadrat seinen maximalen Wert, nämlich N, erreicht. Dies geschieht nur, wenn zwei Diagonalzellen der 2x2-Tabelle unbesetzt sind.

Ein anderes auch für größere Tabellen einsetzbares und auf Chi-Quadrat basierendes Maß für die Straffheit des Zusammenhangs ist der 1904 von Pearson eingeführte Kontingenzkoeffizient C. Dieser ist definiert als

$$C = \sqrt{\frac{\chi 2}{\chi 2 + N}}$$

Auch dieses Korrelationsmaß weist bei völliger Unabhängigkeit den Wert 0 auf. Da aber für diese Maßzahl die Obergrenze schwankend nach der Felderzahl der Kontingenztafel kleiner als 1 ist, muß eine Korrektur erfolgen, indem der Koeffizient zum für diese Tabellengröße maximalen Koeffizienten in Relation gesetzt wird.

$$C_{korr} = \frac{C}{C_{\max}}$$

C_{max} ist für 2x2-Tabellen 0,707, wie anhand einer 2x2-Tabelle mit zwei unbesetzten Diagonalzellen leicht überprüft werden kann.

Der Chi-Quadrat-Test ist relativ universell, sowohl bei stetigen als auch diskreten Merkmalen, einsetzbar. Dies spricht auch in der vorliegenden Untersuchung für seinen Einsatz. Durch die notwendige Gruppierung enthält er bei stetigen Merkmalen allerdings immer einen gewissen Informationsverlust. Ein Test, der explizit auf stetige Merkmale angelegt ist, wäre der Kolmogoroff-Smirnoff-Test.[436] Der verschiedentlich eingesetzte sog. „exakte" Test nach R. A. Fisher wird hier abgelehnt, da dieser Test lediglich dann exakt ist, wenn beide

[436] Vgl. Fahrmeier/Künstler/Pigeot/Tutz: Statistik, 1997; S. 457.

Randsummenpaare fest vorgegeben sind, nicht aber zur Prüfung von Unabhängigkeit in Vierfeldertafeln (mit *n* fest vorgegeben).[437]

Die Darstellung der Berechnung und Ergebnisse der durchgeführten Chi-Quadrat-Tests sowie die jeweiligen Werte für die zwei Assoziationsmaße finden sich im Anhang B. Dort wird auch jeweils eine Tabelle für die Signifikanzniveaus der Chi-Quadrat-Verteilung angeführt.

Bei der Ziehung der Trennlinien wurde einerseits darauf geachtet, daß die erwarteten Häufigkeiten ≥ 5 sind, und andererseits, daß die Randsummen keine extremen Verteilungen ergeben. Mit der Klassifizierung der Unternehmen in große und kleine, in solche mit hoher und niedriger Rentabilität, solche mit hohem und geringem Auslandsanteil etc. nimmt man eine Gruppenbildung vor, deren Festlegung und Veränderung Auswirkungen auf Chi-Quadrat und damit auf die Signifikanz haben. Bei der Analyse der Ergebnisse für die Hypothese 1 soll näher darauf eingegangen werden.

Die Nullhypothese 1, Größe und Ausweisverhalten seien unabhängig, konnte sowohl bei der Operationaliserung mit der Aktiva-Summe als auch mit der Umsatzhöhe auf dem 5%-Niveau verworfen werden, nicht aber auf dem 1%-Niveau. Da die Trennlinie von 5 Mrd. Aktiva bzw. Umsatz zu den gleichen Randsummen führte, wurde auch vom Zahlenwert ein identisches Ergebnis erreicht (Anhang B.1.1. u. B.1.2.). Die Koeffizienten Phi und C_{korr} liegen bei 0,33 und 0,44. Verändert man die Größentrennlinie für die Summe der Aktiva auf 10 Mrd. öS, so erzielt man sowohl auf dem 5%- als auch auf dem 1%-Niveau signifikante Ergebnisse (keine gesonderte Darstellungdieses als auch der folgenden Tests im Anhang).

Im Zusammenhang mit der Größe (gemessen nach der Aktiva-Summe) wurde weiters überprüft, ob unterschiedliche Ergebnisse in den einzelnen Teilbereichen resultieren. Es sind unterschiedliche Determinanten bzw. unterschiedliches Ausweisverhalten bzgl. Kapitalflußrechnung, Segmentberichterstattung und Gewinn pro Aktie zu erwarten. Signifikanz (5%) resultiert lediglich im Bereich

[437] Vgl. Sachs: Statistik, 1997; S. 477. Da die drei der Untersuchung zugrunde liegenden Bereiche nur Teilaspekte der gesamten *voluntary disclosures* sind, wird auf die Erstellung und Überprüfung eines Modells mittels multivariater Statistik, welches einen Großteil des Ausweisverhaltens erklären soll, verzichtet.

der Segmentberichterstattung. Demnach wäre die Hypothese, die Segmentberichterstattung und Unternehmensgröße seien unabhängig voneinander, zu verwerfen.

Hohe Signifikanz wurde bei Hypothese 2 bzgl. des Einflusses einer Auslandsnotierung und des Fließhandels als Börsesegment erzielt. Die Assoziationskoeffizienten liegen bei dieser Überprüfung bei 0,5 und darüber.

Inwieweit Rentabilität und ein hohes Ausweisverhalten unabhängig voneinander sind, ist Gegenstand der Nullhypothese 3. Bei der Messung mittels Gesamtkapitalrentabilität wurde keine Signifikanz erzielt, allerdings bei Heranziehen der Eigenkapitalrentabilität auf dem 5%-Niveau und bei Operationalisierung mittels der Umsatzrentabilität auch auf dem 1%-Niveau.

Ein interessantes Ergebnis im Vergleich zu früheren Untersuchungen zeigt die Überprüfung der Unabhängigkeit von Ausweisverhalten und Aktienanteil im Streubesitz. Mit hoher Signifikanz kann die Nullhypothese verworfen werden.

Umgekehrt konnte bei Überprüfung der Nullhypothese 5 kein signifikantes Abweichen von der Unabhängigkeit zwischen dem Ausmaß an externer Finanzierung und dem Ausweisverhalten festgestellt werden.

Ebenso erging es mit der erklärenden Variable der Wirtschaftsprüfer: Keine Signifikanz und äußerst geringe Koeffizienten.

Mit einem Unternehmen weniger, für welches kein Exporterlös/Auslandsumsatz feststellbar war, wurde der Einfluß dieser Variable untersucht - mit signifikanten Ergebnissen auf beiden Niveaus. Ein hohes Ausmaß an internationalen Aktivitäten dürfte damit geeignet sein, das Ausweisverhalten in den Geschäftsberichten in die Richtung von kapitalmarktrelevanten Informationen zu beeinflussen.

9. Zusammenfassung und Ausblick

Aufschlüsse über die Offenlegungspraxis von Unternehmen können als Basis für Empfehlungen auf normativer Ebene für die zukünftige Gestaltung der Rechnungslegung herangezogen werden. Verpflichtende Regelungen könnten demnach auf das Faktum gestützt werden, daß Unternehmen nicht freiwillig bereit sind, die betreffenden Informationen offenzulegen.[438] Die in dieser Untersuchung vorliegenden Ergebnisse zusammen mit den Erfahrungen in Deutschland lassen nachfolgende Schlüsse zu bzw. haben den Autor zu nachfolgenden persönlichen Meinungen geführt.

Der Gesetzgeber hat die Möglichkeit, im Bereich der Ausweispraxis die Entwicklung zweier Geschwindigkeiten zu steuern. Ein Teil der Unternehmen zeigt bereits heute ein sehr hohes Niveau an Publizität. Diese Unternehmen orientieren sich an anglo-amerikanischen Maßstäben, und ihnen sollte - wie in Deutschland - die Möglichkeit, befreiende Konzernabschlüsse nach internationalen Rechnungslegungsstandards vorzulegen, so rasch als möglich eingeräumt werden.

Der andere (und oftmals von einer Internationalisierung gar nicht betroffene) Teil, sollte trotzdem auch verpflichtend zu Kapitalflußrechnungen, Segmentberichterstattung und einer einheitlichen Darstellung des Gewinns pro Aktie angehalten werden. Damit würde zum einen ein zu breites Auseinanderdriften des Ausweisverhaltens unter den börsenotierten Unternehmen Österreichs verhindert werden (sofern nicht ohnehin Marktkräfte dafür sorgen würden). Zum anderen könnte der stattfindenden internationalen Diskussion und einer mangelnden Akzeptanz österreichischer Jahresabschlüsse zumindest im Bereich des Ausweisverhaltens entgegengewirkt werden (sowie Deutschland dies mit dem KonTraG versucht). Jahre über Jahre der Bewußtseinsbildung, der Verleihung von Börseauszeichnungen und der zunehmende Bedeutung der Eigenkapitalmärkte sind an vielen Unternehmen scheinbar spurlos vorbeigegangen. Darauf zu warten, daß sich Fachempfehlungen im Sinne einer flexiblen Selbstregulierung durchsetzen und zu allgemein anerkannten Grundsätzen ordnungsmäßiger Bilanzierung werden, ist in diesen Zeiten der stürmischen Veränderungen innerhalb der Rechnungslegung wohl kaum sinnvoll. Da darüber hinaus der heimische Kapitalmarkt nicht in der Weise effizient funktioniert,

[438] Vgl. Dye: Accounting Choice. Journal of Accounting Research, 1985.

geringere Transparenz mit höheren Kapitalkosten zu bestrafen, werden die Unternehmen auch nicht mit ihrer Publizität um das Kapital der Investoren konkurrieren. Für dieses „Marktversagen" sollte ersatzweise eine gesetzliche Regelung greifen, die zumindest den im Amtlichen Handel notierten Unternehmen ein Minimum an Publizität abverlangt. Die Anlehnung dabei an internationale Normen sollte gerade in Österreich, das sich schon in der Vergangenheit an der Rechnungslegung außerhalb seiner Landesgrenzen orientiert hat, keine Akzeptanzschwierigkeiten bereiten.

Der in den Anfangskapiteln beschriebene Harmonisierungsprozeß zeigt im wesentlichen, daß die diesbezüglichen Bemühungen auf EU-Ebene nach Umsetzung der Rechnungslegungs-Richtlinien durch die einzelnen Mitgliedstaaten ins Stocken gerieten. Umgekehrt gewann das IASC, welchem bis Mitte der 80er Jahre keine besondere Aufmerksamkeit geschenkt wurde, für die internationale Harmonisierung der Rechnungslegung immer mehr an Bedeutung. Mit Akzeptierung der in seinem Arbeitsprogramm verabschiedeten Standards durch die IOSCO und SEC wären die IAS die beste Lösung für ausländische Unternehmen, die an der *New York Stock Exchange* notieren wollen, sich aber nicht der nationalen US-amerikanischen Rechnungslegung unterwerfen wollen.

Dieser Dynamik rund um die IAS konnte sich auch die EU nicht verschließen. Sie erklärt ihre Richtlinien als praktisch kompatibel mit IAS und will das auch in Zukunft durch flexiblere Interpretationen der doch schon in die Jahre gekommenen Richtlinien erreichen. Mit dieser Kompatibilität sind die Weichen für Lösungen innerhalb der einzelnen Mitgliedstaaten gestellt. Diese gehen daran, für börsenotierte Unternehmen Konzernabschlußbefreiungen zu schaffen. Allerdings können die Regierungen ihre Konzerne immer nur vom nationalen Konzernrechnungslegungsrecht befreien, nicht aber von den EG-Richtlinien - daher die Bedeutung der Vereinbarkeit von EU- und IAS-Vorschriften.

Durch die Zusammenarbeit von IASC und FASB bei der Überarbeitung bestehender und Erarbeitung neuer Standards werden Maßstäbe gesetzt, zu denen derzeit weit und breit keine alternativen Regelungen Aussicht auf Akzeptanz bei einem größeren Anwenderkreis haben. Mit dieser Hinwendung zu angloamerikanischer Rechnungslegung kommen neue Publizitäts-Anforderungen auf die Unternehmen zu. Drei der wichtigsten daraus sind die Kapitalflußrechnung, die Segmentberichterstattung und die klare und nachvollziehbare Darstellung des

Gewinns pro Aktie. Die letzteren beiden sind im Jahr 1997 von FASB und IASC mit gegenseitiger Abstimmung überarbeitet worden. Da diese drei Bereiche einen praktisch noch unregulierten Status in Österreich haben, bietet sich an zu untersuchen, inwieweit österreichische börsenotierte Unternehmen bereits heute freiwillig den anglo-amerikanischen Maßstäben entsprechen.

Die empirischen Ergebnisse auf Basis von 57 Geschäftsberichten sind differenziert zu beurteilen. Zwar gibt es einige wenige Unternehmen, die sehr bewußt die Ausrichtung auf anglo-amerikanischen Grundsätzen pflegen oder zumindest in Teilbereichen damit begonnen haben. Viele davon dürften für eine konsequentere Umsetzung auf die Erleichterung in Form eines „österreichischen" Kapitalaufnahmeerleichterungsgesetzes warten. Am anderen Ende des Spektrums findet sich allerdings doch noch eine nicht unwesentliche Zahl an Unternehmen, die ein für eine Börsenotierung eher enttäuschendes Ausweisverhalten zeigen.

Im Bereich der Kapitalflußrechnung scheint sich der Ausweis an sich sowie das international gebräuchliche Format durchzusetzen. Dieser Trend dürfte sich in Zukunft durch das österreichische Fachgutachten noch weiter verstärken. Einzig die Ergänzung der reinen Zahlenstaffel mit zusätzlichen Informationen und Erläuterungen ist noch als unzureichend zu beurteilen.

Die freiwillige, über die reine Umsatzaufteilung hinausgehende Segmentberichterstattung wird im Vergleich zur Kapitalflußrechnung zögerlicher praktiziert. Das Management unterteilt zwar seine Wirklichkeit eben in Segmente, indem zumeist im Lagebericht über Geschäftsbereiche, Regionen, verschiedene Abnehmer, o.ä. in Worten berichtet wird. An die nach anglo-amerikanischem Vorbild geforderten Zahlengerüste kommt aber praktisch kein Unternehmen heran.

Beim Gewinn pro Aktie wird der Ausweis selbst nicht als heikel empfunden - relativ viele Unternehmen bieten diese Kennzahl an. Was dabei aber wünschenswert wäre, ist die klare Angabe bzw. Herleitung der eingesetzten Gewinngröße und Aktienanzahl. Der ÖVFA ist schon ein gutes Stück an Vereinheitlichung gelungen. Dieses Potential sollte auch für die Zukunft genützt werden. Dabei werden ÖVFA (und DVFA) wohl nicht an den praktisch identischen Standards von FASB und IASC vorbeigehen können.

10. Anhang

Anhang A.1: Darstellung der einbezogenen Unternehmen

lfd. Nr.	Unternehmen	Konzern-abschluß Bilanzstichtag	Einzel abschluß Bilanzstichtag	Big Six = 1 andere = 0	Mitarbeiter	Streubesitz	Börse-segment FH = 1 AH = 0	Auslands-notierung ja = 1 nein = 0
1	Adolf Darbo AG	31.12.96	31.12.96	0	199	20,0%	0	0
2	Agrana Beteiligungs AG	28.02.97	28.02.97	1	2.812	14,8%	0	0
3	Allg. Bau Porr AG	31.12.96	31.12.96	0	6.665	25,0%	0	0
4	Ankerbrot AG	--	31.12.96	0	2.951	0,0%	0	0
5	Austria Email AG	31.12.96	31.12.96	0	495	14,8%	0	0
6	AMS International AG	31.12.96	31.12.96	0	1.343	91,9%	1	1
7	Austrian Airlines AG	31.12.97	31.12.97	0	5.256	12,6%	1	0
8	Bau Holding AG	31.03.97	31.03.97	0	8.867	40,0%	1	0
9	bauMax AG	31.12.96	31.12.96	0	3.248	24,0%	1	0
10	BBAG	31.12.96	31.12.96	1	5.187	36,0%	1	1
11	Binder + Co AG	31.12.96	31.12.96	0	561	47,2%	0	0
12	Böhler-Uddeholm AG	31.12.97	--	1	9.315	75,0%	1	1
13	BWT AG	31.12.96	31.12.96	0	1.358	45,0%	1	0
14	Constantia Verpackungen AG	31.12.96	--	0	4.083	25,0%	0	0
15	Flender Austria Antriebstechnik AG	--	30.09.97	0	841	31,1%	0	0
16	Flughafen Wien AG	31.12.96	31.12.96	0	2.405	47,9%	1	1
17	Frauenthal Keramik AG	31.12.96	31.12.96	1	1.144	35,0%	0	0
18	Grass Holding AG	28.02.97	28.02.97	0	939	100,0%	0	0

lfd. Nr.	Unternehmen	Konzern- abschluß Bilanzstichtag	Einzel abschluß Bilanzstichtag	Big Six = 1 andere = 0	Mitarbeiter	Streubesitz	Börse- segment FH = 1 AH = 0	Auslands- notierung ja = 1 nein = 0
19	Maschinenfabrik Heid AG	31.12.96	31.12.96	1	821	40,0%	0	0
20	Hild HandelsAG	31.12.96	31.12.96	0	634	25,0%	0	0
21	IGM-Robotersysteme AG	31.08.97	31.08.97	0	396	16,0%	0	0
22	INKU AG	31.12.96	31.12.96	0	756	38,5%	0	0
23	Jenbacher Werke AG	31.12.96	31.12.96	0	899	34,5%	0	0
24	Krems Chemie AG	31.12.96	31.12.96	1	690	5,5%	0	0
25	KTM-Motorradholding AG	31.08.97	31.08.97	1	531	46,0%	1	0
26	Lenzing AG	31.12.96	31.12.96	1	4.860	49,9%	1	1
27	Linz Textil Holding AG	31.12.97	31.12.97	1	646	20,0%	0	0
28	Josef Manner & Comp. AG	--	31.12.96	0	711	10,0%	0	0
29	Mautner Markhof BeteiligungsAG	31.12.96	31.12.96	0	1.115	40,0%	0	0
30	Mayr-Melnhof Karton AG	31.12.96	31.12.96	0	5.222	40,0%	1	1
31	MIBA AG	31.01.97	31.01.97	1	1.816	25,0%	0	0
32	Nettingsdorfer BeteiligungsAG	31.12.96	31.12.96	1	1.188	10,0%	0	0
33	NÖM AG	--	31.12.96	1	695	5,0%	0	0
34	OMV AG	31.12.96	--	1	8.491	45,4%	1	1
35	Ottakringer Brauerei AG	31.12.96	31.12.96	0	174	19,0%	0	0
36	Pengg Breitenfeld Kabel AG	31.12.96	31.12.96	1	389	36,4%	0	0
37	Rath BeteiligungsAG	31.12.96	31.12.96	0	451	90,0%	0	0
38	Readymix Kies-Union AG	31.12.96	31.12.96	1	831	28,0%	0	0
39	RHI AG	31.12.96	31.12.96	0	10.752	100,0%	1	1

lfd. Nr.	Unternehmen	Konzern-abschluß Bilanzstichtag	Einzel abschluß Bilanzstichtag	Big Six = 1 andere = 0	Mitarbeiter	Streubesitz	Börse-segment FH = 1 AH = 0	Auslands-notierung ja = 1 nein = 0
40	Rosenbauer International AG	31.12.96	31.12.96	1	925	32,2%	0	0
41	SCA Laakirchen AG	31.12.96	31.12.96	1	593	5,0%	0	0
42	Schlumberger AG	31.03.97	31.03.97	1	313	25,0%	0	0
43	Semperit AG Holding	31.12.96	31.12.96	1	4.281	48,9%	1	0
44	Steirerobst AG	--	31.08.97	0	169	40,0%	0	0
45	Steyr-Daimler-Puch AG	31.12.97	31.12.97	0	6.004	30,0%	1	1
46	Strabag Österreich AG	31.12.96	31.12.96	1	10.541	30,0%	1	0
47	Universale-Bau AG	31.12.96	31.12.96	1	3.221	15,0%	0	0
48	VA Technologie AG	31.12.97	31.12.97	1	17.986	57,0%	1	1
49	VAE AG	31.12.97	31.12.97	0	1.767	100,0%	1	0
50	Verbund AG	31.12.96	31.12.96	1	4.624	49,0%	1	1
51	VISO-DATA Computer AG	--	31.12.97	0	23	16,8%	0	0
52	VOEST-Alpine Stahl AG	31.12.96	31.12.96	0	14.995	41,3%	1	0
53	Vogel & Noot Wärmetechnik AG	31.12.96	31.12.96	0	2.855	41,2%	0	0
54	J. M. Voith AG	--	30.09.97	0	1.250	17,0%	0	0
55	Vorarlberger Kraftwerke AG	--	31.12.96	0	771	20,0%	0	0
56	Wienerberger Baustoffindustrie AG	31.12.96	31.12.96	1	8.229	49,9%	1	1
57	Wolford AG	30.04.97	--	1	1.455	55,0%	1	1
Anzahl				25			22	13

Anhang A.1: Darstellung der einbezogenen Unternehmen - Fortsetzung

lfd. Nr.	Summe Aktiva	Umsatz	EGT	Summe Eigenkapital	Verbindlichkeiten	Exporterlöse
1	450	657	29	336	53	165
2	9.841	7.596	374	4.770	3.477	2.501
3	12.470	11.295	-54	1.758	7.484	3.470
4	1.325	1.953	-7	258	757	13
5	503	626	8	8	437	270
6	3.351	1.794	-101	2.050	1.006	1.726
7	24.822	18.248	665	6.556	14.444	15.793
8	11.610	12.347	345	4.922	4.948	5.998
9	3.410	5.942	300	1.146	2.099	644
10	11.749	10.170	1.304	6.986	2.428	1.827
11	685	947	13	143	318	634
12	17.369	18.321	1.077	6.764	6.414	17.245
13	2.062	2.324	231	430	725	1.754
14	4.915	7.056	282	1.963	2.248	5.964
15	687	1.036	-29	452	88	866
16	9.825	3.972	885	7.123	870	n.a.
17	1.002	1.116	62	370	487	1.032
18	1.114	1.361	-4	439	538	1.323

lfd. Nr.	Summe Aktiva	Umsatz	EGT	Summe Eigenkapital	Verbindlichkeiten	Exporterlöse
19	1.473	1.151	-105	356	93	703
20	1.212	2.297	15	327	763	19
21	801	748	21	227	425	668
22	832	1.857	15	244	500	900
23	2.182	1.819	58	256	1.517	1.512
24	1.214	1.815	19	292	747	1.352
25	742	1.308	108	267	385	1.204
26	11.701	7.786	-30	3.657	5.728	6.460
27	1.551	2.292	247	951	373	1.778
28	903	1.196	26	456	230	327
29	1.456	1.285	-135	882	319	531
30	12.503	11.525	954	4.907	5.165	10.623
31	2.296	2.461	137	731	1.215	2.239
32	4.057	3.627	204	1.174	2.512	3.051
33	2.154	3.110	-215	319	1.478	225
34	62.926	98.303	2.974	18.369	21.640	50.360
35	1.509	1.034	16	818	552	43
36	623	723	-141	18	494	253
37	475	571	34	107	302	376
38	2.452	2.453	199	615	1.365	134
39	17.159	21.005	674	3.516	6.964	19.614

lfd. Nr.	Summe Aktiva	Umsatz	EGT	Summe Eigenkapital	Verbindlichkeiten	Exporterlöse
40	1.743	1.928	79	846	690	484
41	5.493	5.131	460	3.785	1.262	4.962
42	1.506	1.689	39	675	685	663
43	2.113	3.136	162	561	814	2.710
44	630	704	47	368	219	587
45	11.359	14.216	598	3.896	4.952	8.521
46	4.824	7.084	153	1.513	2.379	2.166
47	6.853	5.535	33	874	4.758	1.475
48	45.507	38.414	1.840	8.115	24.119	27.102
49	2.668	2.279	161	1.091	976	1.924
50	93.416	20.037	1.524	20.237	50.186	1.584
51	195	105	79	144	8	17
52	31.548	31.519	2.031	14.134	11.701	21.296
53	4.932	4.018	94	1.703	2.805	3.083
54	3.476	2.422	37	513	1.997	2.131
55	9.307	2.740	336	4.209	2.783	649
56	23.322	15.061	1.369	9.874	10.742	12.108
57	1.849	1.652	280	882	497	1.349
Mittelwert	8.740	7.593	347	2.779	3.915	4.579
Median	2.296	2.422	94	874	1.006	1.494
Standardabw.	15.978	14.367	604	4.253	7.848	8.501

Anhang A.2:
Darstellung der Bereichsergebnisse und des *voluntary disclosure index* (VDI)

lfd. Nr.	Score A	Score B	Score C	VDI
1	0,4286	0,0000	0,5000	0,3000
2	0,2857	0,3750	0,4286	0,3636
3	0,2000	0,5000	0,3750	0,3810
4	0,0000	0,6000	0,0000	0,1579
5	0,0000	0,4286	0,0000	0,1429
6	0,6250	0,2857	0,6667	0,5238
7	0,3750	0,5714	0,4000	0,4500
8	0,5714	0,5714	0,5000	0,5500
9	0,5714	0,4286	0,3333	0,4500
10	0,4286	0,4286	0,4286	0,4286
11	0,0000	0,4286	0,0000	0,1364
12	0,4286	0,6250	0,5000	0,5238
13	0,7143	0,5714	0,7143	0,6667
14	0,0000	0,5714	0,5000	0,3333
15	0,4286	0,4286	0,0000	0,3000
16	0,4286	0,5000	0,0000	0,3158
17	0,5714	0,1429	0,0000	0,2381
18	0,0000	0,2857	0,0000	0,0909
19	0,0000	0,0000	0,0000	0,0000
20	0,0000	0,0000	0,0000	0,0000
21	0,5714	0,4286	0,5000	0,5000
22	0,0000	0,2857	0,0000	0,0909
23	0,0000	0,2857	0,5000	0,2381
24	0,5714	0,5714	0,0000	0,3810
25	0,0000	0,5714	0,2857	0,2727
26	0,5714	0,4286	0,2857	0,4286
27	0,0000	0,0000	0,0000	0,0000
28	0,0000	0,4286	0,0000	0,1429
29	0,2500	0,5714	0,3333	0,3810
30	0,5714	0,7500	0,8000	0,7000
31	0,7143	0,5714	0,0000	0,4091
32	0,4286	0,4286	0,4286	0,4286
33	0,0000	0,3333	0,0000	0,1000

34	1,0000	1,0000	0,6000	0,9000
35	0,0000	0,3333	0,0000	0,1000
36	0,0000	0,4286	0,5000	0,2857
37	0,0000	0,5714	0,0000	0,1905
38	0,0000	0,0000	0,5000	0,1500
39	0,8571	0,8571	0,8000	0,8421
40	0,0000	0,2857	0,0000	0,0952
41	0,0000	0,4286	0,3333	0,2381
42	0,0000	0,0000	0,5000	0,1429
43	0,7143	0,3750	0,2857	0,4545
44	0,4286	0,5714	0,3333	0,4500
45	0,6250	0,4286	0,0000	0,3636
46	0,0000	0,3750	0,0000	0,1304
47	0,0000	0,3750	0,0000	0,1304
48	0,7500	0,7143	0,6667	0,7143
49	0,5714	0,5714	0,5000	0,5500
50	0,3750	0,5714	0,3333	0,4286
51	0,0000	0,4286	0,5000	0,2857
52	0,5714	0,7143	0,6667	0,6500
53	0,4286	0,7143	0,4286	0,5238
54	0,0000	0,4286	0,0000	0,1500
55	0,0000	0,2857	0,0000	0,0909
56	0,5714	0,7143	0,4286	0,5714
57	0,8571	0,5714	0,6667	0,7000
Mittelwert	0,3068	0,4411	0,2899	0,3432
Median	0,3750	0,4286	0,3333	0,3333
Standardabw.	0,3041	0,2159	0,2642	0,2177
Maximum	1,0000	1,0000	0,8000	0,9000

Anhang A.2.1: Ermittlung des Score für die Geldflußrechnung
(Score A) = Summe V / Summe M

lfd. Nr.	V 1	V 2	V 3	V 4	V 5	V 6	V 7	V 8	M 1	M 2	M 3	M 4	M 5	M 6	M 7	M 8
1	1	1	0	0	0	0	0	1	1	1	1	0	1	1	1	1
2	1	1	0	0	0	0	0	0	1	1	1	0	1	1	1	1
3	0	0	0	0	0	0	1	0	1	1	0	0	1	0	1	1
4	0	0	0	0	0	0	0	0	1	1	1	1	1	1	1	1
5	0	0	0	0	0	0	0	0	1	1	1	1	1	1	1	1
6	1	1	1	0	0	0	1	1	1	1	1	1	1	1	1	1
7	0	1	1	0	0	0	0	1	1	1	1	1	1	1	1	1
8	1	1	1	0	0	0	0	1	1	1	1	0	1	1	1	1
9	1	1	0	0	0	0	1	1	1	1	1	0	1	1	1	1
10	1	1	0	0	0	0	0	1	1	1	1	0	1	1	1	1
11	0	0	0	0	0	0	0	0	1	1	1	1	1	1	1	1
12	1	1	0	0	0	0	0	1	1	1	1	0	1	1	1	1
13	1	1	1	0	0	0	1	1	1	1	1	0	1	1	1	1
14	0	0	0	0	0	0	0	0	1	1	1	1	1	1	1	1
15	1	1	0	0	0	0	0	1	1	1	1	0	1	1	1	1
16	1	1	0	0	0	0	0	1	1	1	1	0	1	1	1	1
17	1	1	0	0	0	0	1	1	1	1	1	0	1	1	1	1
18	0	0	0	0	0	0	0	0	1	1	1	1	1	1	1	1
19	0	0	0	0	0	0	0	0	1	1	1	1	1	1	1	1
20	0	0	0	0	0	0	0	0	1	1	1	1	1	1	1	1
21	1	1	1	0	0	0	0	1	1	1	1	0	1	1	1	1
22	0	0	0	0	0	0	0	0	1	1	1	1	1	1	1	1
23	0	0	0	0	0	0	0	0	1	1	1	1	1	1	1	1
24	1	1	1	0	0	0	0	1	1	1	1	0	1	1	1	1
25	0	0	0	0	0	0	0	0	1	1	1	1	1	1	1	1
26	1	1	0	0	0	0	1	1	1	1	1	0	1	1	1	1
27	0	0	0	0	0	0	0	0	1	1	1	1	1	1	1	1
28	0	0	0	0	0	0	0	0	1	1	1	1	1	1	1	1
29	0	1	0	0	0	0	0	1	1	1	1	1	1	1	1	1
30	0	1	1	0	0	0	1	1	1	1	1	0	1	1	1	1
31	1	1	1	0	0	0	1	1	1	1	1	0	1	1	1	1
32	1	1	0	0	0	0	0	1	1	1	1	0	1	1	1	1
33	0	0	0	0	0	0	0	0	1	1	1	1	1	1	1	1

34	1	1	1	0	1	1	1	1		1	1	1	0	1	1	1	1
35	0	0	0	0	0	0	0	0		1	1	1	1	1	1	1	1
36	0	0	0	0	0	0	0	0		1	1	1	1	1	1	1	1
37	0	0	0	0	0	0	0	0		1	1	1	1	1	1	1	1
38	0	0	0	0	0	0	0	0		1	1	1	1	1	1	1	1
39	1	1	1	0	0	1	1	1		1	1	1	0	1	1	1	1
40	0	0	0	0	0	0	0	0		1	1	1	1	1	1	1	1
41	0	0	0	0	0	0	0	0		1	1	1	1	1	1	1	1
42	0	0	0	0	0	0	0	0		1	1	1	1	1	1	1	1
43	1	1	0	0	0	1	1	1		1	1	1	0	1	1	1	1
44	1	1	0	0	0	0	0	1		1	1	1	0	1	1	1	1
45	1	1	0	1	0	0	1	1		1	1	1	1	1	1	1	1
46	0	0	0	0	0	0	0	0		1	1	1	1	1	1	1	1
47	0	0	0	0	0	0	0	0		1	1	1	1	1	1	1	1
48	1	1	1	1	0	0	1	1		1	1	1	1	1	1	1	1
49	1	1	0	0	0	0	1	1		1	1	1	0	1	1	1	1
50	1	1	0	0	0	0	0	1		1	1	1	1	1	1	1	1
51	0	0	0	0	0	0	0	0		1	1	1	1	1	1	1	1
52	1	1	0	0	0	0	1	1		1	1	1	0	1	1	1	1
53	1	1	0	0	0	0	0	1		1	1	1	0	1	1	1	1
54	0	0	0	0	0	0	0	0		1	1	1	0	1	1	1	1
55	0	0	0	0	0	0	0	0		1	1	1	1	1	1	1	1
56	1	1	0	0	0	1	1	0		1	1	1	0	1	1	1	1
57	1	1	1	0	0	1	1	1		1	1	1	0	1	1	1	1
Anzahl	28	31	12	2	1	5	17	29									

Anhang A.2.2: Ermittlung des Score für die Segmentberichterstattung (Score B) = Summe V / Summe M

lfd. Nr.	V 1	V 2	V 3	V 4	V 5	V 6	V 7	V 8	M 1	M 2	M 3	M 4	M 5	M 6	M 7	M 8
1	0	0	0	0	0	0	0	0	1	1	1	1	1	0	1	1
2	0	1	0	0	0	0	1	1	1	1	1	1	1	1	1	1
3	1	1	0	0	0	0	1	1	1	1	1	1	1	1	1	1
4	1	0	0	0	0	0	1	1	1	0	0	1	1	0	1	1
5	1	0	0	0	0	0	1	1	1	1	1	1	1	0	1	1
6	1	0	0	0	0	0	1	0	1	1	1	1	1	0	1	1
7	1	1	0	0	0	0	1	1	1	1	1	1	1	0	1	1
8	1	1	0	0	0	0	1	1	1	1	1	1	1	0	1	1
9	1	0	0	0	0	0	1	1	1	1	1	1	1	0	1	1
10	1	0	0	0	0	0	1	1	1	1	1	1	1	0	1	1
11	1	1	0	0	0	0	1	0	1	1	1	1	1	0	1	1
12	1	1	0	1	0	0	1	1	1	1	1	1	1	1	1	1
13	1	1	0	0	0	0	1	1	1	1	1	1	1	0	1	1
14	1	1	0	1	0	0	1	0	1	1	1	1	1	0	1	1
15	0	1	0	0	0	0	1	1	1	1	1	1	1	0	1	1
16	1	0	0	0	0	0	1	1	1	0	1	1	1	0	1	1
17	0	0	0	0	0	0	1	0	1	1	1	1	1	0	1	1
18	0	1	0	0	0	0	1	0	1	1	1	1	1	0	1	1
19	0	0	0	0	0	0	0	0	1	1	1	1	1	0	1	1
20	0	0	0	0	0	0	0	0	1	0	1	1	1	0	1	1
21	0	1	0	0	0	0	1	1	1	1	1	1	1	0	1	1
22	0	1	0	0	0	0	0	1	1	1	1	1	1	0	1	1
23	1	0	0	0	0	0	1	0	1	1	1	1	1	0	1	1
24	1	1	0	0	0	0	1	1	1	1	1	1	1	0	1	1
25	1	1	0	0	0	0	1	1	1	1	1	1	1	0	1	1
26	1	1	0	0	0	0	1	0	1	1	1	1	1	0	1	1
27	0	0	0	0	0	0	0	0	1	1	1	1	1	0	1	1
28	0	1	0	0	0	0	1	1	1	1	1	1	1	0	1	1
29	1	1	0	0	0	0	1	1	1	1	1	1	1	0	1	1
30	1	1	0	1	1	0	1	1	1	1	1	1	1	1	1	1
31	1	1	0	0	0	0	1	1	1	1	1	1	1	0	1	1
32	1	0	0	0	0	0	1	1	1	1	1	1	1	0	1	1
33	1	0	0	0	0	0	1	0	1	0	1	1	1	0	1	1

34	1	1	1	1	1	1	1	1		1	1	1	1	1	1	1	1
35	1	0	0	0	0	0	1	0		1	0	1	1	1	0	1	1
36	1	0	0	0	0	0	1	1		1	1	1	1	1	0	1	1
37	1	1	0	0	0	0	1	1		1	1	1	1	1	0	1	1
38	0	0	0	0	0	0	0	0		1	0	1	1	1	0	1	1
39	1	1	0	1	1	0	1	1		1	1	1	1	1	0	1	1
40	0	1	0	0	0	0	1	0		1	1	1	1	1	0	1	1
41	1	0	0	0	0	0	1	1		1	1	1	1	1	0	1	1
42	0	0	0	0	0	0	0	0		1	1	1	1	1	0	1	1
43	0	0	0	0	0	1	1	1		1	1	1	1	1	1	1	1
44	1	1	0	0	0	0	1	1		1	1	1	1	1	0	1	1
45	1	1	0	0	0	0	1	0		1	1	1	1	1	0	1	1
46	1	0	0	0	0	0	1	1		1	1	1	1	1	1	1	1
47	1	0	0	0	0	0	1	1		1	1	1	1	1	1	1	1
48	1	1	0	1	0	0	1	1		1	1	1	1	1	0	1	1
49	1	1	0	0	0	0	1	1		1	1	1	1	1	0	1	1
50	1	1	0	0	0	0	1	1		1	1	1	1	1	0	1	1
51	1	0	0	0	0	0	1	1		1	1	1	1	1	0	1	1
52	1	1	0	1	0	0	1	1		1	1	1	1	1	0	1	1
53	1	1	0	1	0	0	1	1		1	1	1	1	1	0	1	1
54	1	0	0	0	0	0	1	1		1	1	1	1	1	0	1	1
55	1	0	0	0	0	0	1	0		1	1	1	1	1	0	1	1
56	1	1	0	1	0	0	1	1		1	1	1	1	1	0	1	1
57	1	1	0	0	0	0	1	1		1	1	1	1	1	0	1	1
Anzahl	42	32	1	9	3	2	50	39									

Anhang A.2.3: Ermittlung des Score für den Gewinn pro Aktie (Score C) = Summe V / Summe M

lfd. Nr.	V	V	V	V	V	V	V	V		M	M	M	M	M	M	M	M
	1	2	3	4	5	6	7	8		1	2	3	4	5	6	7	8
1	1	0	0	0	1	0	0	1		1	0	1	0	1	1	1	1
2	1	0	0	0	1	0	0	1		1	0	1	1	1	1	1	1
3	1	0	0	0	1	0	0	1		1	1	1	1	1	1	1	1
4	0	0	0	0	0	0	0	0		1	0	1	0	1	1	1	1
5	0	0	0	0	0	0	0	0		1	0	1	0	1	1	1	1
6	1	0	1	0	1	0	0	1		1	0	1	0	1	1	1	1
7	1	0	0	0	1	0	0	0		1	0	1	0	1	0	1	1
8	1	0	0	0	1	0	0	1		1	0	1	0	1	1	1	1
9	1	0	0	0	1	0	0	0		1	0	1	0	1	1	1	1
10	1	0	0	0	1	0	0	1		1	0	1	1	1	1	1	1
11	0	0	0	0	0	0	0	0		1	0	1	1	1	1	1	1
12	1	0	1	0	0	0	0	1		1	0	1	0	1	1	1	1
13	1	0	1	1	1	0	0	1		1	1	1	0	1	1	1	1
14	1	0	0	0	1	0	0	1		1	0	1	0	1	1	1	1
15	0	0	0	0	0	0	0	0		1	0	1	0	1	1	1	1
16	0	0	0	0	0	0	0	0		1	0	1	0	1	1	1	1
17	0	0	0	0	0	0	0	0		1	0	1	1	1	1	1	1
18	0	0	0	0	0	0	0	0		1	0	1	1	1	1	1	1
19	0	0	0	0	0	0	0	0		1	0	1	1	1	1	1	1
20	0	0	0	0	0	0	0	0		1	0	1	1	1	1	1	1
21	1	0	0	0	1	0	0	1		1	0	1	0	1	1	1	1
22	0	0	0	0	0	0	0	0		1	0	1	1	1	1	1	1
23	1	0	0	0	1	0	0	1		1	0	1	0	1	1	1	1
24	0	0	0	0	0	0	0	0		1	0	1	1	1	1	1	1
25	0	1	0	0	1	0	0	0		1	1	1	1	1	1	1	0
26	1	0	0	0	0	0	0	1		1	0	1	1	1	1	1	1
27	0	0	0	0	0	0	0	0		1	0	1	1	1	1	1	1
28	0	0	0	0	0	0	0	0		1	0	1	0	1	1	1	1
29	1	0	0	0	0	0	0	1		1	0	1	0	1	1	1	1
30	1	0	1	0	1	0	0	1		1	0	1	0	1	0	1	1
31	0	0	0	0	0	0	0	0		1	1	1	1	1	1	1	1
32	1	0	0	0	1	0	0	1		1	0	1	1	1	1	1	1
33	0	0	0	0	0	0	0	0		1	0	1	0	1	1	1	1

34	1	0	0	0	1	0	0	1		1	0	1	0	1	0	1	1
35	0	0	0	0	0	0	0	0		1	0	1	0	1	1	1	1
36	1	0	0	0	1	0	0	1		1	0	1	0	1	1	1	1
37	0	0	0	0	0	0	0	0		1	0	1	0	1	1	1	1
38	1	0	0	0	1	0	0	1		1	0	1	0	1	1	1	1
39	1	0	1	0	1	0	0	1		1	0	1	0	1	0	1	1
40	0	0	0	0	0	0	0	0		1	0	1	0	1	1	1	1
41	1	0	0	0	0	0	0	1		1	0	1	0	1	1	1	1
42	1	0	0	0	1	0	0	1		1	0	1	0	1	1	1	1
43	1	0	0	0	0	0	0	1		1	0	1	1	1	1	1	1
44	1	0	0	0	0	0	0	1		1	0	1	0	1	1	1	1
45	0	0	0	0	0	0	0	0		1	0	1	1	1	1	1	1
46	0	0	0	0	0	0	0	0		1	0	1	1	1	1	1	1
47	0	0	0	0	0	0	0	0		1	0	1	1	1	1	1	1
48	1	0	1	0	1	0	0	1		1	0	1	0	1	1	1	1
49	1	0	0	0	1	0	0	1		1	0	1	0	1	1	1	1
50	1	0	0	0	0	0	0	1		1	0	1	0	1	1	1	1
51	1	0	0	0	1	0	0	1		1	0	1	0	1	1	1	1
52	1	0	1	0	1	0	0	1		1	0	1	0	1	1	1	1
53	1	0	0	0	1	0	0	1		1	0	1	1	1	1	1	1
54	0	0	0	0	0	0	0	0		1	0	1	0	1	1	1	1
55	0	0	0	0	0	0	0	0		1	0	1	1	1	1	1	1
56	1	0	0	0	1	0	0	1		1	0	1	1	1	1	1	1
57	1	0	1	0	1	0	0	1		1	0	1	0	1	1	1	1
Anzahl	33	1	8	1	27	0	0	31									

Anhang B.1.1: Chi-Quadrat Test für Hypothese 1

beobachtet:	A < 5 Mrd	A ≥ 5 Mrd			A = Σ Aktiva
VDI < 0,4	27	7	34		
VDI ≥ 0,4	11	12	23		
	38	19	57		
erwartet:	A < 5 Mrd	A ≥ 5 Mrd			
VDI < 0,4	22,6667	11,3333	34		
VDI ≥ 0,4	15,3333	7,6667	23		
	38	19	57		
b_j	e_j	$e_j - b_j$	$(e_j - b_j)^2$	$(e_j - b_j)^2 / e_j$	
27	22,6667	-4,3333	18,7778	0,8284	
7	11,3333	4,3333	18,7778	1,6569	
11	15,3333	4,3333	18,7778	1,2246	
12	7,6667	-4,3333	18,7778	2,4493	
				6,1592	= Chi-Quadrat
				6,1592	= lt. Formel
alpha	Freiheitsgrade	Chi-Quadrat	--->	H_0	Signifikanz
0,01	1	6,635		beibehalten	nein
0,05	1	3,841		verwerfen	ja
			Phi =	0,3287	
			C_{korr} =	0,4417	
Chi-Quadrat -	Verteilung				
1 - alpha	1	2	1 - alpha	1	2
0,100	0,016	0,211	*0,950*	3,841	5,991
0,250	0,102	0,575	*0,975*	5,024	7,378
0,500	0,455	1,386	*0,990*	6,635	9,210
0,750	1,323	2,773	*0,995*	7,879	10,597
0,900	2,706	4,605	*0,999*	10,828	13,816

Anhang B.1.2: Chi-Quadrat Test für Hypothese 1

beobachtet:	U < 5 Mrd	U ≥ 5 Mrd			U = Umsatz
VDI < 0,4	27	7	34		
VDI ≥ 0,4	11	12	23		
	38	19	57		
erwartet:	U < 5 Mrd	U ≥ 5 Mrd			
VDI < 0,4	22,6667	11,3333	34		
VDI ≥ 0,4	15,3333	7,6667	23		
	38	19	57		
b_j	e_j	$e_j - b_j$	$(e_j - b_j)^2$	$(e_j - b_j)^2 / e_j$	
27	22,6667	-4,3333	18,7778	0,8284	
7	11,3333	4,3333	18,7778	1,6569	
11	15,3333	4,3333	18,7778	1,2246	
12	7,6667	-4,3333	18,7778	2,4493	
				6,1592	= Chi-Quadrat
				6,1592	= lt. Formel
alpha	Freiheitsgrade	Chi-Quadrat	--->	H_0	Signifikanz
0,01	1	6,635		beibehalten	nein
0,05	1	3,841		verwerfen	ja
			Phi =	0,3287	
			C_{korr} =	0,4417	
Chi-Quadrat -	Verteilung				
1 - alpha	1	2	1 - alpha	1	2
0,100	0,016	0,211	*0,950*	3,841	5,991
0,250	0,102	0,575	*0,975*	5,024	7,378
0,500	0,455	1,386	*0,990*	6,635	9,210
0,750	1,323	2,773	*0,995*	7,879	10,597
0,900	2,706	4,605	*0,999*	10,828	13,816

11. Quellenverzeichnis

11.1. Bücher und Schriften

Achleitner, Ann-Katrin; Behr, Giorgio: **I**nternational **A**ccounting **S**tandards - Ein Lehrbuch zur Internationalen Rechnungslegung. München, 1998.

Alexander, David; Nobes, Christopher: A **European Introduction** to Financial Accounting. Hemel Hempstead, 1994.

Auer, Kurt V.: International harmonisierte **Rechnungslegungsstandards** aus Sicht der Aktionäre - Vergleich von EG-Richtlinien, US-GAAP und IAS. Wiesbaden: Neue betriebswirtschaftliche Forschung, Band 209, 1997.

Baetge, Jörg; Dörner, Dietrich; Kleekämper, Heinz (Hrsg.): Rechnungslegung nach International Accounting Standards (**IAS**): **Kommentar** auf der Grundlage des deutschen Bilanzrechts. Stuttgart, 1997.

Baetge, Jörg; Kirchhoff, Klaus Rainer: Der **Geschäftsbericht**: Die Visitenkarte des Unternehmens; Bedeutung - Inhalt - Sprache - Design - Servicefunktion - Praxisbeispiele. Wien, 1997.

Baukmann, Dirk; Mandler, Udo: **International Accounting Standards** - IAS und HGB im Konzernabschluß. München/Wien, 1997.

Beike, Rolf; Schlütz, Johannes: **Finanznachrichten**: lesen - verstehen - nutzen. Stuttgart, 1996.

Benninghaus Hans: Einführung in die sozialwissenschaftliche **Datenanalyse**. 4. Aufl., München/Wien, 1996.

Bernards, Oliver: **Segmentberichterstattung** diversifizierter Unternehmen - Theoretische und empirische Analyse. Köln, 1994 u. Kiel: Diss., 1994.

Bortz, Jürgen: Lehrbuch der **empirische**n **Forschung** für Sozialwissenschafter. Berlin/Heidelberg, 1984.

Bortz, Jürgen; Döring, Nicola: **Forschungsmethoden** und Evaluation. Berlin/Heidelberg, 1995.

Brealey, Richard A.; Myers, Steward C.: Principles of **Corporate Finance**. 3. Aufl. New York, 1988.

Brotte, Jörg: US-amerikanische und deutsche **Geschäftsberichte**: Notwendigkeit, Regulierung und Praxis jahresabschlußbezogener Informationen. Wiesbaden, 1997 u. Bochum: Diss., 1996.

Camfferman, Kees: „Voluntary Annual Report **Disclosure** by Listed Dutch Companies, 1945-1983." New York, 1997.

Coenenberg, Adolf: Unternehmensexterne **Jahresabschlußinformationen**: Theoretische und empirische Untersuchungen zum Informationswert des Jahresabschlusses. Köln: Habil., 1969.

Deichsel, A.; Holzscheck, K. (Hrsg.): Maschinelle **Inhaltsanalyse**. Hamburg, 1976.

Egger, Anton; Winterheller, Manfred: Kurzfristige **Unternehmensplanung**, 9. Aufl. Wien, 1996.

Egger, Anton; Samer, Helmut: Der **Jahresabschluß** nach dem Handelsgesetzbuch: Band 1 - Der Einzelabschluß: Erstellung und Analyse, 5. Aufl., Wien, 1996.

Eisolt, Dirk: US-amerikanische und deutsche **Konzernrechnungslegung** - Untersuchung amerikanischer Vorschriften über den Konzernabschluß und systematischer Vergleich mit ausgewählten Vorschriften des HGB. Hamburg, 1992.

Fahrmeir, Ludwig; Künstler, Rita; Pigeot, Iris; Tutz, Gerhard: **Statistik**: Der Weg zur Datenanalyse. Berlin et al., 1997.

Friedl, Peter: **Kapitalflußrechnung** und Liquiditätsanalyse - Die Praxis der Cash-flow-Statements nach deutschem und österreichischem Handelsrecht. Wien, 1995 u. WU-Wien: Diss., 1994.

Früh, Werner: **Inhaltsanalyse** - Theorie und Praxis. München, 1981.

Gedlicka, Werner: **Segmentberichterstattung** - Vergleich internationaler Bestimmungen. Wien, 1996.

Glaum, Martin; Mandler, Udo: **Rechnungslegung** auf globalen Kapitalmärkten - HGB, IAS und US-GAAP. Wiesbaden, 1996.

Gräfer, Horst: **Annual Report** - Der amerikanische Jahresabschluß - Ein praktischer Leitfaden zum Verständnis und zur Analyse US-amerikanischer Geschäftsberichte. Paderborn, 1992.

Haase, Klaus Dittmar: **Segment-Bilanzen** - Rechnungslegung diversifizierter Industrieunternehmen. Wiesbaden, 1974.

Haller, A: Die Grundlagen der externen **Rechnungslegung** in den USA: Unter besonderer Berücksichtigung der rechtlichen institutionellen und theoretischen Rahmenbedingungen. 2. Aufl., Stuttgart, 1991.

Häusler, Harald: Analyse und Entwicklung der K**apitalflußrechnung** aus internationaler Sicht. Wien, 1989.

Holsti, O. R.: **Content Analysis** for the Social Sciences. Reading, Mass., 1969.

Ingendahl, Joachim: Die **Kapitalflußrechnung** im Rechnungslegungsrecht der USA und der BRD. Berlin, 1990.

Käfer, Karl: **Kapitalflußrechnungen**. 2. Aufl., Stuttgart, 1984.

Käfer, Karl: Praxis der **Kapitalflußrechnungen**. Stuttgart, 1969.

KPMG: **International Accounting Standards** - Eine Einführung in die Rechnungslegung nach den Grundsätzen des IASC. 2. Aufl., Düsseldorf, 1996.

KPMG: Rechnungslegung nach US-amerikanischen Grundsätzen - Eine Einführung in die **US-GAAP** und die SEC-Vorschriften. Düsseldorf, 1996; bzw. auch erschienen im IDW-Verlag 1997.

Krippendorff, Klaus: **Content Analysis**: An Introduction to its Methodology. Newbury Park, 1980.

Küting, Karlheinz; Weber, Claus-Peter: Der **Konzernabschluß** - Lehrbuch und Fallstudie zur Praxis der Konzernrechnungslegung. 4. Aufl., Stuttgart, 1997.

Laatz, Wilfried: **Empirische Methoden** - Ein Lehrbuch für Sozialwissenschaftler. Thun u. Frankfurt, 1993.

Lisch, R.; Kriz, J.: Grundlagen und Modelle der **Inhaltsanalyse**. Reinbeck, 1978.

Merten, Klaus: **Inhaltsanalyse**: Einführung in Theorie, Methode und Praxis. Opladen, 1983.

Mertens, Uwe: **Earnings per Share** - Internationaler Vergleich, Informationsgehalt, Alternativen. Bamberg, 1995 u. St. Gallen, Diss., 1995.

Nobes, Christopher; Parker, Robert: Comparative **International Accounting**. 4th Edition. Hemel Hempstead, 1995.

Pacter, Paul: Reporting Financial **Information by Segment:** A Background Issues Paper prepared for the IASC Steering Committee on Segment Reporting, London: IASC, April 1994.

Pellens, Bernhard: **Internationale Rechnungslegung**. Stuttgart, 1997.

Pellens, Bernhard: **Internationale Rechnungslegung**. 2. Aufl., Stuttgart, 1998.

Pfuhl, Joerg M.: **Konzernkapitalflußrechnung** - Entwicklung eines zahlungsstromorientierten Steuerungs- und Publizitätsinstruments unter Berücksichtigung der aktuellen internationalen Entwicklungen. Küting, Karlheinz; Wöhe, Günter (Hrsg.): Schriften zur Bilanz- und Steuerlehre, Bd. 20, Stuttgart, 1994.

Popper, Karl: **Logik der Forschung**, Erstdruck Tübingen, 1934; bzw. 9. Aufl., Tübingen, 1989.

Prochinig, Urs: **Mittelflussrechnung**. Zürich, 1993.

Rappaport, Alfred: Creating **Shareholder Value**: The New Standard for Business Performance. New York, 1986.

Ritsert, Jürgen: **Inhaltsanalyse** und Ideologiekritik. Frankfurt, 1972.

Röhrenbacher, H.; Fleischer, W.: Von der Bilanz zur **Kapitalflußrechnung**. Wien, 1989.

Rost, Peter: Der internationale **Harmonisierungsprozeß** der Rechnungslegung: Theorie, Praxis, Pespektiven. Frankfurt am Main: Europäische Hochschulschriften, Reihe 5, 1228, 1991 u. Gießen: Diss., 1991.

Rustemeyer, Ruth: Praktisch-methodische Schritte der **Inhaltsanalyse**. Münster, 1992.

Ryan, Bob; Scapens, Robert W.; Theobald, Michael: **Research Method and Methodology** in Finance and Accounting. London, 1992.

Sachs, Lothar: Angewandte **Statistik** - Anwendung statistischer Methoden. 8. Aufl., Berlin et al., 1997.

Serfling, Klaus: Die **Kapitalflußrechnung**. Berlin, 1984.

Tichy, Georg: Die **Ausschüttungs- und Steuerbemessungsfunktion** des Konzernabschlusses: Ein Plädoyer zur Berücksichtigung von Konzernstrukturen in Betriebswirtschaft und Recht. Wien, 1996 u. glz. Wien: Diss., 1995.

Wagenhofer, Alfred: **International Accounting Standards** - Möglichkeiten für Unternehmen, Unterschiede zur österreichischen Rechtslage, Auswirkungen auf den Jahresabschluß. Wien, 1996.

Watts, Ross L.; Zimmermann, Jerold L.: **Positive Accounting Theory**. Englewood Cliffs, 1986.

Weilenmann, Paul: **Kapitalflußrechnung** in der Praxis. Zürich, 1985.

Zeff, Stephen et al.: Company **Financial Reporting**. Amsterdam, 1992.

11.2. Beiträge in Sammelwerken

Aron, Paul H.: „Japanese **P/E Ratios** in an Environment of Increasing Uncertainty.“ in: Choi, Frederick D. S. (Ed.): Handbook of International Accounting. New York et al, 1991. Part II, Chapter 8, 1-18.

Baumann, Karl-Hermann: „Die **Segment-Berichterstattung** im Rahmen der externen Finanzpublizität.“ in: Havermann, Hans (Hrsg.): Bilanz- und Konzernrecht - Festschrift zum 65. Geburtstag von Reinhard Goerdeler, Düsseldorf, 1987; S. 1-23.

Baumgartner, Stefan; Papousek, Christof: „Die **Kapitalflußrechnung** als (verpflichtender) Bestandteil des Jahresabschlusses.“ in: Seicht, Gerhard (Hrsg.) Jahrbuch für Controlling und Rechnungswesen ’97. Wien, 1997; S. 319-342.

Biener, Herbert: „Wäre die Übernahme der **Prüfungsgrundsätze der IFAC** oder anderer Berufsorganisationen geeignet, die Qualität der Abschlußprüfung in Deutschland zu verbessern?“ in: Fischer, Thomas R.; Hömberg, Reinhold (Hrsg.): Jahresabschluß und Jahresabschlußprüfung: Probleme, Perspektiven, internationale Einflüsse; Festschrift zum 60. Geburtstag von Jörg Baetge. Düsseldorf, 1997; S. 639-666.

Brown, Paul R.; Soybel, Virginia E.; Stickney, Clyde B.: „Achieving Comparability of U.S. and Japanese **Price-Earnings Ratios**.“ in: Choi, Frederick D. S. (Ed.): International Accounting and Finance Handbook. 2nd Edition, New York et al., 1997; Part III, Chapter 7, 1-18.

Busse von Colbe, Walther: „**Rechnungslegungsziele** und Ansätze zur internationalen Harmonisierung der Rechnungslegung deutscher Unternehmen.“ in: Ballwieser, Wolfgang (Hrsg.): US-amerikanische Rechnungslegung, 3. Aufl., Stuttgart, 1998; S. 369-387.

Choi, Frederick D. S.; Levich, Richard M.: „International **Accounting Diversity** and Capital Market Decisions.“ in: Choi, Frederick D. S. (Ed.): International Accounting and Finance Handbook. 2nd Edition, New York et al., 1997; Part III, Chapter 6, 1-26.

Coenenberg, Adolf; Haller, Axel: „**Externe Rechnungslegung**.“ in: Hauschildt, Jürgen; Grün, Oskar (Hrsg.): Ergebnisse empirischer betriebswirtschaftlicher Forschung - Zu einer Realtheorie der Unternehmung. Stuttgart, 1993; S. 557-599.

Decker, William E.; Brunner, Paul: „A Summary of **Accounting Principle Differences** Around the World." in: Choi, Frederick D. S. (Ed.): International Accounting and Finance Handbook. 2nd Edition, New York et al., 1997; Part II, Chapter 3, 1-33.

Eberhartinger, Eva; Fraberger, Friedrich; Hirschler, Klaus: „**Publizitätsverhalten** börsenotierter Unternehmen." in: Bertl, Romuald; Mandl, Gerwald (Hrsg.): Rechnungswesen und Controlling - Festschrift für Anton Egger zum 65. Geburtstag. Wien, 1997; S. 251-269.

Egger, Anton: „Die **Kapitalflußrechnung** als Instrument der Jahresfinanzplanung." in: Rückle, Dieter (Hrsg.): Aktuelle Fragen der Finanzwirtschaft und der Unternehmensbesteuerung, Festschrift für Erich Loitlsberger zum 70. Geburtstag. Wien, 1991; S. 145-161.

Förschle, Gerhart: „**Earnings per Share**." in: Fischer, Thomas R.; Hömberg, Reinhold (Hrsg.): Jahresabschluß und Jahresabschlußprüfung: Probleme, Perspektiven, internationale Einflüsse; Festschrift zum 60. Geburtstag von Jörg Baetge. Düsseldorf, 1997; S. 499-518.

Frost, Carol A.; Ramin, Kurt P.: „Corporate Financial **Disclosure**: A Global Assessment." in: Choi, Frederick D. S. (Ed.): International Accounting and Finance Handbook. 2nd Edition, New York et al., 1997; Part VI, Chapter 18, 1-33.

Gassner, Wolfgang: „Reform der **Besteuerung von Unternehmensgruppen** in Österreich." in: Rückle, Dieter (Hrsg.): Aktuelle Fragen der Finanzwirtschaft und der Unternehmensbesteuerung, Festschrift für Erich Loitlsberger zum 70. Geburtstag. Wien, 1991; S. 145-161.

Gassner, Wolfgang; Lechner, Eduard (Hrsg.): Österreichisches **Steuerrecht** und europäische Integration. Wien, 1992.

Gerbner, G.; Holsti, O. R.; Krippendorf, K.; Paisley, W. J.; Stone, P. J. (Eds.): The Analysis of **Communication Content**: Developments in Scientific Theories and Computer Techniques. New York, 1969.

Gray, Sidney J.; Roberts, Claire E.: „Voluntary Information **Disclosure** and the British Multinationals: Corporate Perceptions of Costs and Benefits." in: Hopwood, Anthony G. (Ed.): International Pressures for Accounting Change. Hemel Hempstead, 1989; S. 116-139

Hanks, Sara: „**Globalization** of World Financial Markets: Perspective of the U.S. Securities and Exchange Commission." in: Choi, Frederick D. S. (Ed.): International Accounting and Finance Handbook. 2nd Edition, New York et al., 1997; Part I, Chapter 2, 1-20.

Havermann, Hans: „Tendenzen zur **Internationalisierung** der deutschen Konzernrechnungslegung.“ in: Fischer, Thomas R.; Hömberg, Reinhold (Hrsg.): Jahresabschluß und Jahresabschlußprüfung: Probleme, Perspektiven, internationale Einflüsse; Festschrift zum 60. Geburtstag von Jörg Baetge. Düsseldorf, 1997; S. 519-549.

Klaassen, Jan; Buisman, Jan: „**International Auditing**.“ in: Nobes, Christopher; Parker, Robert: Comparative International Accounting. 4th Ed., Hemel Hempstead, 1995; S. 440-465.

Kleekämper, Heinz: „IASC - **Das Trojanische Pferd** der SEC?“ in: Ballwieser, Wolfgang (Hrsg.): US-amerikanische Rechnungslegung, 3. Aufl., Stuttgart, 1998; S. 351-367.

Krawitz, Norbert: „Zur Erweiterung der deutschen **Segmentberichterstattung** unter Berücksichtigung internationaler Entwicklungen.“ in: Fischer, Thomas R.; Hömberg, Reinhold (Hrsg.): Jahresabschluß und Jahresabschlußprüfung: Probleme, Perspektiven, internationale Einflüsse; Festschrift zum 60. Geburtstag von Jörg Baetge. Düsseldorf, 1997; S. 551-599.

Küting, K.; Hayn, S.: „**Internationale Entwicklung** der Rechnungslegung.“ in: Küting, K.; Weber, C.-P.: Handbuch der Rechnungslegung: Kommentar zur Bilanzierung und Prüfung, Band Ia. Stuttgart, 1995, S. I/31-99.

Lechner, Eduard: „Voraussetzungen für eine zusammengefaßte **Besteuerung von Unternehmensgruppen** in Österreich.“ in: Rückle, Dieter (Hrsg.): Aktuelle Fragen der Finanzwirtschaft und der Unternehmensbesteuerung, Festschrift für Erich Loitlsberger zum 70. Geburtstag. Wien, 1991; S. 389-397.

Meek, Gary K.; Gray, Sidney J.: „The Impact of Stock Market and Corporate Globalization on **Disclosure Trends** in International Financial Reporting. in: Changing International Financial Markets and their Impact on Accounting, Center for International Education and Research in Accounting, Department of Accountancy, 1992; S. 43-66.

Mueller, Gerhard G.: „**Harmonization** Efforts in the European Union.“ in: Choi, Frederick D. S. (Ed.): International Accounting and Finance Handbook. 2nd Edition, New York et al., 1997; Part IV, Chapter 11, 1-34.

Nobes, Christopher: „**Harmonization** of financial reporting.“ in: Nobes, Christopher; Parker, Robert: Comparative International Accounting. 4th Edition. Hemel Hempstead, 1995; S. 117-142.

Ordelheide, Dieter; Stubenrath, Michael: „**Segmentberichterstattung**." in: Ballwieser, Wolfgang (Hrsg.): US-amerikanische Rechnungslegung, 3. Aufl., Stuttgart, 1998; S. 273-298.

Radebaugh, Lee H.: „Segmental and Foreign Operations **Disclosure**." in: Choi, Frederick D. S. (Ed.): International Accounting and Finance Handbook. 2nd Edition, New York et al., 1997; Part VI, Chapter 19, 1-30.

Roberts, Clare; Gray, Sidney: „**Segmental Reporting**." in: Nobes, Christopher; Parker, Robert (Eds.): Comparative International Accounting. 4th Edition. Hemel Hempstead, 1995; 390-412.

Sanford, Thomas D.: „**Depositary Receipts** - An Overview." in: Choi, Frederick D. S. (Ed.): International Accounting and Finance Handbook. 2nd Edition, New York et al., 1997; Part IX, Chapter 36, 1-21.

Saudagaran, Shahrokh M.: „Corporate **Disclosures** and Transnational Financial Reporting in Selected Countries." in: Choi, Frederick D. S. (Ed.): International Accounting and Finance Handbook. 2nd Edition, New York et al., 1997; Part II, Chapter 4, 1-26.

Seicht, Gerhard: „**Bilanzpolitik und Steuertaktik**." in: Seicht, Gerhard (Hrsg.): Jahrbuch für Controlling und Rechnungswesen. Wien, 1998; S. 13-46.

Vodrazka, Karl: „Die **Kapitalflußrechnung** als Information über die Finanzlage." in: Bertl, Romuald; Mandl, Gerwald (Hrsg.): Rechnungswesen und Controlling - Festschrift für Anton Egger zum 65. Geburtstag. Wien, 1997; S. 303-327.

Wagenhofer, Alfred: „**Akzeptanz** und Weiterentwicklung internationaler Rechnungslegungsstandards." in: Bertl, Romuald; Mandl, Gerwald (Hrsg.): Rechnungswesen und Controlling - Festschrift für Anton Egger zum 65. Geburtstag. Wien, 1997; S. 31-51.

Weber-Braun, E.: „**Umsetzung der Richtlinien** in den EU-Mitgliedstaaten." in: Küting, K.; Weber, C.-P. (Hrsg.): Handbuch der Rechnungslegung, Bd. Ia, Stuttgart, 1995; S. I/3-24.

Wyatt, Arthur R.: „International Accounting Standards and Organizations: **Quo Vadis**?" in: Choi, Frederick D. S. (Ed.): International Accounting and Finance Handbook. 2nd Edition, New York et al., 1997; Part IV, Chapter 10, 1-22.

Wysocki, Klaus v.: „Die **Kapitalflußrechnung** nach SFAS No. 95 im Vergleich mit IAS 7 und SG/HFA 1/95." in: Ballwieser, Wolfgang (Hrsg.): US-amerikanische Rechnungslegung." 3. Aufl., Stuttgart, 1998; S. 299-330.

11.3. Aufsätze in Zeitungen, Zeitschriften und Berichten

Achleitner, Ann-Kristin; Kleekämper, Heinz: „**Presentation of Financial Statements**" - Das Reformprojekt des IASC und seine Auswirkungen." Wpg 4/1997; S. 117-126.

Achleitner Ann-Kristin; Pejic, Philip: „**Des Abschlusses neue Kleider** - Standardentwurf des International Accounting Standards Committee (IASC) zur Presentation of Financial Statements." DB 41/1996; S. 2043.

Ahadiat, Nasrollah: „Some Thoughts on the Development of **Geographic Segment Reporting** in the United States." The International Journal of Accounting 2/1995; S. 139-148.

Akerlof, George A.: „The Market for '**Lemons**': Quality Uncertainty and the Market Mechanism." Quarterly Journal of Economics, 1970; S. 488-500.

Amen, Matthias: "Die **Kapitalflußrechnung** als Rechnung zur Finanzlage - Eine kritische Betrachtung der Stellungnahme HFA 1/1995: Die Kapitalflußrechnung als Ergänzung des Jahres- und Konzernabschlusses." Wpg 15/1995; S. 498-509.

Anonymous: „IASC completes **comparability project**, receives IOSCO endorsement." Journal of Accountancy 1/1994; S. 23-24.

Anonymous: „IASC and IOSCO Set **Standards Timetable**." Journal of Accountancy 4/1995; S. 23.

Auer, Kurt V.: „**HGB - Quo vadis**?" SWK 16/1996; S. 17-26.

Auer, Kurt V.: „**IAS versus US-GAAP** - Gemeinsamkeiten und Unterschiede der beiden Hauptvertreter des anglo-amerikanischen Rechnungslegungs-systems." RWZ 1/1997; S. 1-9.

Ball R.; Brown P.: „**Empirical Evaluation** of Accounting Income Numbers." Journal of Accounting Research, 1968.

Barckow, A.; Gräfer, H.: „**Aktuelle Entwicklungen** und Tendenzen in der Arbeit des International Accounting Standards Committee (IASC)" DB 24/1997; S. 1191.

Barrett, M. E.: „**Disclosure** and Comprehensiveness in an International Setting." Journal of Accounting Research, Spring 1976; S. 10-26.

Barry, C. B.; Brown, S. J.: „Limited **Information** as a Source of Risk." Journal of Portfolio Management, Winter 1986; S. 66-72.

Bartram, Werner: „Einblick in die **Finanzlage** eines Unternehmens aufgrund seiner Jahresabschlüsse." DB 1989, S. 2389-2395.

Bauer, Anna; Schader, Heimo: „Darstellung der **Finanzlage** im Jahresabschluß - Eine empirische Untersuchung." JFB 2/96; S. 89-99.

Behr, Giorgio: „**Entwicklung und Trends** in der Rechnungslegung." Der Schweizer Treuhänder 5/94; S. 323-331.

Behr, Giorgio: „**Megatrends** der Rechnungslegung - Bilanzen und Finanzen nach dem Jahr 2000." Der Schweizer Treuhänder 9/94; S. 635-644.

Behr, Giorgio; Lindner, Holger: „Bessere **Investor Relations** dank harmonisierter Rechnungslegung: Wachsende Professionalität - doch weiterhin besteht Nachholbedarf der schweizerischen Unternehmen." Der Schweizer Treuhänder 10/97; S. 857-864.

Berger, Dan: „Die besten **Geschäftsberichte** Österreichs." trend 10/96, S. 104-111.

Bertschinger, Peter: „Trend zur **Geldflußrechnung** im Konzern." Der Schweizer Treuhänder 12/90; S. 605-613.

Biener, Herbert: „Die **Rechnungslegungsempfehlungen des IASC** und deren Auswirkungen auf die Rechnungslegung in Deutschland." BFuP 4/93; S. 345-356.

Blash, Doris M.; Kelliher, Jerome; Read, William J.: „The **FASB and** the **IASC Redeliberate EPS**." JoA, February 1996; S. 43-47.

Böcking, Hans-Joachim; Benecke, Birka: „Neue Vorschriften zur **Segmentberichterstattung** nach IAS und US-GAAP unter dem Aspekt des Business Reporting." Wpg 3/1998; S. 92-107.

Boemle, Max; Drill, Michael: „Bestandsaufnahme zum Ausweis von **Mittelflußrechnungen** in der Schweiz 1989/90." Der Schweizer Treuhänder 7-8/1991; S. 363-366.

Boemle, Max: „Stand der **Mittelflußrechnung** in der schweizerischen Rechnungslegungspraxis." Der Schweizer Treuhänder 3/94; S. 137-144.

Boemle, Max; Stolz, Carsten: „Zum Stand der **Mittelflußrechnungen** in der Praxis: Die schweizerische Rechnungslegungspraxis 1994-1996." Der Schweizer Treuhänder 9/97; S. 799-808.

Boemle, Max; Stolz, Carsten: „Die Auswertung der **Mittelflußrechnung**." Der Schweizer Treuhänder 10/97; S. 871-882.

Boemle, Max: „Die **Gestaltung des Anhangs** - Die Rechnungslegungspraxis 1993 aufgrund des revidierten Aktienrechts." Der Schweizer Treuhänder 11/94; S. 905-912.

Boross. Z.; Clarkson, A.; Fraser, M.; Weetman, P.: „Pressures and Conflicts in Moving towards Harmonization of Accounting Practices: the **Hungarian Experience**." EAR 4/1995.

Bradbury, M. E.; „Voluntary **Disclosure** of Financial Segment Data: New Zealand evidence." Accounting and Finance, May 1992; S. 15-26.

Buhleier, Claus; Helmschrott, Harald: „Die **neue Strategie der EU** zur Harmonisierung der Rechnungslegung und ihre möglichen Auswirkungen auf Österreich." RWZ 8/1996; 226-233.

Burger, Anton; Schellberg, Bernhard: „Zur Abhängigkeit der **Kapitalfluß-rechnung** und des Cash Flow vom Finanzmittelfonds." Wpg 5/1996; S. 179-185.

Busse von Colbe, Walther: „Aufbau und Informationsgehalt von **Kapitalfluß-rechnungen**." ZfB. 1966, 1. Ergänzungsheft, S. 82-114.

Busse v. Colbe, Walther: „Deutsche Kapitalgesellschaften auf dem Wege zur **Internationalisierung** ihrer Rechnungslegung." Der Schweizer Treuhänder 6/95; S. 551-560.

Busse v. Colbe, Walther: „Zur **Anpassung** der Rechnungslegung von Kapitalgesellschaften an internationale Normen." BFuP 4/95; S. 373-391.

Buzby, S. L.: „Company Size, Listed versus Unlisted Stocks, and the Extent of Financial **Disclosure**." Journal of Accounting Research, Spring 1975; S. 16-37.

Cerf, A. R.: **Corporate Reporting** and Investment Decisions. UCLA, 1961.

Chandra, G.: „A Study of the Consensus on **Disclosure** Among Public Accountants and Security Analysts." The Accounting Review 10/1974; S. 733-742.

Choi, Frederick D. S.: „Financial **Disclosure** and Entry to the European Capital Market." Journal of Accounting Research, Autumn 1973, S. 159-175.

Chow, Chee W.; Wong-Boren, Adrian: „**Voluntary Financial Disclosures** by Mexican Corporations." The Accounting Review 3/1987; S. 533-541.

Christenson, C.: „The **Methodology of Positive Economics**." Accounting Review, 1983.

Coenenberg, Adolf; Schmidt, Franz: „Die **Kapitalflußrechnung** als Ergänzungsrechnung des veröffentlichten Jahresabschlusses." ZfB 6/1978, S. 507-516.

Coenenberg, Adolf: „**Einheitlichkeit oder Differenzierung** von internem und externem Rechnungswesen: Die Anforderungen der internen Steuerung." DB 42/1995; S. 2077-2083.

Cooke, Terence E.: An Empirical Study of Financial **Disclosure by Swedish Companies**. New York, 1989.

Cooke, Terence E.: „**Disclosure** in the Corporate Annual Reports of Swedish Companies." Accounting and Business Research, Spring 1989; S. 113-124.

Cooke, Terence E.: „Voluntary Corporate **Disclosure** by Swedish Companies." Journal of International Financial Management and Accounting, Summer 1989; S. 171-195.

Cooke, Terence, E.: „The Impact of Size, Stock Market Listing and Industry Type on **Disclosure** in the Annual Reports of Japanese Listed Corporations." Accounting and Business Research 1992; S. 229-237.

Cramer, Kevin; Stavrakis, Catherine: „**SEC further eases registration**." Corporate Finance, June 1994; S. 43-44.

Da Costa, R.; Bourgeois, J.; Lawson, W.: „A Classification of International **Financial Accounting Practices**." The International Journal of Accounting, Spring 1978, S. 73-85.

Dhaliwal, D.: „Improving the Quality of Corporate Financial **Disclosure**." Accounting and Business Research, Autumn 1980; S. 385-391.

Diamond, D. W.: „**Optimal Release of Information** by Firms." Journal of Finance, September 1985; S. 1071-1094.

Diamond, Douglas W.; Verrecchia, Robert E.: „Disclosure, Liquidity and the **Cost of Capital**." Journal of Finance, September 1991; S. 1325-1359.

Dye, R.: „Strategic **Accounting Choice** and the Effects of Alternative Financial Reporting Requirements." Journal of Accounting Research, 1985; S. 544-574.

Edwards/Smith: „Competitive Disadvantage and Voluntary Disclosures: The Case of **Segmental Reporting**." British Accounting Review, 1996; S. 155-172.

Eisolt, Dirk: „Aktuelle Überlegungen zu **befreienden Konzernabschlüssen** nach §292 HGB." BB 1995; S. 1127-1132.

Emmanuel, Clive R.; Gray, Sidney J.: „Corporate Diversification and **Segmental Disclosure Requirements**." Journal of Business Finance & Accounting, 1977; S. 407-418

Emmanuel, Clive R.; Rennie Elaine D.: „Segmental **Disclosure** Practice: Thirteen Years on.“ Accounting and Business Research, 1992; S. 151-160.

Fey, Gerd; Schruff, Wienand: „Das Standing Interpretations Committee (**SIC**) des International Accounting Standards Committee.“ Wpg 17/1997; S. 585-595.

Filstead, W. J.: „Using Qualitative Methods in **Evaluation Research**.“ Evaluation Review, 1981; S. 259-268.

Firth, M.: „The Impact of Size, Stock Market Listing and Auditors on **Voluntary Disclosure** in Corporate Annual Reports.“ Accounting and Business Research, Autumn 1979, S. 273-280.

Fishman, M. J.; Hagerty, K. M.: „**Disclosure Decisions** by Firms and the Competition for Price Efficiency.“ Journal of Finance, 1989; S. 633-646.

Frank, W. G.: „An Empirical Analysis of **International Accounting Principles**.“ Journal of Accounting Research, Autumn 1979; S. 593-605.

Frankenberg, Peter: „Bedeutung von **Rechnungslegungsunterschieden** für Jahresabschlußvergleiche zwischen US-amerikanischen und deutschen Unternehmen.“ ZfbF. 5/1994; S. 422-440.

Gassner, Wolfgang: „Zur Neuordnung des Rechts der **Besteuerung von Unternehmensgruppen**.“ SWK, 1990; S. 291-294.

Gelhausen, Wolf; Mujkanovic, Robin: „Der **Entwurf eines Kapitalaufnahmeerleichterungsgesetzes** - Bedeutung für die Rechnungslegung, Prüfung und Offenlegung.“ Die Aktiengesellschaft, 8/97; S. 337-345.

Glaum, Martin; Mandler, Udo; Förschle, Gerhart: „US-GAAP, IAS und HGB: **Ergebnisse einer Umfrage** unter deutschen Rechnungslegungsexperten.“ BFuP 4/95; S. 392-413.

Grossman, Sanford J.: „The Informational Role of Warranties and Private **Disclosure** - A comparative study of UK and US Multinationals.“ Journal of International Business Studies, 1990; S. 597-622.

Gruson, Michael: „Die **Rule 144A** - Erleichterter Zugang zum amerikanischen Kapitalmarkt durch eine neue Rechtsverordnung.“ Österreichisches Bank-Archiv, 9/1990; S. 718-720.

Haase, Klaus Dittmar: „**Segmentpublizität**.“ BFuP 1979; S. 455-468.

Haller, Axel; Jacoby, S.: „Verbreitung und Entwicklungsstand der **Finanzierungsrechnung in Deutschland**.“ DB 1994; S. 641-649.

Haller, Axel; Jakoby, S.: „**Funds Flow Reporting in Germany**: A Conceptual and Empirical State of the Art." EAR 3/1995; S. 515-534.

Haller, Axel; Park, Peter: „Grundsätze ordnungsmäßiger **Segmentberichterstattung**." ZfbF 6/1994; S. 499-524.

Haller, Axel; Park, Peter: „Regulation and practice of **segmental reporting** in Germany." EAR, 3/1994.

Haller, Axel: „International accounting harmonization - American hegemony or mutual recognition with benchmarks? Comments and additional notes from a **German perspective**." EAR 1995; S. 235-247.

Harris, T. S.; Lang, M.; Möller, H. P.: „The **Value-Relevance** of German Accounting Measures: An Empirical Analysis." Journal of Accounting Research 2/1994; S. 187-209.

Harris, T. S.; Lang, M.; Möller, H. P.: „Zur Relevanz der Jahresabschlußgrößen Erfolg und Eigenkapital für die **Aktienbewertung** in Deutschland und den USA." ZfbF 1995; S. 996-1028.

Helmschrott, Harald; Buhleier, Claus: „Die **Konsequenzen** einer GoB-widrigen Anwendung internationaler Rechnungslegungsnormen aus der Perspektive des Handelsrechts und des Strafrechts." Wpg 1/1997; S. 10-17.

Holzer, Peter; Jung, Udo: „Der Beitrag von zahlungsstromorientierten Kapitalflußrechnungen (**Statement of Cash Flows**) zur Beurteilung der Qualität des Jahresergebnisses." Wpg 10/1990, S. 281-288.

Holzer, Peter; Schönfeld, Hanns-Martin: „Die **Bewegungsbilanz** als Bestandteil des veröffentlichten Jahresabschlusses in den USA." Wpg 21/1962, S. 558-564.

Hossain, Mahmud; Tan, Lin Mei; Adams, Mike: „Voluntary **Disclosure** in an Emerging Capital Market: Some Empirical Evidence from Companies Listed on the Kuala Lumpur Stock Exchange." International Journal of Accounting, 1994; S. 334-351.

Hulle, Karel van: „**Das europäische Bilanzrecht**." WPK-Mitteilungen, 1994, S. 1ff.

Hulle, Karel van: „Die **Zukunft der europäischen Rechnungslegung** im Rahmen einer sich ändernden internationalen Rechnungslegung." Wpg 4-5/98; S. 138-153.

Husmann, Rainer: „**Segmentierung** des Konzernabschlusses zur bilanzanalytischen Untersuchung der wirtschaftlichen Lage des Konzerns." Wpg 11/1997; S. 349-359.

Inchausti, Begona G.: „The **Influence of Company Characteristics** and Accounting Regulation on Information Disclosed by Spanish Firms." EAR, 1/1997; S. 45-68.

Jensen, Michael C.; Meckling, William H.: „**Theory of the Firm**: Managerial Behavior, Agency Costs and Ownership Structure." Journal of Financial Economics, October 1976; S. 305-360.

Johnson, V. E.; Khurana, I.: „**Voluntary Disclosures** and the SEC: Rule 144 Private Debt Placements." The International Journal of Accounting. 1994; S. 136-145.

Kleber, Herbert: „**Amerikanische Rechnungslegungsgrundsätze**: Vorbild für Europa?" BFuP 4/93; S. 380-399.

Kleekämper, Heinz: „Aktuelle **Entwicklungen beim IASC**." BFuP 4/95; S. 414-431.

Koberg, Ann-Kristin: „**IASC: Zehn revidierte Standards**." Der Schweizer Treuhänder 1-2/1994; S. 15-22.

Krakauer, E.: „Für eine qualitative **Inhaltsanalyse**." Ästhetik und Kommunikation, 1972; S. 53-58.

Küting, Karlheinz: „Ein erneutes Plädoyer für eine **Einheitsbesteuerung**." DB, 1990; S. 489-497.

Küting, Karlheinz; Hayn, Sven: „**Internationale Rechnungslegung** im Spiegel der Börseneinführungsmodalitäten unterschiedlicher Kapitalmärkte." IStR 1992, S. 38-43.

Küting, Karlheinz: „**US-amerikanische und deutsche Bilanzierung** im Vergleich - unter besonderer Berücksichtigung der Konzernrechnungslegung und des Daimler-Benz-Listing in New York." BFuP 4/93; S. 357-379.

Küting, Karlheinz; Hayn, Sven: „Grundlagen der **international**en **Rechnungslegung**." RWZ 9/1994, S. 250-256.

Küting, Karlheinz; Hayn, Sven: „**Übergang** auf die internationalisierte Rechnungslegung - Technik und wesentliche Auswirkungen." WPK-Mitteilungen 1996; S. 250-263.

Küting, Karlheinz; Lorson, Peter: „Anmerkungen zum **Spannungsfeld** zwischen externen Zielgrößen und internen Steuerungsinstrumenten." BB 9/98; S. 469-475.

Leftwich, Richard; Watts, Ross L.; Zimmerman, Jerold L.: „**Voluntary Corporate Disclosure**: The Case of Interim Reporting." Journal of Accounting Research, Supplement: Studies in Standardization of

Accounting Practices - An Assessment of Alternative Industrial Arrangements, 1981; S. 50-77.

Leissing, Thomas: „Besonderheiten einer zahlungstromorientierten **Konzernkapitalflußrechnung**.“ RWZ 4/1996, 119-124.

Lendner, Holger: „**American Depositary Receipt** - eine Zugangsmöglichkeit deutscher Unternehmen zum US-amerikanischen Eigenkapitalmarkt.“ Wpg 17/1997; S. 596-608.

Lev, Baruch: „Information **Disclosure** Strategy.“ California Management Review, Summer 1992; S. 9-32.

Lowe, E. A.; Puxty, A. G.; Laughlin, R. C.: „**Simple Theories** for Complex Processes: Accounting Policy and the Market for Myopia.“ Journal of Accounting and Public Policy, 1983.

Mandl, Gerwald; Rabel, Klaus: „Analyse der Finanzlage durch eine **Kapitalflußrechnung**.“ RWZ 1/1991; S. 23-28.

Mansch, Helmut; Stolberg, Klaus: „Die **Kapitalflußrechnung** als Ergänzung des Jahres- und Konzernabschlusses - Anmerkungen zur gemeinsamen Stellungnahme HFA 1/1995 des Hauptfachausschusses und der Schmalenbach-Gesellschaft.” WPg 6/1995; S. 185-203.

McKinnon, J. L.; Dalimunthe, L.: „Voluntary **Disclosure** of Segment Information by Australian Diversified Companies.“ Accounting and Finance, May 1993; S. 33-50.

Meek, Gary K.; Gray, Sidney J.: „Globalization of Stock Markets and Foreign Listing Rquirements: **Voluntary Disclosures** by Continental European Companies Listed on the London Stock Exchange.“ Journal of International Business Studies, 1989; S. 315-336.

Meeting, David T.; Law, David B.; Luecke, Randall W.: „**Simplifying EPS**: FASB Statement no. 128 allows presentation of more relevant information for financial statement users.“ Journal of Accountancy, August 1997; S. 61-70.

Michailesco, Céline: „Contribution to the Study of Accounting Information **Quality Determinants** in the French Context.“ Paper presented at the Coopers & Lybrand European Doctoral Colloquium in Accounting. Antwerp, Belgium: April, 1998.

Moore, Michael L.; Buzby, Stephen: „The Quality of **Corporate Financial Disclosure: A Comment**.“ The Accounting Review 3/1972; S. 581-586.

Mueller, Gerhard G.: „**Accounting Principles** Generally Accepted in the United States versus those Generally Accepted Elsewhere." The International Journal of Accounting, Spring 1968; S. 91-103.

Nair, R. D.: „Empirical **Guidelines** for Comparing International Accounting Data." Journal of International Business Studies. Winter 1982, S. 85-98.

Nair, R. D.; Frank, W. G.: „The Impact of **Disclosure** and Measurement Practices on International Accounting Classifications." The Accounting Review, July 1980; S. 426-450.

Neads, Jeremy; Roth, Felix: „Share offering by Logitech on the Nasdaq National Market: The **process of the registration** of Logitech's shares with the US Securities and Exchange Commission (SEC)." Der Schweizer Treuhänder 8/97; S. 627-636.

Niehus, R.: „Zur '**Internationalisierung**' der Konzernabschlüsse 1994 der Bayer AG und der Schering AG." DB 19/1995; S. 937-940.

Nobes, C. W.: „A Judgmental International **Classification** of Financial Reporting Practices." Journal of Business, Finance & Accounting, Spring 1983, S. 1-19.

Novacek, Erich: „Die **Maßgeblichkeit** der EuGH-Rechtsprechung zur Handelsbilanz für die Steuerbilanz." RdW 7/1997; S. 428-429.

Ohlund, Eric: „**Interview with the IASC-Chairman Michael Sharpe**." Der Schweizer Treuhänder 7-8/95; S. 617-620.

Owusu-Ansah, Stephen: „The Determinants of Voluntary Financial Disclosure by Swiss Listed Companies: A **Comment**." EAR, 3/1997; S. 487-492.

Pacter, Paul; Petrone, Kimberley R.: „**EPS Should Be Simplified**." The Journal of Corporate Accounting and Finance, Summer 1994; S. 455-467.

Patton, James; Zelenka, Ivan: „An Empirical Analysis of the Determinants of the Extent of **Disclosure** in Annual Reports of Joint Stock Companies in the Czech Republic." EAR, 4/1997; S. 605-626.

Pejic, Philip: „International Accounting Standards Committee: **Der überarbeitete Standard zur Segmentberichterstattung**." DB 41/97; S. 2038-2041.

Pirchegger, Barbara; Schader, Heimo: „**Kapitalmarktpublizität** österreichischer Börseunternehmen - Eine empirische Analyse der Fließhandelswerte an der Wiener Börse." JfB 5-6/97; S. 236-247.

Plein, Christoph: „Die Eliminierung von Effekten aus Wechselkursänderungen bei indirekt erstellten **Konzernkapitalflußrechnungen**: Überlegungen zu einer praktikablen Lösung." Wpg 1/1998; S. 10-19.

Previts, G. J.: „On the Subject of **Methodology and Models** of International Accountancy.“ The International Journal of Accounting Education and Research, Spring 1975; S. 1-12.

Probst, Herbert: „**Mehr angloamerikanische Rechnungslegung** in der EG durch geänderte Verfahren.“ BFuP 5/1992; S. 426-440.

Raffournier, Bernard: „The Determinants of Voluntary Financial **Disclosure** by Swiss Listed Companies.“ EAR 2/1995; S. 261-280.

Raffournier, Bernard: „The Determinants of Voluntary Financial **Disclosure** by Swiss Listed Companies: A Reply.“ EAR 3/1997; S. 493-496.

Risse, Axel: „International Accounting Standards Committee: **Standardentwurf zur Segmentberichterstattung**.“ DB 15/1996; S. 747

Robbins, W. A.; Austin, K. R.: „**Disclosure Quality** in Governmental Financial Reports: An Assessment of the Appropriateness of a Compound Measure.“ Journal of Accounting Research, Autumn 1986; S. 412-421.

Robisch, Martin; Treisch, Corinna: „Neuere Entwicklungen des Verhältnisses von **Handelsbilanz und Steuerbilanz** - Anhaltspunkte für eine Tendenzwende.“ Wpg 5/1997; S. 156-169.

Salamon, G.; Dhaliwal, D.: „**Company Size** and Financial Disclosure Requirements with Evidence from the Segmental Reporting Issue.“ Journal of Business Finance and Accounting, 1980; S. 555-568.

Saudagaran, Shahrokh M.; Biddle, G. B.: „Financial **Disclosure Levels** and Foreign Stock Exchange Listing Decisions.“ Journal of International Financial Management and Accounting, 4/1992; S. 106-148.

Schader, Heimo: „**Ergebnis je Aktie**: Nationale Regelungen (ÖVFA, DVFA, FASB) und internationale Harmonisierung (IASC).“ Österreichisches Bank-Archiv 2+3/97; S. 149-158.

Schiereck, Dirk: „**Entwicklungstendenzen** bei den Börsenotierungen deutscher Gesellschaften im Ausland.“ Die Aktiengesellschaft, 8/1997; S. 362-367.

Schipper, K.: „Commentary on **Analysts Forecast**.“ Accounting Horizons, December 1991; S. 105-121.

Schruff, Wienand: „Die **internationale Vereinheitlichung** der Rechnungslegung nach den Vorschlägen des IASC - Gefahr oder Chance für die deutsche Bilanzierung?“ BFuP 4/93; S. 400-426.

Scott, Thomas W.: „Incentives and Disincentives for Financial Disclosure: **Voluntary Disclosure** of Defined Benefit Pension Plan Information by Canadian Firms.“ Accounting Review 1/1994; S. 26-43.

Seicht, Gerhard: „**RLG** weiterhin verbesserungsdürftig!“ JFB 5-6/97; S. 309-319.

Selchert, F. W.: „Die **Aufgliederung der Umsatzerlöse** im Konzernanhang.“ Betriebs-Berater, 1992; S. 2032-2038.

Serfling, Klaus; Marx, Marita: „Die Bedeutung der Richtlinie **SFAS No. 95** für die Praxis der Kapitalflußrechnung - Eine Analyse vor dem Hintergrund der Verlautbarung HFA 1/1978“ Wpg 12/1991, S. 345-350.

Singhvi, Surenda S.; Desai, Harsha B.: „An Empirical Analysis of the Quality of **Corporate Financial Disclosure**.“ The Accounting Review 1/1971; S. 129-138.

Skinner, Douglas J.: „Why Firms Voluntarily Disclose **Bad News**.“ Journal of Accounting Research 1/1994; S. 38-60.

Spandl, Friedrich: Die neuen **ÖVFA-Ergebnisschätzformeln**.“ SWK 30/1993, C, S. 11-20.

Stahn, Frank: „Die **Kapitalflußrechnung** in der aktuellen Berichterstattung deutscher Konzerne: Eine empirische Untersuchung unter Einbeziehung von über 100 großen Unternehmen.“ BB 39/97; S. 1991-1997.

Stahn, Frank: „**Kapitalflußrechnung**: Konzeptionelle Beurteilung der Stellungnahme 1/1995 bezüglich der indirekten Cash-flow-Methode.“ DB 9/98; S. 432-434.

Stanga, K.: „**Disclosure** in Published Annual Reports.“ Financial Management, Winter 1976; S. 42-52.

Tas, Leo v.: „**International accounting harmonization:** American hegemony or mutual recognition with benchmarks? **A comment**.“ EAR 1995, S. 256ff.

Tay, J. S. W.; Parker, R. H.: „**Measuring** International Harmonization and Standardization.“ ABACUS, March 1990, S. 71-88.

Thiele, Stefan; Tschesche, Frank: „Zur **Bilanzierungspraxis der DAX-Unternehmen** im Geschäftsjahr 1996 - Mehr „Einblick durch internationale Rechnungslegungsnormen?“ DB 50/1997; S. 2497-2502.

Thompson, James H.; Bitter, Michael E.: „The **Imperfect Standard**: Why All Cashflow Statements Still Aren't Created Equal.“ National Public Accountant 3/1993; S. 18-21.

Tinker, A. M.; Marino, B. D.; Neimark, M. D.: „**The normative origins of positive theories** - ideology and accounting thought.“ Accounting Organisation and Society, 1982.

Tonkin, D. J.: **World Survey** of Published Accounts: An Analysis of 200 Annual Reports from the World's Leading Companies. London, 1989.

Urtz, Christoph: „Die „**umgekehrte Maßgeblichkeit**" nach dem EU-GesRÄG." RdW, 2/1997; S. 114-116.

Veit, Klaus-Rüdiger; Tönnies, Michael: „Bilanzielle Transparenz von **Unternehmenszusammenschlüsse**n im internationalen Vergleich." Wpg 7/1997; S. 223-228.

Verrecchia, Robert E.: „**Discretionary Disclosure**." Journal of Accounting and Economics, December 1983; S. 179-194.

Wagenhofer, Alfred; de Pauli, Christian: „**Meinungsstand über IAS** in Österreich - eine empirische Erhebung." RWZ. 6/1995, S. 162-170.

Wagenhofer, Alfred: „Voluntary **Disclosure** with a Strategic Opponent." Journal of Accounting and Economics, 1990; S. 341-363.

Wallace, R. S. O.: „Corporate **Financial Reporting** in Nigeria." Accounting and Business Research, Autumn 1988; S. 352-362.

Wallace, R. S. O.; Naser, K.; Mora, A.: „The **Relationship** between the Comprehensiveness of Corporate Annual Reports and Firm Characteristics in Spain." Accounting and Business Research 1994; S. 41-53.

Watts Ross L.; Zimmermann, Jerold L.: „Towards a **positive theory** of the determination of accounting standards", The Accounting Review, 1978.

Weilenmann, Paul; Oehler, Kurt: „**Kapitalflußrechnungen** im Geschäftsbericht." Der Schweizer Treuhänder 12/78; S. 2-8.

Weilenmann, Paul: „**Kapitalflußrechnungen** als internes Führungsinstrument." Der Schweizer Treuhänder 3/79; S. 22-26.

Weilenmann, Paul: „Gedanken zum Informationsgehalt von **Kapitalflußrechnungen**." Die Unternehmung 3/1989, S. 229-240.

Wollmert, Peter; Achleitner, Ann-Kristin: „Konzeptionelle Grundlagen der **IAS-Rechnungslegung**." Teil I, Wpg 7/1997, S. 209-222; und Teil II, Wpg 8/1997, S. 245-256.

Wysocki, Klaus v.: „Die **Kapitalflußrechnung** als Ergänzung des Jahresabschlusses." Wpg 1-2/1976; S. 14-26.

Wysocki, Klaus v.: „Praktische Gestaltungsformen der **Kapitalflußrechnung** in der internationalen Diskussion." ZfbF 1978, S. 167-175.

Wysocki, Klaus v.: „Angleichung von **Kapitalflußrechnungen** an internationale Standards - Bemerkungen zur Stellungnahme HFA 1/1995." ZfbF 5/1995; S. 466-475.

Wysocki, Klaus v.; Mansch, Helmut; Stolberg, Klaus: „Die Kapitalflußrechnung als Ergänzung des Jahres- und Konzernabschlusses - **Anmerkungen zur** gemeinsamen **Stellungnahme HFA 1/1995** des Hauptfachausschusses und der Schmalenbach-Gesellschaft." Wpg 6/1995; S. 185-203.
Zarzeski, Marilyn T.: „Spontaneous **Harmonization Effects** of Culture and Market Forces on Accounting Disclosure Practices." Accounting Horizons 1/1996; S. 18-37.

11.4. Gesetze, Entwürfe und Kommentare

Accounting Advisory Forum (AAF): **Cash Flow Statements**. Working Document, May 1996, ORIG XV/6008/94 rev. 5.
Accounting Principles Board of the American Institute of Chartered Public Accountants: „Opinion No. 3 - The Statement of Source and Application of Funds." (**APB-No. 3**) JofA, November 1963, S. 65-68.
Accounting Principles Board of the American Institute of Chartered Public Accountants: „Opinion No. 19 - Reporting Changes in Financial Position." (**APB-No. 19**) JofA, Juni 1971. S. 69-72.
Accounting Standards Board: „Financial Reporting Standard No. 1: Cash-flow Statements." (**FRS No. 1**) Accountancy, Nov. 1991, S. 129-140.
Altenburger, Otto A.: **Kommentar zum Rechnungslegungsgesetz**: Buchführung und Jahresabschluß (§§189 bis 243 HGB) mit Übergangsbestimmungen. Wien, 1993.
Baetge, Jörg; Dörner, Dietrich; Kleekämper, Heinz (Hrsg.): Rechnungslegung nach International Accounting Standards (**IAS**): **Kommentar** auf der Grundlage des deutschen Bilanzrechts. Stuttgart, 1997.
Busse von Colbe, Walther, et. al. (Hrsg.): **Ergebnis nach DVFA/SG**: Gemeinsame Empfehlung der DVFA und der Schmalenbach-Gesellschaft zur Ermittlung eines von Sondereinflüssen bereinigten Jahresergebnisses je Aktie. 2. Aufl., Stuttgart, 1996.
DVFA/SG (Kommission für Methodik der Finanzanalyse der Deutschen Vereinigung für Finanzanalyse und Anlageberatung - Arbeitskreis „Externe Unternehmensrechnung" der Schmalenbach-Gesellschaft -

Deutsche Gesellschaft für Betriebswirtschaft): **Cash-flow nach DVFA/SG**, Wpg 19/1993; S. 599-602 bzw. RWZ 2/1994; S. 49-52.

Ellrott, Helmut: „§§ **285**, 313, 314 **HGB**“ in: Budde, Wolfgang D. v. et al. (Hrsg): Beck'scher Bilanzkommentar: Handels- und Steuerrecht, 3. Aufl., München, 1995.

Europäische Gemeinschaften: Vierte Richtlinie des Rates vom 25. Juli 1978 aufgrund von Artikel 54 Absatz 3 Buchstabe g) des Vertrages über den Jahresabschluß von Gesellschaften bestimmter Rechtsformen (**78/660/EWG**); in: Amtsblatt der Europäischen Gemeinschaften, 21. Jg. (1978), Nr. L 222/11 vom 14. August 1978.

Europäische Gemeinschaften: Siebente Richtlinie des Rates vom 13. Juni 1983 aufgrund von Artikel 54 Absatz 3 Buchstabe g) des Vertrages über den konsolidierten Abschluß (**83/349/EWG**); Nr. L 193/1 vom 18.7.1983.

Europäische Gemeinschaften: Richtlinie des Rates vom 17. März 1980 zur Koordinierung der Bedingungen für die Erstellung, die Kontrolle und die Verbreitung des Prospekts, der für die Zulassung von Wertpapieren zur amtlichen Notierung an einer Wertpapierbörse zu veröffentlichen ist (**80/390/EWG**); Nr. L 100/1 vom 17.4.1980.

Europäische Gemeinschaften: Die **Zukunft der Angleichung** der Vorschriften der Rechnungslegung in den europäischen Gemeinschaften. Luxemburg, 1990.

Europäischen Gemeinschaften, Kommission: Harmonisierung auf dem Gebiet der Rechnungslegung: Eine neue Strategie im Hinblick auf die internationale Harmonisierung. Brüssel, 14.11.1995, **KOM (95) 508** endg.

European Commission, Contact Committee on the Accounting Directives: An **Examination of the Conformity** between the International Accounting Standards and the European Accounting Directives. Luxembourg, 1996.

Feuchtmüller, Wolfgang; Lucius, Wolfgang; Schaffer, Beate (Hrsg.): Das **Börsegesetz** - in der Fassung der Novelle 1993. Wien, 1993.

Financial Accounting Standards Board (FASB): Statement of Financial Accounting Concepts No. 1 (**SFAC No. 1**): Objectives of Financial Reporting by Business Enterprises, 1978.

Financial Accounting Standards Board (FASB): Statement of Financial Accounting Standards No. 95 - Statement of Cash Flows. (**SFAS No. 95**) Financial Accounting Series, No. 053, November 1987.

Financial Accounting Standards Board (FASB): Statement of Financial Accounting Standards No. 102 - Statement of Cash Flows - Exemption of Certain Enterprises and Classification of Cash Flows from Certain Securities Acquired for Resale; an amendment of FASB Statement No. 95. (**SFAS No. 102**) Financial Accounting Series, No. 077, February 1989.

Financial Accounting Standards Board (FASB): Statement of Financial Accounting Standards No. 104 - Statement of Cash Flows - Net Reporting of Certain Cash Receipts and Cash Payments and Classification of Cash Flows from Hedging Transactions; an amendment of FASB Statement No. 95. (**SFAS No. 104**) Financial Accounting Series, No. 087-B, Dec. 1989.

Financial Accounting Standards Board (FASB): Statement of Financial Accounting Standards No. 128 - Earnings per Share. (**SFAS No. 128**) Financial Accounting Series, No. 170-A, February 1997.

Financial Accounting Standards Board (FASB): Statement of Financial Accounting Standards No. 131 - Disclosures about Segments of an Enterprise and Related Information. (**SFAS No. 131**) Financial Accounting Series, No. 174-E, June 1997.

Financial Accounting Standards Board (FASB), ed. by Carrie Bloomer: The IASC-U.S. **Comparison Project**: A Report on the Similarities and Differences between IASC Standards and U.S. GAAP. Norwalk, Conneticut, 1996.

Financial Accounting Standards Board (FASB): **FASB's Plan for International Activities**. orig. 1991, January 1995, reprinted February 1997.

Gesetz zur Durchführung der Vierten, Siebenten und Achten Richtlinie des Rates der Europäischen Gemeinschaften zur Koordinierung des Gesellschaftsrechts. In der Fassung vom 19. Dezember 1985. Deutsches Bundesgesetzblatt, Jahrgang 1985, S. 2355ff (**BiRiLiG**)

HFA: „Die **Kapitalflußrechnung** als Ergänzung des Jahresabschlusses." Entwurf, Wpg 1-2/1976; S. 56-59.

HFA 1/1978: „Die **Kapitalflußrechnung** als Ergänzung des Jahresabschlusses." Wpg 7/1978; S. 207-208.

HFA 1/1995: „Die **Kapitalflußrechnung** als Ergänzung des Jahres- und Konzernabschlusses." ZfbF 5/1995; S. 476-482.

HFA: „**Stellungnahme 5/1997**: Einzelfragen zur Anwendung von IAS." Wpg 19/1997; S. 682-684.

HFA: „**Ergänzung der Stellungnahme HFA 5/1997**: Einzelfragen zur Anwendung von IAS." Wpg 1/1998 ; S. 24-26.

HFA: „**Abweichungen** zwischen den Rechnungslegungsstandards des IASC und den Vorschriften des HGB." Wpg 2/1998; S. 70-72.

H.R. 3005 (H. Rept. 104-864), Sept. 28, 1996: **National Securities Markets Improvement Act** of 1996.

Institut der Wirtschaftsprüfer (IDW, Hrsg.): **Weltweite Rechnungslegung** und Prüfung - Bericht über die IDW-Fachtagung 1. und 2. Oktober 1997 in Hannover. Düsseldorf, 1998.

Institut der Wirtschaftsprüfer (IDW, Hrsg.): Rechnungslegung nach **International Accounting Standards** - Praktischer Leitfaden für die Aufstellung IAS-konformer Jahres- und Konzernabschlüsse in Deutschland. Düsseldorf, 1995.

Institut der Wirtschaftsprüfer (IDW): „Praktisch relevante **Abweichungen** zwischen den Rechnungslegungsstandards des IASC und der 4. und 7. EG-Richtlinie." Wpg 4-5/98; S. 183-188.

International Accounting Standards Committee (IASC): „Cash-flow Statements." Exposure Draft No. 54. (**ED No. 54**) Accountancy, Sept. 1990, S. 151-160.

International Accounting Standards Committee (Hrsg.): **International Accounting Standards 1997 - Deutsche Fassung**. Stuttgart, 1998.

International Accounting Standards Committee (IASC): **International Accounting Standards 1997**. London: 1997.

International Accounting Standards Committee (IASC): **International Accounting Standards 1998**. London: 1998.

International Accounting Standards Committee (IASC): **Comment Letters** on Draft Statement of Principles **„Reporting Financial Information by Segment"**, January 1996.

International Accounting Standards Committee (IASC): **Comment Letters on** Exposure Draft **E51** „Reporting Financial Information by Segment", February 1997

International Accounting Standards Committee (IASC): **Annual Review 1996**. London: 1997.

International Accounting Standards Committee (IASC): International Accounting Standard, Statement of Changes in Financial Position. (**IAS 7**) 1977, S. 255-260.

International Accounting Standards Committee (IASC): International Accounting Standard, Cash-flow Statements. (**IAS 7**) 1992, S. 1-29.

International Accounting Standards Committee (IASC): Proposed International Accounting Standard (**IASC E 36**): Cash-flow Statements. Wpg 17/1991, S. 518-524.

International Accounting Standards Committee (IASC): International Accounting Standard, Earnings Per Share (**IAS 33**), February 1997; S. 1-26.

International Accounting Standards Committee (IASC): International Accounting Standard, Segment Reporting (**IAS 14** revised), August 1997; S. 1-46.

International Organisation of Securities Commissions (IOSCO), Technical Committee: Comparative Analysis of **Disclosure Regimes** (CADRE Report). Montreal, 1991.

Jabornegg, Peter (Hrsg.): **Kommentar zum HGB**: Handelsgesetzbuch mit Firmenbuchgesetz und Handelsmaklerrecht. Wien, 1997.

Kammer der Wirtschaftstreuhänder: Die Geldflußrechnung als Ergänzung des Jahresabschlusses. Wien: **Entwurf**, Stand April 1997.

Kammer der Wirtschaftstreuhänder: Die Geldflußrechnung als Ergänzung des Jahresabschlusses (**KFS BW2**). Wien, 1998

Kammer der Wirtschaftstreuhänder: Zur einheitlichen Bewertung im Konzernabschluß (**KFS/RL 10**), Juli 1994.

Österreichische Vereinigung für Finanzanalyse und Anlageberatung (ÖVFA): **ÖVFA-Cash-flow** für den Einzel- und Konzernabschluß. ÖVFA Serie Heft 3, ÖVFA-Ergebnis nach dem Rechnungslegungsgesetz. Wien, 1993.

Österreichische Vereinigung für Finanzanalyse und Anlageberatung (ÖVFA): Das neue **Cash-flow Berechnungsschema** - Anpassung der Berechnungsmethode an internationale Standards. Schwarzecker, Josef in: SWK 10/1993.

Österreichische Vereinigung für Finanzanalyse und Anlageberatung (ÖVFA): **Vienna Stock Exchange - Yearbook 1996**. Wien, 1997.

Österreichische Vereinigung für Finanzanalyse und Anlageberatung (ÖVFA): **Wiener Börse - Jahrbuch 1997**. Wien, 1998.

Österreichische Vereinigung für Finanzanalyse und Anlageberatung (ÖVFA): Die **neue Ergebnisermittlung** für österreichische Aktiengesellschaften. SWK 28/1991, S. 9-14.

Österreichische Vereinigung für Finanzanalyse und Anlageberatung (ÖVFA): ÖVFA-Ergebnisermittlung für Industrie- und Versicherungsunternehmen, ÖVFA-Kennzahlen, **Schriftenreihe 4**, Wien: 1996

Rechnungslegungsgesetz (**RLG**) vom 28.6.1990. BGBl. Nr. 475.

Rechnungslegungsgesetz (**RLG**): **Regierungsvorlage** mit Erläuterungen, Stand Mai 1990.

EU-Gesellschaftsrechtsänderungsgesetz (**EU-GesRÄG**) vom 28.6.1996. BGBl. Nr. 304.

Verordnung des Bundesministers für Justiz über befreiende Konzernabschlüsse und Konzernlageberichte (**Befreiungsverordnung**). BGBl. 1994/997.

Weilinger, Arthur: **Rechnungslegungsbestimmungen des HGB**: idF des EU-Gesellschaftsrechtsänderungsgesetzes 1996 mit den Erläuterungen zur Regierungsvorlage und den Bemerkungen des Justiz- bzw. Finanzausschusses. Wien, 1996.